KB195007

이 책은 한마디로 '기독교 이전의 그리스도인' 플라톤에 대한 눈부신 해설서다. 방대한 플라톤의 저작을 간결하고 명료하게 설명하면서도 플라톤 철학이 '참된 선'에 대한 지적 열망을 통해 그리스도의 복음을 어떻게 준비했는지 통쾌하게 풀어낸다. 나아가 플라톤의 유산이 아우구스티누스와 보에티우스 등을 거쳐 C. S. 루이스에 이르기까지 서구 기독교 인문주의에 어떻게 흔적을 남겼는지 밝혀낸다. 올바른 믿음을 갖기 위해 악에 대한 반성과 이성적 사유가 그 어느 때보다 중요한 이 시대에 『플라톤과 예수 그리스도』는 독자들의 답답함을 시원스레 풀어줄 것이다.

남성현 서울한영대학교 신학과 교수

미시간 대학교에서 영문학을 전공하고 미국 남부 기독교 대학(휴스턴 침례 대학교)에서 문학을 가르치는 저자 루이스 마코스 박사는 특별히 C. S. 루이스를 연구하면서 루이스의 작품에 나타난 플라톤적 세계관에 깊은 관심을 두고서 플라톤주의가 태동하게 된 사상적 배경 및 초기 기독교와 이어지는 시대에 미친 영향을 세밀하게 고찰한다. 그리하여 철학과 신학의 관계가 전면에 등장하게 된다.

철학과 신학의 관계는 역사적으로 오랜 역사를 지니고 있는데, 그중 하나가 플라톤주의가 기독교 사상에 미친 영향이다. 심지어 여러 중요한 성서학자들은 기독교 초기 문서인 신약성서에 플라톤주의의 흔적이 있다고 주장하기도 한다. 이처럼 원시 기독교 신학 사상사나 신약성서 연구에 빠지지 않는 주제 중 하나가 플라톤주의이다. 이 책은 부제가 책의 전반적 흐름을 잘 드러내듯이 플라톤 사상이 기독교 신앙을 형성한 방법에 관한 개관이기도 하다. 먼저 저자는 플라톤의 사상을 독자들에게 이해시키기 위해 플라톤의 대화편에서 다양하고도 적절한 인용을 제시할 뿐 아니라 그 전후 문맥과 배경을 훌륭하게 설명한다. 그 후 저자는 플라톤의 이데아 사상이 초기 기독교 신학의 삼위일체론, 영육 이원론, 기독론의 성육신, 속죄, 부활은 물론 서구 역사의 초기로부터 현대에 이르기까지 위대한 사상가들에게 어떤 영향을 미쳤는지를 살핀다.

저자는 독자들이 일반 은총의 차원에서라도 플라톤을 연구하고 읽어 내기를 바란다. 이 지점에서 그는 신과 인간의 본질, 하늘과 땅, 역사와 영원, 미덕과 악덕, 사랑과 죽음과 같은 철학적 주제가 기독교 신학과 밀접하게 연결되어 있다는 점을 강조한다. 흥미로운 사실은 저자가 한국에도 잘 알려진 현대의 작가인 C. S. 루이스에게 마지막 한 장을 할애하여 플라톤의 사상이 루이스에게 폭넓은 영향을 주었다는 것을 밝힌다는 점이다.

전체적으로, 철학에 익숙하지 않은 독자들에게는 저자의 주장 전개를 따라잡기가 어려울 수도 있다. 게다가 관련된 역사적 인물에 대한 사전 지식이 부족할 경우 비교 분석의 여지가 많이 남을 것이다. 하지만 전반적으로 이 책은 플라톤 사상과 기독교 플라톤주의의 역사에 대한 훌륭한 입문서 역할을 한다. 특히 철학적 사유를 하는 청년 기독교인들에게 매력적인 책이 될 것이다.

류호준 백석대학교 신학대학원 은퇴 교수, 다니엘의 샘 원장

아테네가 예루살렘과 무슨 상관이 있는가라는 유명한 말이 시사하듯이 기독교 진리와 세상 철학은 결코 양립될 수 없는 것인가. 2천 년 기독교 역사에는 이에 대한 상반된 입장이 공존한다. 전통적으로 그 가능성을 부정하는 쪽이 대세를 이루는 듯하지만, 신학의 발전에 철학이 미친 영향은 간과할 수 없다. 이교도의 고상한 학문과 교훈도 하나님의 섭리의 광맥에서 발굴한 금과 은 같은 지혜이므로 복음의 진리를 위한 유용한 도구가될 수 있다고 한 아우구스티누스도 실제 플라톤의 철학에 빚진 바가 적잖다. 이 책의 저자는 인류 역사에 가장 탁월하며 영광스러운 지혜의 정점에 선 철학자라고 평가받는 플라톤의 사상이 어떻게 기독교 사상가들을 고무시키고 그들의 가르침에 스며들었는지를 추적하였다. 그는 먼저『국가』와 같은 플라톤의 대표적인 작품에서 지도자, 종교, 영혼, 불변하는 세계 등 다양한 주제에 대한 위대한 철학자의 지혜와 통찰을 독자가 이해하기쉽게 풀어준다. 그리고 초기 교부 오리게네스부터 20세기의 기독교 변증가 C. S. 루이스에 이르기까지 플라톤의 철학이 끼친 영향을 탐색한다. 저자는 플라톤의 철학이 가장 뛰어난 세상 지혜이지만 그리스도의 계시를 접하지 못한 데서 안고 있는 본질적인 결함과 한계를 분명히 인정한다. 영적인 것을 육체적인 것보다 우위에 둠으로 신성이 타락한 물질과 결합할 수 없다는 영지주의로 흐르는 위험도 지적한다. 플라톤 철학의 핵심 사상과 기독교 사상가들에게 미친 그 영향을 쉽게 파악하는 데 더할 나위 없는 안내서이다.

박영돈 고려신학대학원 교의학 은퇴 교수

본서는 고대 그리스 철학자 플라톤의 철학이 고대교회로부터 중세를 거쳐 근대와 현대에 이르기까지 기독교 신학 및 사상에 끼친 영향이 어떠한 것인지를 알기 쉽게 보여주는 귀중한 저작이다. 특히, 오리게네스, 아우구스티누스, 나지안조스의 그레고리오스로부터 단테, 콜리지, C. S. 루이스에 이르기까지 광범위한 영향을 간결하면서도 핵심적으로 보여준다. 본서가 이 영향에 관해 너무 단순화하여 제시하기는 하지만, 철학과 신학 사이에 '복음을 위한 준비'(*praeparatio evangelica*)의 관계 및 통합과 형성의 관계에 관해 쉽게 파악할 수 있도록 해준다. 본서는 신학을 공부하는 신학도뿐만 아니라 신학/신앙과 철학의 관계에 관심을 갖는 모든 독자에게 사상사적이고 지적인 도움을 제공한다. 그리고 본서를 읽는 모든 독자로 하여금 더 깊은 진리로 나아가며 하나님에게로 상승하게 하는 영성적인 안내도 제시한다. 본서의 이러한 지적 통찰과 영적 도전을 통해 모든 독자가 진리의 더 깊은 세계를 맛보고 체험할 수 있기를 기대한다.

백충현 장로회신학대학교 조직신학 교수

이 책은 플라톤을 하나님께서 서양 고대세계가 기독교를 위해 사용하도록 선택하신 인물로 이해하는 데서 출발한다. 이러한 시도는 새로운 것이 아니다. 2세기 변증가 순교자 유스티누스도 그리스철학을 유대교처럼 기독교를 준비하는 단계로 이해하면서 기독교의 우월성을 옹호하는 수단으로 삼았으며, 아리스토텔레스의 철학은 토마스 아퀴나스의 신학이 형성되는 수단으로 사용되었기 때문이다. 저자는 플라톤이 하나님의 특별계시가 없다는 한계가 있지만 일반계시 차원에서의 지식은 가지고 있다고 주장한다. C. S. 루이스가 기독교에 가장 가까운 철학자로 플라톤을 꼽은 이유도 플라톤 철학이 일반계시를 가장 잘 드러내었다는 판단에 있다. 저자가 12장에서 루이스를 다루는 것도 우연이 아니다. 무엇보다 국내 그리스도인들에게 잘 알려지지 않은 플라톤의 후기대화편 『파이드로스』와 『티마이오스』, 『법률』을 기독교적 시각에서 소개한다는 점에서 이 책의 의의가 있다고 생각한다. 특히 신학 형성을 위해 플라톤 철학을 사용한 역사적 사례들을 다룬 제2부를 신학의 본질에 대한 고민을 갖고 비판적으로 읽어보기를 권한다.

이경직 백석대학교 조직신학 교수

플라톤주의 없이는 결코 기독교를 이해할 수 없다. 이는 『플라톤과 예수 그리스도』를 읽으면 피할 수 없는 결론이다. 플라톤의 대화편이 갖는 현대 세계에서의 지속적인 적실성을 깊이 연구한 루이스 마코스는 우리를 플라톤 자신과 주요 기독교 플라톤주의자들에게로 안내하며 수 세기 동안 플라톤과 그의 기독교 계승자들에게 생명력을 불어넣었던 진리, 선, 아름다움에 대한 갈망을 우리 안에 심어준다. 이 책은 당신을 상승의 길에 오르게 하고, 당신이 태어난 더 고귀한 목적을 찾도록 영감을 줄 것이다.

한스 부어스마 나쇼타 하우스 신학대학원 수덕신학 교수

이 책은 절실히 필요했던 책이다. 교육을 많이 받은 사람들이 플라톤에 대한 지식이 없는 경우가 너무 많다는 것은 정말 큰 재앙이다. 마코스는 특유의 재능과 간결한 문체로 플라톤의 가장 위대한 통찰을 제시하고, 이를 기독교 전통에서 어떻게 수용했는지, 그리고 홉스와 니체에 의해 어떻게 거부되었는지를 설명한다. 플라톤의 가장 위대한 것을—그의 제자 아리스토텔레스와 함께—되찾는 기독교의 회복이 본격적으로 시작되기를 바란다!

매튜 레버링 먼델라인 신학대학원 신학 교수

이 책이 필요한 이유는 교회를 포함하여 서구 사회를 형성한 사상적 전통을 이해하지 못하면 우리 자신을 이해할 수 없기 때문이다. 우리 문화의 바탕을 이루는 핵심 사상가 중 한 명은 플라톤이다. 그는 기독교 작가들에게 막대한 영향을 미쳤지만, 오늘날에는 잘 알려지지 않았으며, 많은 오해를 받고 있다. 루이스 마코스는 교부부터 C. S. 루이스에 이르기까지 주요 기독교 작가들에게 미친 그의 영향력을 평가하며 플라톤 사상에 대한 입문서 역할을 하는 이 쉽고 흥미로운 책에서 우리에게 크나큰 도움을 준다.

크레이그 A. 카터 토론토 틴데일 대학교 신학 교수

From Plato to Christ

How Platonic Thought Shaped the Christian Faith

Louis Markos

FROM PLATO

플라톤 사상이 기독교 신앙에 미친 영향

플라톤과 예수 그리스도

루이스 마코스 지음 | 홍수연 옮김

CHRIST TO

새물결플러스

◆

내 동생 조지를 위하여

하나님, 인간, 우주에 대해

늦은 밤에 나누었던 많은 대화를 기억하며

◆

목차

서문

내가 이 책의 제목을 『플라톤과 예수 그리스도』라고 정한 것은 이 책이 그리스도인들만 유익하게 읽을 수 있다는 의미가 아니다. 나는 나의 (그리고 플라톤의) 아름다움에 대한 사랑, 선에 대한 갈망, 진리에 대한 열정을 함께 공유하는 모든 종교적 배경을 가진, 또는 종교적 배경이 없는 사람들이 이책을 읽기를 바란다. 그러나 나는 플라톤의 작품들을 동시에 두 가지 관점에서 유익하게 읽을 수 있다고 제안하고 싶다. 하나는 그 자체로 천재성을 지닌 작품으로 읽는 것이고, 다른 하나는 성경의 하나님께서 그리스도와 신약성경의 출현을 위해 고대 세계를 준비시키기 위해 사용하신 영감의 글로 읽는 것이다. 플라톤은 적어도 내게는 모든 철학자 중 가장 위대한 철학자, (기독교 이전의) 이교도 지혜의 최고봉, 곧 상상력을 자극하는 만큼이나 정신에 도전하고 영혼으로 하여금 더 많은 것을 갈망하게 하는 지혜의 정점이다. 비록 플라톤은 모세, 다윗, 이사야, 요한, 바울처럼 직접(또는 특별한) 계시를 받지는 못했지만, 우리 자연계의 경계 너머에 있는 무언가로부터 영감을 받았다. 플라톤은 아이스킬로스, 아리스토텔레스, 키케로, 베르길리우스와 같은 그리스-로마 현자들과 함께 신과 인간의 본질,[1] 땅과 하늘,

---

1   이 책에서 다룰 고전 문학과 철학의 유산에 충실하기 위해 나는 전체적으로 전통적인 영문법

역사와 영원, 미덕과 악덕, 사랑과 죽음에 대한 깊은 신비를 엿보며 유대교와 기독교 세계관의 충만함을 내다보았다.

나는 플라톤과 그의 작품에 대한 이러한 해석이 계몽주의 이후의 현대인들에게 기껏해야 괴상하게 보이고, 최악의 경우에는 반지성적으로 보일 수 있다는 것을 알고 있지만, 우리는 오리게네스, 아우구스티누스, 에라스무스와 같은 과거의 위대한 사상가들이 플라톤과 그의 동료 원시-그리스도인들에 대해 그러한 견해를 가지고 있었다는 것을 잊지 말아야 한다. 아리스토텔레스와 베르길리우스가 중세 가톨릭 학문의 두 위대한 보고(寶庫)라고 할 수 있는 『신학대전』(Summa theologiae)과 『신곡』(Commedia)의 선구자이자 안내자의 역할을 할 수 있었던 것은 바로 아퀴나스와 단테가 그들의 이교도 스승들이 시대와 장소를 초월한 지혜를 가지고 있었다고 이해했기 때문이다. 비록 그들은 인간의 몸과 정신이 타락했다고 믿었지만, 인간은 하나님의 이데아대로 창조되었고 여전히 창조주의 흔적을 간직하고 있다고 믿었다. 사실 우리의 이성, 양심, 관찰력은 타락으로 인해 손상되었지만 여전히 작동하며 선하고 참되고 아름다운 것에 대한 제한된 지식을 우리에게 제공할 수 있다.

실제로 보에티우스는 타락한 인간이 하나님의 은총이라는 더 넓은 그늘 아래서 실재하는 것을 더듬을 수 있는 능력을 지니고 있다고 확신했기

을 사용할 것이다. 즉 나는 성별을 포괄하는 대명사로 he, him, his를 사용하고, 인류를 통칭할 때는 man, men, mankind를 사용할 것이다.

때문에(행 17:27 참조), 자신의 저서 『철학의 위안』(*Consolation of Philosophy*)에서 플라톤과 아리스토텔레스 같은 이교도 사상가들의 지혜에 철저히 의존하면서도 기독교의 윤리 원칙을 구현하려고 노력했다. 중세 가톨릭 학문의 세 번째 위대한 보고인 『캔터베리 이야기』(*Canterbury Tales*)의 저자 초서(Chaucer)는 보에티우스의 이러한 노력이 성공적이었다고 분명히 믿었는데, 이는 그의 『기사 이야기』(*Knight's Tale*)가 그 등장인물을 기독교 이전 세계에서 이해할 수 있는 신앙을 가진 자로 제한하는 동시에 더 완전한 기독교 계시를 지향하는 문학적-철학적 입장을 취했기 때문이다. 그리고 이러한 신앙의 대부분은 초서가 중세 영어로 번역한 책인 『철학의 위안』에서 직접 차용한 것이다.

나는 플라톤을 진정한 지혜의 원천으로 대할 것을 분명히 말씀드린다. 비록 나는 판단하고 분석하고 평가하고 비평하는 나의 책임을 결코 포기하진 않겠지만, 플라톤에 대한 나의 기본적인 자세는 스승의 발밑에서 배우는 학생의 자세가 될 것이다. 플라톤은 천재였으며, 수많은 아름다움과 선과 진리를 이 세상에 전한 인물이었다. 그는 완벽하거나 오류가 없는 인물은 아니었지만, 우리가 진정으로 실제적이고 진실한 것을 향해 상승하는 길로 나아가고자 한다면 반드시 주의를 기울여야 할 빛을 비추어주었다.

우리가 이러한 정신으로 플라톤을 읽는다면 나는 우리의 독서가 우리를 변화시킬 것이라고 믿는다. 우리는 현세와 내세를 지금과는 다른 눈으로 보게 될 것이며, 한때 소중하다고 생각했던 것들의 가치를 재평가하고, 어쩌면 우리 삶의 궤도까지도 바꿀 수 있을 것이다. 플라톤의 대화편은 재미있고, 이 위대한 거장은 독자들을 자극하고 도전하는 일을 마다하지 않는다. 따라서 나는 그 누구도 이것을 한가한 대학생이나 교수(!)를 위한 단순한 소일거리 정도로 생각하지 않기를 바란다. 플라톤은 진지한 문제를 다루고 있으며 우리에게도 그러한 자세가 필요하다.

비록 플라톤은 지식은 권력과 부를 얻기 위한 실용적인 수단이 아니라 그 자체를 위해 추구해야 하는 것(모든 문과 대학의 기초가 되는)임을 서양 세계에 알리는 데 도움을 주었지만, 철학을 그 자체로 단순히 하나의 목적이라고 여기진 않았다. 그는 올바르게 추구하고 씨름한 철학은 더 높고 더 큰 목적—플라톤이 선이라고 불렀고 (플라톤에 이어) 후대의 기독교 신학자들이 지복직관이라고 불렀던 것에 대한 사유(思惟)—으로 나아가야 한다고 생각했다. 플라톤의 변증법의 목적은 우리에게 지적 훈련을 시키는 것이 아니라 우리가 더 큰 지혜와 통찰의 길로 나아가게 하는 데 있다. 비록 기독교 이전의 플라톤은 진리가 궁극적으로 하나의 인격체였다는 사실을 몰랐지만(요 14:6 참조), 그는 솔로몬, 요한 또는 바울처럼 진리를 끈기를 가지고 열정적으로 추구했다. 그러므로 우리도 그와 같이 하자.

앞으로 나아갈 길

내가 플라톤의 대화편과 나눈 대화는 소크라테스, 소피스트, 프리소크라테스들(소크라테스 이전 철학자들)이 플라톤의 사고와 실천에 끼친 영향에 대해 자세히 살펴보는 것으로 시작한다. 소크라테스는 그의 모든 열정과 천재성에도 불구하고 답을 제시하기보다는 질문을 던지는 데 더 능숙하여 자신의 뛰어난 제자가 스승의 계보를 이어받아 답을 도출하는 방향으로 나아갈 수 있도록 영감을 준 이상적인 사상가였다고 나는 주장할 것이다. 반면에 프리소크라테스들은 플라톤에게 난제를 제시함으로써 그가 기독교 이전 세계에서 가장 독창적이고 영향력 있는 해결책을 제시할 수 있는 길을 열어주었다.

1장에서 나는 플라톤의 초기 소크라테스 대화편을 간략하게 개관하고 나서 『국가』(Republic), 『향연』(Symposium), 『파이드로스』(Phaedrus), 『파이돈』(Phaedo), 『티마이오스』(Timaeus) 등 플라톤의 위대한 중기 대화편에 초점을 맞춘다. 바로 이 대화편들에서 플라톤의 성숙한 목소리가 가장 아름답고 장엄하게 들리며, 그가 가장 오래도록 간직했던 사상이 가장 풍부하게 표현된다. 『국가』가 플라톤이 가장 완벽하게 이루어낸 최고의 작품이므로 나는 플라톤이 개인 및 개인이 구성하는 국가 안에서 정의의 본질을 탐구하는 과정을 추적하는 데 2장 전체를 할애한다. 특히 플라톤이 소크라테스의 목소리를 통해 불의한 사람이 정의로운 사람보다 더 행복하고 성공한다는 통념을 반박하고, 위대한 철학적 통찰력을 지닌 지도자를 배출할 수 있는 교육 과정을 제안하며, 세속적 추구가 지닌 덧없는 본질과 관상(觀想)의 영원한 가치를 서로 대조하고, 종교, 사회, 예술의 본질을 재정의하는 데 초점을 맞춘다.

『국가』는 어쩌면 결코 잊을 수 없는 동굴 비유로 가장 유명하지만, 설명과 조명을 위해 잘 알려진 신화를 사용한 것은 이 대화편에서만이 아니다. 사실 플라톤의 거의 모든 중기 대화편에는 진리를 향한 여정의 일면을 제시하는 인상적인 비유들이 포함되어 있다. 3장과 4장에서는 이처럼 상상력이 풍부한 신화들에 담긴 지혜를 조사하고, 이 신화들이 어떻게 함께 작용하여 어떤 이들은 아래에 있는 짐승을 향해, 어떤 이들은 위에 있는 하늘을 향해 나아가도록 이끄는 내면적 투쟁을 다면적으로 그려내는지 살펴보는 것을 주된 과제로 삼는다.

5장에서는 플라톤의 중기 대화편을 지나 그의 말년에 이룬 최고의 업적, 즉 다른 대다수 후기 대화편과 마찬가지로 소크라테스를 대변인으로 사용하지 않는 『법률』(Laws)을 살펴본다. 『국가』를 부분적으로 재구성한 이 작품에서 우리는 생애 마지막까지 그를 계속 고민하게 하고, 그에게 도전을 주며, 그를 매료시킨 교육, 미덕, 예술이라는 핵심적인 이슈를 다시 만나게 된다.

6장에서는 한걸음 뒤로 물러나 『국가』와 『법률』 사이에 굳건히 자리 잡고 있는 플라톤의 대화편을 고찰하는데, 이 대화편은 다른 두 대화편보다 훨씬 짧지만, 한 장을 따로 할애할 만한 가치가 있다. 그 이유는 이 대화편의 탁월함 때문만이 아니라 중세 시대 전반에 걸쳐 널리 알려진 플라톤의 유일한 대화편이기 때문이다. 물론 내가 말하려는 것은 『티마이오스』(Timaeus)인데, 이 작품은 사실 대화편이라기보다는 하나의 긴 신화에 가까운, 창세기 1장과 놀라운 유사성을 지닌 창조에 관한 이야기이며, 플라톤의 모든 대화편 중에서 기독교에 대한 가장 강력한 예시를 담고 있다.

나는 이 책의 제목을 『플라톤과 예수 그리스도』로 정했고, 그 제목에 맞게 2부에서는 플라톤이 후대의 기독교 저술가들에게 끼친 영향을 고찰한다. 나는 먼저 7장에서 기독교 이전의 플라톤이 고상한 성경적 진리를 얼마나 가까이서 엿볼 수 있었는지 기독교 신앙의 관점에서 평가하기 위해 플라톤의 신화에 대한 기독교적 해석을 제시한다. 나는 플라톤의 철학적·영적 비전에는 그리스도의 비전과 조화를 이룰 수 있을 뿐만 아니라 아테네와 예루살렘에서 흘러나와 로마에서 함께 만나는 두 물줄기(그리스-로마와 유대-기독교)에서 생수를 마시고자 하는 기독교 인문주의자의 영적인 삶을 실제로 증진하고 강화할 수 있는 다수의 핵심 요소가 있다고 주장한다.

8장에서는 기독교 작가들에게 미친 플라톤의 영향력에 대한 분석과 함께 기독교적 렌즈를 통해 플라톤의 비전을 검토하고자 열정적이고 용기 있는(때로는 이설적인) 시도를 감행한 한 초기 교부의 기이하고 놀라운 책을 탐구한다. 그의 이름은 오리게네스이며, 나는 그의 저서인 『제1원리』(*First Principles*)가 기독교의 본질적인 교리에 대한 확고한 믿음과 『국가』의 저자를 무덤에서 불러낼 정도로 자유롭고 전염성이 강한 탐구 정신 사이의 균형을 잘 견지하고 있다고 주장한다.

오리게네스에 대한 긴 설명 다음에는 초기 교회, 중세, 르네상스, 계몽주의, 낭만주의 시대를 거쳐 20세기에 이르기까지 플라톤의 영향력을 추적하는 짧은 장들이 차례로 이어진다. 9장과 10장에서는 동방 정교회의 세 명의 핵심 인물(나지안조스의 그레고리오스, 니사의 그레고리오스, 그레고리오스 팔라마스)과 서방 가톨릭교회(아우구스티누스, 보에티우스, 단테)에 미친 플라톤의 영향을 조사한다. 이 여섯 작가들은 모두 플라톤의 글에 드러난 진리를 묵상함으로써 자신의 기독교 신앙과 비전을 강화하는 길을 발견했다.

11장은 종교개혁과 르네상스의 주역인 에라스무스의 업적을 면밀히 살펴보는 것으로 시작한다. 그는 루터의 뒤를 따라 개신교에 합류하진 않았지만, 플라톤의 유산을 이어받아 이를 영적 성장과 정치적 정의의 영역으로 이끌어갈 방법을 찾아낸 인물이다. 나는 에라스무스에서 계몽주의와 근대 철학의 아버지인 데카르트로 넘어가, 그의 플라톤적 방법론이 그를 그의 뒤를 따른 철학자들보다 기독교에 더 근접할 수 있도록 도와주었다고 주장한다. 마지막으로 위대한 낭만주의 시인이자 비평가인 새뮤얼 테일러 콜리지가 그의 영향력 있는 상상력 이론에서 플라톤과 어떻게 씨름했는지를 살펴본다.

12장에서는 20세기 최고의 기독교 변증가인 C. S. 루이스를 통해 선택, 죄, 천국의 본질에 대한 그의 매우 창의적이면서도 완전히 정통적인 견해가 어떻게 플라톤 사상과 기독교 교리의 완벽한 융합을 이루어내는지 평가한다.

이 책은 일반 독자들이 쉽게 접할 수 있으며 내 사고에도 영향을 주었던 플라톤의 저서와 그에 관한 책들에 대한 서지학적 에세이로 마무리한다.

번역본에 관한 정보

일관성을 위해 플라톤의 대화편에 나오는 모든 본문은 빅토리아 시대의 위대한 고전학자인 벤저민 조웨트(Benjamin Jowett, 1817-1893)의 번역본에서 인용했다. 지금도 여전히 정확하고 가독성이 뛰어난 조웨트의 번역은 플라톤 문법의 아름다움과 복잡성을 담아내며 자신이 꿈꾸던 이상적인 국가에서 시인들을 쫓아낸 철학자 자신이 역사상 가장 뛰어난 산문 시인이었다는 사실을 우리에게 상기시켜준다.

또한 나는 일반 독자들이 그의 번역을 쉽게 접할 수 있다는 점 때문에 조웨트의 번역본을 사용하기로 결정했다. Modern Library(*Selected Dialogues of Plato*), Anchor(*The Republic and Other Works*), Dover(*Six Great Dialogues*)와 같은 출판사에서 다양한 저렴한 판본으로 제공될 뿐만 아니라 프로젝트 구텐베르크(Project Gutenberg)[1] 또는 인터넷 고전 자료실(The Internet Classics Archive)[2]에서 온라인으로 무료로 조웨트의 번역 전체를 읽을 수 있다. 마지막으로 킨들(kindle)을 소유하신 분은 적은 비용으로 조웨트의 플라톤 전집을 내려받을 수 있다.

---

[1] www.gutenberg.org
[2] classics.mit.edu

내가 인용한 본문은 특정 판본의 쪽수를 사용하는 대신 표준 스테파누스(Stephanus) 번호를 사용한다. 이 번호는 (앙리 에티엔) 스테파누스의 플라톤 전집 1578년 판의 페이지 및 섹션 번호에서 가져온 것이다. 오늘날 거의 모든 플라톤 판본은 출판사나 번역자에 관계없이 각 페이지의 여백이나 상단에 스테파누스 번호를 포함하고 있으므로, 이 번호를 통해 독자들은 어떤 판본을 소장하고 있든 내가 인용한 구절을 쉽게 찾을 수 있다.

마지막으로 모든 인용문은 조웨트의 번역본에서 가져왔지만, 서지학적 에세이에서 나는 도움이 될 만한 최신 번역본과 판본을 독자들과 공유한다.

PLATO

FROM

1부

플라톤의 기독교 이전의 비전

CHRIST

TO

1장

◆

소크라테스, 소피스트,
프리소크라테스들

나는 다소 이상하게 들릴 수도 있다는 사실을 인정하며 이 글을 시작하고 자 한다. 나는 그 어떤 철학자보다 플라톤을 좋아하지만, 만약 플라톤의 초기 소크라테스 대화편—예컨대 『이온』(Ion), 『라케스』(Laches), 『뤼시스』(Lysis), 『카르미데스』(Charmides), 『대 히피아스』(Hippias Major), 『소 히피아스』(Hippias Minor), 『에우튀데모스』(Euthydemus)—이 우리가 가진 전부라면 나는 그를 철학자 중 최고의 반열에 올려놓지 않을 것이다. 이 대화편들은 갑작스러운 결말과 답을 제시하지 못하는 글처럼 보이지만, 플라톤의 위대한 중기 대화편(『국가』, 『파이돈』, 『향연』, 『파이드로스』, 『고르기아스』, 『메논』, 『프로타고라스』)으로 가는 디딤돌 역할을 하고 있다. 이 대화편들은 적어도 다음 세 가지 면에서 디딤돌 역할을 한다. (1) 조숙한 제자 플라톤의 생각과 접근 방식이 아닌, 역사적 소크라테스의 생각과 접근 방식을 제시한다는 점, (2) 플라톤의 성숙한 철학의 기반이 되는 방법론적(변증법 중심의)이고 이론적(정의에 기반한) 틀을 구축한다는 점, (3) 다수, 부분, 거짓을 제거하여 하나, 전체, 참된 것을 위한 공간을 마련한다는 점.

계시로서의 진리

만약 내가 폐허가 된 낡은 집을 사게 된다면 두 단계의 과정을 거쳐 복원 작업을 진행해야 할 것이다. 먼저 부서지고 색이 바랜 벽을 새롭고 생동감 넘치는 색상의 페인트로 칠하기 전에 오래된 페인트를 벗겨내고 퍼티로 구멍을 메우는 데 상당한 시간과 에너지를 소비해야 할 것이다. 마찬가지로 값비싼 카라라 대리석을 바닥에 깔기 전에 먼저 찢어지고 얼룩진 카펫을 뜯어내고 곰팡이가 핀 매트와 녹슨 금속 몰딩을 제거하는 힘든 작업을 해야 할 것이다. 벗겨내는 작업이나 뜯어내는 작업 모두 결코 만만한 작업은 아니지만, 집이 가장 아름답게 완성되려면 반드시 해야 하는 작업이다.

플라톤은 장인의 기술과 석공의 정밀함으로 영광스러운 철학의 궁전을 지었지만, 그것은 그의 스승 소크라테스가 벽과 바닥을 준비하는 힘든 작업을 했기 때문에 가능한 일이었다. 플라톤이 실천한 철학은 지혜를 탐구하는 것이었다. 즉 그것은 사상 시장에서 우위를 차지하기 위해 경쟁하는 수많은 작은 체계나 신이 계시한 표준으로 가장한 상대주의적이고 인위적인 의견을 추구하지 않고, 끊임없이 변화하는 세상을 초월하여 영원불변한 하나의 진리를 탐구하는 것을 의미했다.

안타깝게도 때와 장소를 가리지 않고 언제나 어렵고 힘들기 마련인 이와 같은 진리 탐구는 부유층 자제들에게 논리, 수사학, 웅변술을 가르쳐 아테네의 폴리스(도시 국가)의 경제적·정치적 삶에서 성공을 보장하는 고용 교사들인 소피스트들 때문에 훨씬 더 어려워졌다. 행동과 신념에 대한 신적 기준을 믿었던 소크라테스와 달리 소피스트들은 윤리적 행동과 철학적 진리를 폴리스에서 폴리스로 옮겨가는 무언가 상대적인 것으로 여겼다.

소크라테스는 플라톤이 평생을 바쳐 이르고자 했던 대문자 진리 (Truth)에 도달하는 것을 자신의 목표로 삼지 않고, 학생이나 그들을 가르치는 스승들이 희미하게라도 진리를 엿볼 수조차 없게 만드는 모든 궤변적인 소문자 진리들(truths)을 제거하는 것을 자신의 제한적이고 겸손한 철학적 목표로 삼았다. 우리가 살고 있는 이 변화무쌍한 그림자의 세계에서 비진리의 수많은 베일을 모두 꿰뚫고 희미하게나마 그 빛을 포착한다는 것은 그 그림자를 먼저 없애지 못한다면 거의 불가능에 가깝다.

나는 종종 학생들에게 더 집중하고 정신을 가다듬으면 자신이 지금 읽고 있는 내용의 의미가 더 명확해질 것이라고 확신 있게 말한다. 사실 나는 학생들에게 그들이 찾고자 하는 지식은 이미 그들이 공부하고 있는 작품 속에 숨겨져 있다고 말한다. 그들이 그것을 보지 못하게 방해하는 것만 제거한다면 지식은 드러날 것이고, 그들은 노력의 결실을 거두게 될 것이다.

학생들이 회의적인 반응을 보이면 나는 르네상스 시대의 잘 알려진 일화로 나의 확신을 뒷받침하는데, 이 일화는 그 출처가 불분명할 순 있어도 위대한 진리를 전달한다. 이 이야기에 따르면 어떻게 다비드상처럼 완벽한 조각품을 만들 수 있었느냐는 질문에 미켈란젤로는 장차 걸작이 될 (결함이 있는) 대리석 조각 앞에 처음 섰을 때 그 돌 한가운데서 단순하고 온전한 다비드를 보았다고 대답했다. 그 환상을 본 이후 그는 대리석 덩어리에서 다비드가 아닌 모든 조각들을 깎아내기만 하면 되었다.

이스라엘의 메시아적 왕의 조각상처럼 진리는 우리가 쌓아 올리는 것이 아니라 파헤쳐 내려가는 것이다. 진리를 추구하는 철학자는 광부처럼 오류와 환상의 지층을 파고 내려가 광산의 중심부에 있는 진리를 발견하는 사람이어야 한다. 또는 비유만 바꾸어 말하자면 그는 안개와 구름의 층을 뚫고 접근이 불가능해 보이는 에베레스트산의 정상에 도달하는 산악인과 같아야 한다. 또는 다시 한번 비유를 바꾸자면 이스라엘의 대제사장이 지성소 중앙에 있는 언약궤에 도달할 때까지 점점 더 두터운 휘장들을 통과해야 하는 것처럼 말이다. 이처럼 아래쪽이나 위쪽이나 중심부를 향한 여정은 결국 텔로스(*telos*, 그 목표와 목적)가 같다는 점에서, 즉 제1원리, 본질적 기원, 초월적 진리에 도달하기 위해서라는 점에서 같은 여정이다.

성경의 마지막 책의 원래 제목은 묵시(Apocalypse)인데, 그리스어로는 문자적으로 "드러냄"이라는 뜻이다. 라틴어로 번역하면 이 단어는 "계시"(드러냄, 즉 공개)가 된다. 성경에서 가장 모호하고 비밀스러운 책이 "드러냄"을 의미하는 제목을 가지고 있다는 것이 언뜻 이상하게 보일 수 있다. 요한의 위대한 예언을 읽는 효과를 더 정확하게 묘사하려면 "가림"이라는 표현이 더 정확하지 않을까? 하지만 이 책의 이름은 적절하다. 요한계시록이 우리에게 낯설게 느껴지는 이유는 우리가 영원을 직접 바라보는 데 익숙하지 않기 때문이다. 요한은 계시의 힘을 통해 시간과 공간의 베일을 걷어내고 우리가 역사를 주관하시는 초시간적인 하나님의 섭리를 들여다볼 수 있게 한다.

진리가 모든 영광과 찬란함으로 드러날 때까지 베일을 벗겨내는 거의 신비에 가까운 예술을 훈련받지 않는 한, 철학자는 지혜의 더 심오한 곳까지 다가갈 수 없다.

정의를 찾아서

플라톤의 평생 사명은 우리의 시야를 그림자 세계의 소문자 진리들에서 저편에 있는 대문자 진리로 끌어올리는 것이었다고 나는 생각한다. 그렇다면 이 과정에서 소크라테스는 정확히 어떤 역할을 했을까? 비록 플라톤의 사상과 소크라테스의 사상을 정확히 분리하는 것은 불가능하지만, 플라톤의 초기 대화편과 중기 대화편 간의 차이점에 근거하여 나는 소크라테스가 진리를 이해하는 데 방해가 되는 거짓 우상과 관념의 축적물을 제거하는 "힘든" 작업을 수행함으로써 플라톤의 길을 준비했다고 주장하고자 한다. 소크라테스는 치열한 질의응답식 변증법을 통해 이러한 제거-정화 작업을 수행했다. 하지만 그는 자신의 변증법의 출발점으로 과연 무엇을 사용했을까? 또는 아르키메데스의 이미지를 빌리자면 소크라테스로 하여금 철학 세계를 움직일 수 있게 한 지렛대는 과연 무엇이었을까?

초기 대화편만 대충 읽어봐도 그 질문에 대한 답을 바로 알 수 있다. 소크라테스의 지렛대는 용기(『라케스』), 우정(『리시스』), 자제력(『카르미데스』), 선/아름다움(『대 히피아스』) 같은 핵심 미덕의 정의를 겸손하지만 끈질기게 탐구하는 것이었다. 소크라테스는 용기가 무엇인지 묻고 또 묻고 또 물음으로써—용기의 특정한 형태나 예가 아니라 용기 그 자체를 묻고 또 물음으로써—철학을 진리를 향해 나아가는 길 위에 올려놓았다. 시간이 흐르면서 플라톤은 이 정의(定義)의 궤적을 따라가고, 그 궤적은 그를 이데아를 향해 나아가도록 이끌었을 것이다. 나는 소크라테스의 목표는 좀 더 제한적이고 준비적이었다고 주장할 것이다. 소크라테스는 형이상학적인 체계를 구축하거나 모든 것의 절대적인 기원을 찾기보다는 대화 상대, 특히 궤변적 성향을 띤 대화 상대가 상충하는 수많은 특정 사항을 설명할 수 없는 정의에 의문을 제기하도록 유도했다. 이를 통해 소크라테스는 소피스트의 생각과 주장에서 발견한 상대주의를 저지하고자 했다.

초기 대화편 대부분에서 소크라테스가 (중기 대화편 대부분에서처럼) 친구나 제자들과 대화하는 모습이 아닌, 소피스트나 그들의 가르침에 동조하는 사람들과 대화하는 모습으로 묘사된다는 점은 분명 중요한 의미를 지닌다. 또한 소크라테스는 친절하고 온화한 태도를 보이지만, 소피스트 및 그 제자들과의 경쟁이라는 강력한 서브-텍스트가 항상 표면 아래에서 꿈틀거린다. 설령 그것이 가시 돋친 위트의 교환을 통해 종종 유쾌하게 희석되곤 하지만 말이다.

물론 플라톤은 소피스트라는 비난으로부터 자신을 변호하기 위해 스승을 궤변과 대립각을 세우는 인물로 묘사했을 수도 있지만(그의 스승은 아리스토파네스의 반소피스트 희극『구름』에서 그에게 가해진 비난으로 결국 기원전 399년에 재판을 받고 처형을 당함), 이러한 묘사는 역사적으로도 상당히 타당성이 있다. 소크라테스와 소피스트는 모두 철학적 토론을 했고 질의응답 방식을 사용했지만, 변증법을 사용하는 방식과 궁극적인 목표에 있어서는 차이가 있었다. 이러한 이중적 차이는 초기 대화편에 큰 흥미와 긴장감을 부여할 뿐만 아니라 소피스트가 아닌 소크라테스가 철학의 아버지로 추앙받아 마땅한 이유를 설명해준다.

소크라테스는 (플라톤의 『소크라테스의 변명』에서 불멸의 명언으로 남아 있는) 자신의 법정 변론에서 아테네의 젊은이들에게 이롭게 하는 사람이 누구인지 밝히기 위해 고발인 중 한 명(멜레토스)에게 질문하고 그를 시험하고 조사한다. 이러한 반대 심문(cross-examination) 과정을 뜻하는 그리스어는 **엘렝쿠스**(*elenchus*)인데, 이 단어는 소크라테스뿐만 아니라 소피스트들도 사용했다. 소크라테스에게 엘렝쿠스는 잘못된 지식을 제거하고 잘못된 정의를 지워 완전히 새로운 출발을 하기 위한 시스템으로서 매우 귀중한 역할을 했다. 반면에 소피스트들에게는 상대를 넘어뜨리고, 체력을 고갈시키는 수단으로 더 자주 사용되었다. 실제로 교활하고 공격적인 소피스트의 손에서 엘렝쿠스는 종종 논쟁적으로 변질되기도 했다. 황금사과로 신들을 서로 대립시키고 트로이 전쟁을 일으킨 그리스의 불화(不和)의 여신 에리스에서 따온 "논쟁적"(eristic)이라는 단어는 언어적 속임수와 수사학적 비난을 많이 사용하는 보다 논쟁적이고 공격적인 유형의 논쟁을 의미한다. 소크라테스는 논쟁에 전면적으로 뛰어든 적은 거의 없지만, 소피스트들처럼 자신이 원하는 방향으로 변증법을 밀어붙이기 위해 문제시되는 논리—특히 잘못된 비유와 양자택일의 오류—를 자주 사용했다.

물론 소크라테스가 빈약한 논리를 사용하거나 주장을 지나치게 밀어붙여 비논리로 전락할 위험에 처했을 때 그는 자신의 재판에서 제기된 혐의 중 하나인 약한 주장을 더 강한 주장으로 만든다는 혐의로 하마터면 유죄를 선고받을 뻔했다. 하지만 이런 경우에는 의도와 동기가 매우 중요하다. 자신과 논쟁을 벌이는 대다수 소피스트들과 달리 소크라테스가 비논리적이거나 심지어 논쟁적인 방향으로 나아갈 때 그는 단지 논쟁에서 이기는 것에만 관심이 있거나 권력이나 돈에 굶주려서 그런 것이 아니라 그러한 실수는 종종 진리를 탐구하는 과정에서 필요하기 때문에 그렇게 하는 것이다. 비록 (참된 정의에 도달하거나 적어도 잘못된 정의를 제거한다는) 목적은 의식적인 논리 왜곡이나 상대방의 노골적인 조작을 정당화하진 못더라도 철학에 적절한 자극과 보상을 제공한다.

『대 히피아스』의 마지막 부분에서 소크라테스는 대화 상대자를 거의 괴롭히다시피 하면서 선한 사람은 고의로 범죄를 저지르고 악한 사람은 무의식적으로 범죄를 저지른다는 사실을 인정하게 만든다. 하지만 히피아스가 이 결론에 동의하지 않자 소크라테스는 다음과 같은 말로 대화를 마무리한다. "히피아스여, 사실 나는 내 자신에게도 동의할 수 없지만, 현재 우리가 아는 한, 그것이 우리의 논의에서 반드시 도출되어야 할 결론인 것 같네. 아까도 내가 말했듯이 나는 당혹감 속에서 어찌할 바를 모르며 항상 내 의견을 바꾸고 있다네. 나나 평범한 사람이 당황하여 방황하는 것은 놀라운 일이 아니지만, 당신들과 같은 현자들도 방황하고, 또 우리가 당신들에게 가서 방황에서 벗어날 수 없다면 우리와 당신들에게 모두 문제가 심각해지기 시작할 것이네"(376b-c). 소크라테스가 거칠게 말할 수는 있어도 그의 궁극적인 목표는 언제나 동일하다. 그것은 논쟁이 어디로 이어지든 그것을 충실히 따라가는 것이다.

20세기 최고의 기독교 변증가인 C. S. 루이스는 『순전한 기독교』, 『고통의 문제』, 『기적』 등의 작품에서 교리적 진리와 신학적 제1원리를 밝혀내고 변호하기 위해 소크라테스적 변증법/엘렝쿠스를 정직하고 효과적으로 사용했다. 그러나 그는 견진성사를 받은 무신론자였던 대학 시절에는 과시나 명성을 얻기 위한 수단으로, 또는 단순히 시간을 보내기 위한 수단으로 철학이라는 도구를 더 자주 사용했다. 루이스의 신앙을 향한 긴 여정에서 그에게 중요한 전환점이 된 것은 그의 그리스도인 친구와 그의 학생 중 한 명이 플라톤에 대해 논하는 것을 우연히 듣게 되었을 때였다. 그 대화를 듣고 있던 루이스는 순간적으로 그들이 철학이 정말로 중요한 주제인 것처럼, 아니 철학이 마치 자신들의 신념과 행동까지도 바꿀 수 있는 것처럼 논의하고 있다는 것을 깨달았다. 궤변에 능했던 루이스는 이로써 난생처음으로 철학적 토론에 참여하고 철학을 공부해야 하는 더 고상하고, 궁극적으로는 더 만족스러운 이유를 직접 마주하고 몸소 확인하게 되었다.[1]

플라톤의 초기 대화편에서 소크라테스는 영적, 지적, 윤리적, 정치적 미덕의 참되고 본질적인 의미를 탐구할 수 있는 정의를 제시하고자 하는 열망에 박차를 가하는데, 이는 단순히 언어적 목적 자체로서만이 아니라

---

[1] C. S. Lewis, *Surprised by Joy: The Shape of My Early Life*, in *The Inspirational Writings of C. S. Lewis* (New York: Inspiration Press, 1991), 123.

이러한 미덕을 이해하고 구현하기 위한 것이었다. 이것은 플라톤의 웅대한 형이상학의 토대를 마련하는 매우 높은 차원의 목표였지만, 초기 대화편에는 어딘가 모르게 아쉬운 부분이 남아 있다. 비록 이 대화편들은 극적으로 매우 탄탄하고 진리를 향한 유의미한 진전을 이루어냈지만, 지나친 논리와 소크라테스가 추구하는 정의에 도달하지 못한다는 안타까운 사실 때문에 결함을 가지고 있다. 결과적으로 독자는 흥미와 교훈을 얻긴 하지만, 경외감이나 영감을 얻지는 못한다.

사실 소크라테스는 잘못된 체계와 정의를 무너뜨리는 "소극적인" 역할을 한 반면, 플라톤은 참된 체계와 정의를 구축하는 "적극적인" 역할을 했다는 나의 주장은 주로 초기 대화편이 중기 대화편에서 볼 수 있는 철학적 명료성을 달성하지 못했다는 데 근거한다. 내가 다음 장에서 논의하겠지만, 소크라테스가 초기 대화편을 마무리할 수 있는 종류의 교착상태를 넘어 정의의 참되고 초월적인 본질을 설명할 수 있는 새로운 정의와 체계를 제안한 정확한 순간을 우리는 『국가』에서 확인할 수 있다. 비록 증거가 충분하지 않아 결정적인 증거를 제시하기는 어렵지만, 나는 우리가 스승에서 제자로, 소크라테스에서 플라톤으로의 전환이 이루어진 그 과도기적 순간을 포착할 수 있다고 주장할 것이다.

대부분의 초기 대화편은 비록 소크라테스와 그의 의견에 동의하지 않더라도 그를 존경하고 그와 대화하기를 열망하는 젊은이들의 우연한 만남으로 시작한다. 이 만남은 일반적으로 펠로폰네소스 전쟁과 같은 시사적인 사건과 관련이 있는데, 이는 소크라테스가 나중에 젊은 추종자들(특히 극우

파 크리티아스와 극좌파 알키비아데스)의 극단적인 행동에 면죄부를 주기 위한 것이기도 하지만, 곧바로 단어의 정의를 둘러싼 논쟁으로 발전하게 된다. 소크라테스의 반대자들이 때때로 논쟁적인 방법을 동원하여 우위를 점하기도 하지만, 소크라테스는 항상 다시 우위를 점하고 논쟁의 변수를 통제할 방법을 찾아낸다. 그는 모든 내용을 제대로 설명하지 못하거나 스스로 모순을 일으키는 잘못된 정의를 하나씩 차례대로 제거해나간다. 그는 사회에서 또는 소피스트가 제시하는 모든 정의(필연적으로 동일한 것으로 판명될 수밖에 없는)가 부적절한 것으로 드러날 때까지 집요하고 끈질긴 과정을 반복하고 나서 그 대화를 끝낸다!

소크라테스는 잘못된 정의를 폭로하는 데 능숙하지만, 자신만의 완전한 정의를 내릴 의지도, 능력도 없어 보인다. 한편으로 이러한 실패는 그가 자신의 변명에서 제기한 그 유명한(또는 악명 높은) 주장, 즉 자신의 지혜는 자신의 지식에 있지 않고, (소피스트들과 달리) 자신이 모른다는 것을 알고 있다는 사실에 있다는 주장과도 관련이 있다. "오, 여러분들이여, 그는 소크라테스처럼 자신의 지혜가 진실로 아무런 가치가 없다는 것을 잘 알고 있는 가장 현명한 사람입니다"(『소크라테스의 변명』23b). 다른 한편으로 이러한 사실은 소크라테스가 철학적 요설가로서 중요하지만 제한된 자신의 역할에 대해 확고한 이해를 갖고 있었음을 시사한다(『소크라테스의 변명』30d-31b에서 그가 자신과 자신의 교수법에 대해 사용한 진지하면서도 코믹한 이미지를 빌리자면). 대부분의 초기 대화편은 교착상태(그리스어로는 **아포리아**, 또는 길 없음)에서 끝나지만, 이는 독자로 하여금 진리 탐구를 계속하도록 자극하는 창조적인 교착상태라고 할 수 있다.

아이러니하게도 자크 데리다(Jacques Derrida)와 그의 해체주의 계승자들은 절대적 진리와 초월적 원리는 존재하지 않으며, 설령 존재한다고 해도 인간이 도달하거나 알거나 전달할 수 없다는 그들의 믿음을 구현하기 위해 **아포리아**(*aporia*)라는 단어를 사용했다.[2] 나는 이를 아이러니라고 말하는데, 그 이유는 고대 아테네 문화에서 소피스트 철학이 그러했듯이 해체주의는 우리의 (포스트)모던 세계와 매우 밀접한 관계에 있기 때문이다. 현대 해체주의자들과 고대 소피스트 사이에는 많은 다양성이 존재하지만, 두 그룹 모두 결국 절대적인 것에 대한 추구는 그 자체로 순환하여 폴리스에서 폴리스로, 문화에서 문화로 급진적으로 변화하는 일련의 신학적, 철학적, 윤리적 또는 미학적 원칙을 낳는다고 가르쳤다. 아포리아는 우리가 암송하는 신조나 우리가 읽는 책, 우리가 따르는 계명에서 의미를 찾는 것이 얼마나 순진한 일인지 폭로함으로써 논쟁을 끝맺는다.

그러나 소크라테스의 아포리아는 그렇지 않다. 그것은 오히려 예수의 역설과 비슷하며, 우리가 이를 허용한다면 우리를 지혜로 인도할 수 있고, 또 그렇게 할 것이다. 이 아포리아는 진리 탐구를 막다른 지경에 이르게 하는 것이 아니라 진리 탐구를 통한 자신의 신념과 행동을 바꾸지 않으려는

---

2   다음을 보라. Jacques Derrida, "Structure, Sign and Play in the Discourse of the Human Sciences," in *Critical Theory Since Plato*, rev. ed., ed. by Hazard Adams (New York: HBJ, 1992), 1117-26. 또한 다음을 보라. Roland Barthes, "The Structuralist Activity," in *Critical Theory Since Plato*, 1128-33.

사람들을 철학의 문턱에서 막아서는 역할을 한다. 그것은 우리를 상대주의적 우주에 좌초시키는 대신, 옳고 그름, 선과 악, 미덕과 악덕의 진정한 기준을 제시한다. 그리고 그것을 넘어 진리의 통일성과 미덕의 통일성, 즉 어떤 폴리스에서도 변하지 않는 영원불변한 사고와 행동의 시금석을 제시한다.

『소크라테스의 변명』에서 소크라테스가 멜레토스에게 아테네인들 가운데 누가 젊은이들을 더 나은 사람으로 만드는지에 대해 질문하자 멜레토스는 그를 아포리아에 빠뜨린다. 소크라테스와의 대화가 끝날 무렵, 멜레토스는 소크라테스를 제외한 아테네의 모든 정치인과 시민들이 아테네의 젊은이들에게 유익한 영향을 끼친다는 터무니없는 주장을 펼친다. 이것이 터무니없는 주장이라는 사실이 배심원들의 마음에 자리 잡자, 소크라테스는 실제로 젊은이들을 더 나은 사람으로 만드는 사람은 극소수이고 대다수는 해를 끼치거나 적어도 좋은 영향은 주지 못한다고 주장함으로써 아포리아를 풀어나간다(『소크라테스의 변명』 24c-25b). 소크라테스는 상대와 마치 게임을 하는 것처럼 보이지만, 그는 상대주의를 폭로하고 그렇게 함으로써 의미와 진리의 핵심을 다시 한번 지적하기 위한 수단으로서만 이를 사용한다.

프리소크라테스의 난제

비록 나는 소크라테스를 철학의 아버지라고 부르는 것을 지극히 정당하다고 생각하지만, 우리는 아테나가 제우스의 머리에서 나온 것처럼 철학이 소크라테스의 머리에서 완전히 무장한 채로 나온 것은 아니라는 점을 이해해야 한다. 소크라테스에서 정점에 이르게 된 철학 사상과 방법론이 고대 세계에 스며드는 데는 1세기 반(대략 기원전 600-450년)이 걸렸다. 아테네의 황금기 이전의 5-6세대 동안에는 지중해 전역의 혁신적인 사상가들, 특히 아낙사고라스, 아낙시만드로스, 아낙시메네스, 데모크리토스, 엠페도클레스, 헤라클레이토스, 파르메니데스, 피타고라스, 탈레스 등이 과학적·철학적 사고의 씨를 뿌렸다. 이들이 연대적으로 소크라테스보다 앞설 뿐만 아니라 소크라테스, 플라톤, 아리스토텔레스에 의해 발전되고 비판받는 틀을 마련했기 때문에 우리는 이들을 프리소크라테스(소크라테스 이전 철학자들)라고 부른다.

비록 우리가 플라톤을 탈레스, 아낙시만드로스, 아낙시메네스(이들은 밀레토스학파로 통칭됨)의 유물론적, 방법론적 자연주의 대신 피타고라스의 신비적, 숫자 중심적, 윤회-긍정적 이론을 따르기로 선택한 철학자로 정의할 수도 있지만, 나는 여기서 플라톤을 헤라클레이토스의 다원주의와 파르메니데스의 일원론 사이에 위치시키고자 한다. 그 이유는 당대의 철학적 난제―실재의 본질은 복수인가 단수인가, 변하는 것인가 불변하는 것인가, 지속적인 유동성인가 부동의 완전함인가?―에 대해 가장 훌륭하고 불후의 명답을 내놓은 사람은 엠페도클레스, 아낙사고라스, 데모크리토스가 아니라 플라톤이었기 때문이다.

헤라클레이토스에 따르면 우리는 끊임없이 변화하는 세계에 살고 있다. 그 어떤 것도 동일하게 유지되는 것은 없다. 실제로 우주에서 유일한 상수(常數)는 변화 그 자체다. 우주는 정적인 완전함의 상태로 존재하기보다는 네 가지 원소(흙, 물, 공기, 불)와 그것과 질적으로 짝을 이루는 요소들(뜨겁고 차갑고, 건조하고, 습한)이 끊임없는 전쟁을 벌이는 전쟁터다. 이 원소들의 싸움이 지속적이고 치열하지만, 헤라클레이토스는 이것들을 긍정적이고 창조적인 것으로 보았다. 사실 헤라클레이토스는 이 우주의 역설을 설명하기 위해 활과 리라라는 쌍둥이 이미지를 사용하여 파괴적으로 보이는 상반된 힘에서 어떻게 조화가 이루어질 수 있는지를 표현했다. 활의 모양이 활을 잡아당기는 힘으로 유지되는 것처럼 헤라클레이토스는 원소들 간의 갈등을 궁극적으로 안정감을 주는 힘으로 보았다.[3]

헤라클레이토스의 통찰은 언뜻 이상하게 들릴지 모르지만, 우리 주변에서 우리가 인식하는 세계와 잘 부합한다. 직관적으로 우주는 고정되어 있고 정적이며, 실재는 하나이고 변하지 않는다고 주장한 파르메니데스의 입장은 이와 정반대다. 헤라클레이토스의 입장은 철학 용어로 다원론(pluralism)이라고 하는데, 이는 우주가 움직이는 여러 가지 물질로 구성되어 있다고 주장하기 때문이다. 반면 파르메니데스는 우주는 움직이거나 변화하지 않는 단 하나의 균일한 물질로 구성되어 있다고 믿었기 때문에 일원론자(monist)였다.

---

3   Reginald E. Allen, ed., *Greek Philosophy: Thales to Aristotle* (New York: Free Press, 1966), 41-
     43.

헤라클레이토스와 같은 상식적인 사상가들에게는 설상가상으로, 파르메니데스는 참된 지식은 자연(그리스어로 피시스, *physis*)에 기반을 두고 있으며 사변적 이성을 통해 이해되는 반면, 단순한 의견은 관습(노모스, *nomos*)에 기반을 두고 있으며 감각을 통해 인식된다고 주장했다. 물론 파르메니데스가 여기서 사용한 **자연**이라는 단어는 육체의 눈으로 우리 주변에서 볼 수 있는 물질적인 것을 가리키는 것이 아니라 오직 마음의 눈으로만 인식할 수 있는 사물의 궁극적인 본질을 가리킨다. 우리의 감각과 그 감각의 토대 위에 놓여 있는 철학적, 신학적, 과학적 체계를 신뢰하는 것은 어리석음을 신뢰하는 것이다. 우리가 볼 수 없는 것들은 영원하고 변하지 않기 때문에 사실은 그것들이 가장 실재하는 것이다.[4]

프리소크라테스의 난제를 풀고자 했던 사람들 중 가장 대담하고 창의적인 사람은 아마도 엠페도클레스였을 것이다. 엠페도클레스는 사원소설(四原素說)을 만들어내지는 않았지만, 2천 년 동안 과학자들에게 영향을 미치고 시인들에게 영감을 준 완전한 체계로 발전시켰다. 엠페도클레스는 밀레토스학파의 연구를 바탕으로 이 원소들의 끊임없는 춤이 모든 힘과 영광으로 펼쳐지는 광활한 우주 무대를 상상해냈다. 거대한 심장이 끝없이 수축하고 확장하듯이 원소들은 생명과 성장을 가능케 하는 리듬에 따라 움직이고 흐르고 박동한다. 춤의 첫 번째 동작에서는 갈등의 힘이 땅, 물, 공기, 불을 갈라놓지만, 두 번째 동작에서는 사랑의 힘으로 같은 원소들이 다시

---

4 Allen, *Greek Philosophy*, 44-47.

하나로 합쳐진다. 헤라클레이토스가 말한 것처럼 이 과정은 끊임없는 움직임과 변화의 과정이지만, 그 결과는 파르메니데스가 이론화한 것처럼 정지와 완전함의 과정이다.[5]

아낙사고라스의 매우 독특한 우주 체계에 따르면 우주는 사랑과 갈등의 춤을 추는 네 가지 원소가 아니라 우주적 정신(또는 누스, *nous*)에 의해 질서를 이루는 작은 입자(또는 씨앗)의 혼돈으로 구성되어 있다. 아낙사고라스는 이러한 물질적 씨앗은 항상 존재해왔지만―즉 그는 물질은 영원하고 파괴되지 않는다는 파르메니데스의 주장에 동의함―헤라클레이토스처럼 그 배열은 끊임없이 유동적이라고 가르쳤던 것으로 보인다.[6]

엠페도클레스와 아낙사고라스 사이에는 데모크리토스가 있는데, 그는 씨앗에 **누스**를 더한 것과 유사한 체계를 제안했지만, **누스**에서 모든 목적, 지성, 의식을 제거했다. 그의 사물 체계에 따르면 우주에 존재하는 것은 원자와 허공뿐이다. 그리스어로 "나눌 수 없는 것"을 뜻하는 **원자**(atom)는 물질의 가장 작고 기본적인 구성 요소를 의미했고, **허공**(void)은 파르메니데스가 모든 것이 하나이고 모든 것이 존재라는 일원론적 패러다임으로 받아들이기를 거부한 비존재(nonbeing)의 빈 공간을 의미했다.[7]

---

5   Allen, *Greek Philosophy*, 50-51.
6   Allen, *Greek Philosophy*, 52-54.
7   Allen, *Greek Philosophy*, 54-56.

플라톤의 해결책

엠페도클레스, 아낙사고라스, 데모크리토스 모두 이 두 극단을 조화시키기 위해 고군분투했다. 그러나 서양 철학에서 일원론과 다원론의 가장 영광스러운 조화를 이루어내고 서양 철학을 진정으로 고귀한 길로 이끈 인물은 바로 플라톤 자신이었다. 플라톤의 해법은 초기 교회의 일부 영지주의 이단들을 부추기기도 했지만, 정통 기독교 신학자들이 땅과 하늘, 시간과 영원, 영적 성장의 참된 본질을 이해하는 데도 도움이 되었다. 실제로 그의 해결책은 "보이는 것은 잠깐이요 보이지 않는 것은 영원함이라"라는 고린도후서 4:18에 대한 기독교 이전의 주석처럼 읽힌다.

플라톤은 자신의 뛰어난 통찰력과 독창성을 바탕으로 파르메니데스와 헤라클레이토스의 주장이 **모두** 옳다고 주장했다. 두 사람의 가르침이 서로 교착상태처럼 보이는 것은 그들의 일원론적 관점과 다원론적 관점이 서로 다른 두 세계를 지칭했기 때문이다. 우리가 삶을 영위하고 감각을 통해 인식하는 물리적, 자연적, 물질적 세계는 끊임없는 변화와 유동과 쇠퇴의 세계다. 플라톤은 이 세계는 완전함에 이르기 위해 끊임없이 노력하지만, 결코 완전함에 도달할 수 없기 때문에 이를 생성의 세계(World of Becoming)라고 불렀다. 결함이 있고 부서지기 쉬운 이 세계의 변화무쌍한 본질 때문에 우리는 이 세계에 대한 참된 지식을 형성할 수 없으며, 이 세계와 그 끝없는 변동에 대해 우리는 단지 억견(그리스어로 독사, *doxa*)만 형성할 수 있다.

그러나 플라톤은 모든 것이 영원하고 불변하는 완전한 상태로 존재하는 또 다른 더 높은 세계가 있다고 믿었다. 눈에 보이지 않는 비물리적인 존재의 세계(World of Being)에 대한 지식은 이성과 사색을 통해서만 얻을 수 있다. 플라톤은 『국가』 제6권에서 이 이분법을 간결하게 설명한다. "영혼은 마치 눈과 같습니다. 진리와 **존재**가 빛나는 것에 놓여 있을 때 영혼은 인식하고 이해하며 지성으로 빛나지만, **생성**과 소멸의 황혼으로 향하면 단지 억견만 가지고서 깜박거리며, 처음에는 이 억견을, 다음에는 다른 억견을 갖게 되어 지성이 없는 것처럼 보이지 않습니까?"(508d; 강조는 덧붙여진 것임)

비록 네 가지 원소가 생성의 세계의 물리적 춤을 주도하지만, 진정한 제1원리(아르케, *archē*)는 오직 존재의 세계에서만 발견된다. 우리 세계에는 물리적인 대상(의자, 책상)뿐만 아니라 추상명사(아름다움, 진리)도 수없이 많으며, 플라톤은 이를 "다자"라고 불렀다. 우리는 위의 고정되고 불변하는 세계에서만 일자(一者) 또는 본질, 즉 원형을 만나게 되는데, 이에 비하면 우리의 의자, 책상, 아름다움, 진리는 희미한 그림자와 같은 모상(模像)에 불과하다. 플라톤은 이러한 원형을 이데아(또는 형상)라고 부르며, 감각으로는 그것에 대한 지식을 얻을 수 없다고 주장했다. 플라톤은 이에 대해서도 『국가』 제6권에서 간결하게 표현한다. "아름다운 것과 좋은 것, 그리고 우리가 묘사하고 정의하는 다른 것들이 많이 있는데, 이 모든 것에는 '많다'는 말이 적용된다네.…그리고 절대적인 아름다움과 절대적인 선이 있으며, '많다'는 용어가 적용되는 다른 것들 중에도 절대적인 것이 있네. 왜냐하면 그것들은 각각의 본질이라고 불리는 단일 이데아에 포함될 수 있기 때문이지.…우리가 말했듯이 그 많은 것은 눈에 보이기는 해도 인식할 수 없고, 이데아는 인식할 수는 있어도 눈에는 보이지 않는다네"(507b).

파르메니데스가 한편에는 이성/자연(*physis*)/지식을 두고, 다른 한편에는 감각/관습(*nomos*)/억견(*doxa*)을 두는 이분법을 확립한 것은 **옳았다**. 그가 미처 깨닫지 못한 것은 우리의 감각을 통해 인식할 수 있는 다원론적 세계가 존재하지만, 결국 이것은 우리의 이성을 통해서만 인식할 수 있는 일원론적 세계에 의해 대체된다는 사실이다. 따라서 파르메니데스는 우리의 감각이 받아들이는 정보를 전적으로 거부할 것을 요구한 반면, 플라톤은 우리 세계의 (실제) 그림자 위로 시선을 돌려 절대적이고 적나라한 이데아의 진상을 응시할 것을 요구했다.

선분(線分, the divided line). 플라톤은 『국가』 제6권(509d-511e)에서 두 층으로 이루어진 우주의 본질을 설명하고 구체화하여 제자들에게 상승의 여정을 안내하기 위해 단순하지만 심오한 선분 모델을 구축한다. 선분의 아랫부분은 생성의 세계를 상징한다. 이 세계는 태양의 빛을 받고 오감에 의해 파악되지만, 기껏해야 단순한 억견만을 산출할 수 있다. 선분의 윗부분은 존재의 세계를 상징한다. 이 세계는 선(the Good)의 빛을 받고 이성에 의해 파악되며, 오직 이 세계만 참된 지식을 산출한다. (플라톤에게 선은 궁극적인 이데아이며, 다른 모든 이데아에 형태와 빛을 부여한다.)

선분의 아랫부분은 물리적 사물과 그 사물의 그림자로 더 세분된다. 비록 하반부 전체가 보이지 않는 이데아에 대한 사색을 통해서만 얻을 수 있는 진정한 통찰과 단절되어 있지만, 하반부의 상단은 더 높은 진리를 향해 나아가는 첫걸음으로 기능할 수 있는 일종의 지식을 산출한다. 따라서 생성의 세계에는 오직 억견(*doxa*)만 감당할 수 있지만, 사물의 모조품이 아닌 사물 자체를 연구하는 자들은 더 고차원적인 사고에 참여하고 있는 것이다. 안타깝게도 나처럼 모방 예술(소설, 시, 드라마, 회화, 조각)에서 발견되는 진리와 아름다움을 연구하는 데 전념해온 사람들에게 플라톤은 그러한 창조적 사고의 모든 표상을 최하위로 분류한다. 왜냐하면 그것들은 거울에 비친 영상이나 물에 반사된 영상처럼 실체가 없고, 우리를 현실에서 환상으로 향하게 하기 때문이다.

플라톤이 『국가』 제10권(595a-597e)에서 설명하듯이 지상의 의자, 책상, 아름다움, 진리는 존재의 세계에 있는 진짜 의자, 책상, 아름다움, 진리의 그림자에 불과한 것처럼 의자의 그림이나 책상의 조각이나 아름다움에 관한 시나 진리에 관한 드라마는 그 자체가 지상의 의자, 책상, 아름다움, 진리의 그림자다. 따라서 예술적 표현은 모방의 모방이며, 이데아에서 두 번 벗어나 있기 때문에 우리가 사유하도록 창조된 진리와는 두 배로 멀어져 있다. 낭만주의 이후의 세계에서 우리는 상상력을 중시하는 경향이 있다. 이와는 대조적으로 플라톤은 상상력은 가장 낮은 단계의 사고이자 아름다움과 진리와 상호작용하는 가장 위험한 방법이라고 생각했다. 그것은 필연적으로 우리를 실재적이고 참된 것에서 멀어지게 한다.

우리가 사는 생성의 세계의 관점에서는 자연과학이 실체를 가진 실재 대상에 우리의 감각을 집중시키기 때문에 예술보다 우월하다. 설령 그 실체가 영원한 이데아의 그림자라 할지라도 말이다. 밀레토스학파가 훌륭하게 해냈던 것처럼 우리는 우리가 사는 물리적 세계를 자세히 연구하고 분석함으로써 상상(또는 추측)에서 믿음으로 나아갈 수 있다. 하지만 우리가 중앙선을 가로질러 선분의 윗부분으로 넘어갈 때까지는—밀레토스학파가 잘못 기대했던 것처럼—제1원리를 만나기를 기대할 수 없다. 비록 태양은 우리에게 물리적, 가시적 세계의 모든 본질을 드러내는 힘을 가지고 있지만, 우리 감각의 능력을 초월하는 더 큰 진리를 밝혀줄 순 없다. 비가시적(또는 가지적) 세계에 존재하는 진리를 인식하려면 선이 우리 마음의 눈을 밝혀주어야 한다. 그래야만 상상과 믿음에서 이해와 이성으로 나아갈 수 있다.

플라톤은 선분의 아랫부분을 세분하듯이 윗부분도 세분한다. 그는 윗부분의 하단에 피타고라스와 같은 수학자들이 수행한 사고를 배치한다. 피타고라스의 삼각형 연구는 건축가가 신전을 지을 때 사용하거나 교사가 학생들을 가르치기 위해 모래에 그리는 물리적 삼각형과는 관련이 없다. 오히려 그의 관심은 보거나 맛보거나 만지거나 듣거나 냄새 맡을 수 없는 완벽한 삼각형에 관한 것이었다. 경험적 관찰에서 상향식(귀납적)으로 접근하는 자연과학과 달리 기하학은 우주의 영원한 조화와 균형을 정의하는 추상적 원리(또는 기정사실)에서 하향식(연역적)으로 접근한다.[8]

---

8 "피타고라스학파는 수학에 헌신한 자들로, 이 학문을 최초로 발전시킨 자들이며, 수학의 교훈이 만물의 원리라고 생각했다. 이러한 원리 중 숫자는 본질적으로 가장 먼저 생겨났기 때문에 그들은 숫자에서 불, 흙, 물보다 존재하고 생겨나는 사물과 더 많은 유사점을 발견한 것 같다."

하지만 플라톤은 비록 기하학이 소여(所與, 이의 없이 받아들여지는 사실이나 원리—편집자주)에서 출발하여 이데아를 향해 위로 올라가지만, 그 소여에 도달하여 그 자체를 목적으로 사유하려 하지는 않는다고 설명한다. 이 작업을 위해 우리는 수학자에서 철학자, 즉 소크라테스처럼 변증법을 사용하여 플라톤이 지복직관(至福直觀)이라고 부른 것을 향해 진리의 사다리를 오르는 사람으로 나아가야 한다(『국가』7, 517d).

동굴 비유. 비록 나는 플라톤의 선분을 이해하기 쉬운 명확한 용어로 설명하기 위해 최선을 다했지만, 선의 추상적 특성 때문에 그것을 이해하고 수용하는 데 어려움이 있음을 고백한다. 물론 이러한 어려움이 플라톤에게만 국한된 것은 아니다. 아리스토텔레스, 아퀴나스, 칸트 같은 뛰어난 철학자들의 원리와 논증도 똑같이, 아니 그보다 더 이해하기 어렵다. 다행히도 플라톤은 우리를 철학적 추상의 어두운 구덩이에 빠뜨리지 않고, 이해의 빛으로 올라갈 수 있는 사다리를 던져준다. 플라톤은 어떻게 이 대담한 위업을 달성했을까? 그토록 시적 상상력이 지닌 위험성에 대한 자신의 경고를 전혀 미안한 기색도 없이 무시하면서(실제로는 모순을 일으키면서) 말이다. 플라톤이 『국가』제7권(514a-517a)에서 우리에게 던져주는 사다리는 은유적인 사다리다. 플라톤은 호메로스나 소포클레스의 시적 기량을 가지고 강렬한 비유/신화, 즉 그의 선분 비유에 담긴 철학적 원리를 구현하고 체화하는 잊을 수 없는 서사를 구성한다. 플라톤의 동굴 비유를 읽고 경험

Aristotle, *Metaphysics* 985b; 다음에서 인용됨. Allen, *Greek Philosophy*, 38.

하면 선분의 본질이 우리의 사고에뿐만 아니라 우리의 마음과 영혼에까지 선명하게 드러난다. 쇼맨-이야기꾼의 현란한 입담으로 소크라테스/플라톤은 다음과 같이 외친다.

> 이제 내가 우리의 본성이 어디까지 깨달았고, 어디까지 깨닫지 못했는지를 비유로 보여주겠네. 지하 동굴에 사는 사람들이 있다고 상상해보세. 그 동굴의 입구는 빛을 향하여 열려 있고, 그 동굴을 따라 길게 뻗어 있다네. 그들은 어릴 때부터 이곳에서 살면서 다리와 목이 쇠사슬에 묶여 움직이지 못한 채 앞만 볼 수 있고, 그 쇠사슬 때문에 머리를 돌리지도 못하고 있네. 그들의 위와 뒤에서는 멀리서 불이 타오르고 있고, 불과 죄수들 사이에는 높이 치솟은 길이 있는데, 그 길을 자세히 살펴보면 길을 따라 낮은 벽이 세워져 있는데, 그것은 마치 꼭두각시 인형극을 공연하는 사람들이 관객 앞에 휘장을 치고 그 위로 인형들을 보여주는 구조라고 할 수 있네(514a-b).

소크라테스는 이 인형들이 인간과 동물, 나무와 돌의 모양으로 만들어졌으며, 끝없이 빙글빙글 돌면서 움직인다고 설명한다. 불은 동굴 벽에 인형의 그림자를 드리우고, 다른 세상을 전혀 알지 못하는 죄수들은 그 그림자를 실체로 받아들인다. 실제로 그들 대다수는 그 그림자가 다음에 언제, 어떤 순서로 나타날지 예측하기 위해 그림자를 연구하는 데 일생을 바친다. 심지어 그들은 경연대회를 열고 상을 수여하며, 우승자들은 자신의 관찰력과 분석력에 스스로 찬사를 보낸다.

이제 플라톤은 죄수 중 한 명이 사슬을 풀고 불을 향해 돌아서면 어떻게 될지 상상해보라고 말한다. 처음에는 불의 직사광선에 앞이 보이지 않겠지만, 자신이 처한 상황의 실상을 보려는 시도를 계속한다면 결국에는 그림자가 자신의 현실 전체를 구성했던 인형 자체를 연구할 수 있게 될 것이다. 그렇다면 이제 탈출한 죄수가 동굴을 빠져나와 높은 곳으로 올라가기 위해 고군분투하는 모습을 상상해보라. 그는 눈부신 불빛과 마찬가지로 태양의 더욱 찬란한 빛 때문에 일시적으로 바깥세상의 사물을 볼 수 없게 될 것이다. 결국에는 그의 눈이 적응하겠지만, 처음 며칠 동안은 강과 연못에 비친 나무와 돌의 영상만 보는 것이 편할 것이다. 하지만 끈기를 가지고 꾸준히 노력하면 언젠가는 수면에 비친 희미한 영상에서 눈을 들어 처음에는 나무와 돌을 바라보고, 그다음에는 별과 하늘을 바라볼 수 있는 날이 올 것이다. "마침내 그는 태양을 볼 수 있게 될 것이며, 단순히 수면에 비친 태양이 아니라 다른 곳이 아닌 원래 자리에 있는 태양을 보게 될 것이며, 태양을 있는 그대로 관조하게 될 것이네"(516b).

탈출한 죄수의 서사시적 여정은 플라톤이 선분의 네 구간을 통과하는 철학자의 여정에 비유한 것이다. 동굴 벽에 그려진 그림자는 예술과 같다. 즉 그것은 위에 있는 실제 세계에 존재하는 실제 인간과 동물, 나무와 돌에서 두 번이나 동떨어져 있는 모방의 모방이다. 우리도 죄수들처럼 이 그림자를 실체로 생각하고, 그에 따라 그림자를 연구하는 데 우리의 에너지를 쏟지만, 이는 실체와는 아주 미미한 연관성만 있을 뿐이다. 죄수가 그림자에서 인형으로 시선을 돌리면 그는 예술에서 자연과학으로, 즉 영상에서 모방의 대상인 실물과 적어도 어느 정도 관계를 맺고 있는 실제 물리적 대상으로 이동하는 것이다. 비록 환상의 존재는 여전히 강하고 그는 여전히 억견(*doxa*)이라는 지하 영역에 갇혀 있겠지만, 인형에 대한 연구는 그에게 더 건전한 유형의 지식을 제공할 것이다.

그러나 일단 동굴을 벗어나면 그는 생성의 세계에서 존재의 세계로 넘어가는 큰 경계선을 건너가는 것이다. 이 비유에서 동굴 안의 불은 우리 세계의 태양을, 동굴 밖의 태양은 보이지 않는 지적 세계의 모든 것을 비추는 선을 상징한다. 죄수는 달 위의 완벽하고 변하지 않는 세계에 해당하는 동굴 밖에서만 사물을 있는 그대로 볼 수 있다. 하지만 여기에도 선분에서처럼 서로 다른 두 개의 단계가 존재한다. 강과 연못에 비친 영상은 수학자가 기하학적 증명을 위해 사용하는 소여(所與)와 같고, 실제 나무와 돌과 하늘은 철학자가 시선을 고정하는 이데아를 상징한다. 그림자에서 인형, 영상, 실물로, 한 단계에서 그다음 단계로 꾸준히 이동해 나아가야만 동굴의 벽에서 태양으로 시선을 옮길 수 있다는 희망을 품을 수 있다.

그리고 영원한 세계의 중심부에 도달한 그는 다시 동굴로 돌아와 그 아래에 묶여 있는 사람들에게 빛을 가져다주어야 한다. 물론 그가 돌아오면 그는 어둠에 눈이 멀고 그림자 때문에 혼란을 느끼며 헛된 추리 게임에 참여할 수 없는 자신을 발견하게 되겠지만, 그래도 그는 그리로 내려와야만 한다. 플라톤의 스승에게 그랬던 것처럼 죄수들이 그를 죽일 가능성도 있지만, 그래도 철학자의 소명은 위험을 피하거나 명예, 재산, 육체의 요구와 허영을 과대평가하지 않는 고결한 소명이다. 플라톤은 "이 지복직관의 경지에 도달한 사람들이 인간사로 내려오려 하지 않는 것을 의아해해서는 안 된다"(517d)는 것을 인정하며 자신의 비유를 마무리한다. 그러나 그러한 생각이 철학자가 인간사로 내려와 빛과 진리를 다른 이들에게 전할 "복음적" 의무를 면제해주는 것은 아니다.

플라톤과 프리소크라테스에 대한 나의 조사를 마무리하면서 다음과 같은 상상을 해보면 어떨까? 만약 이 장에서 논의한 다양한 사상가들에 대한 순위를 매겨달라는 요청을 받는다면 플라톤은 다음과 같이 답했으리라고 나는 생각한다.

1. 소피스트: 그림자 숭배자들
2. 헤라클레이토스와 밀레토스학파: 인형 연구자들
3. 엘레아학파와 수학자 피타고라스: 실제 영상을 사랑하는 자들
4. 종교 지도자 피타고라스와 소크라테스: 태양을 탐구하는 구도자

만약 우리가 플라톤처럼 진정한 아르케(*archē*)에 도달하려면 우리는 궤변적인 환상을 버리고, 네 가지 원소를 극복하고, 이데아들의 이데아에 도달하기 위해 연역적 전제 너머로 올라가야 한다.

2장
◆
『국가』

사람들에게 많은 사랑을 받는 문학 작품들 가운데 다수(예를 들어 『오디세이아』, 『아이네이스』, 『신곡』, 『캔터베리 이야기』, 『돈키호테』, 『천로역정』, 『허클베리 핀』)는 그야말로 길 위에서 펼쳐진다. 플라톤의 가장 위대한 작품이자 가장 오래도록 사랑받는 작품인 『국가』가 아테네에서 피레아스로 향하는 길을 소크라테스가 걸어가는 것으로 시작하는 것은 결코 우연이 아닐 것이다. 초기 대화편에서 자주 볼 수 있듯이 소크라테스는 사람들에게 억지로 붙들려서 그들과 대화에 참여하도록 설득당한다. 그는 기꺼이 평소 그의 방식대로 재빨리 대화에 응하지만, 그 이전에 연로한 집 주인에게 다음과 같은 질문을 한다.

케팔로스여, 저는 노인들과 대화하는 것을 매우 좋아합니다. 저는 그들이 저 또한 앞으로 가야 할 길을 먼저 걸어가신 나그네들이며, 그 길이 평탄하고 쉬운 길인지 아니면 험하고 어려운 길인지 제가 물어봐야 할 사람들이라고 생각하기 때문입니다. 그리고 시인들이 "노년의 문턱"이라고 말하는 시점에 이르게 된 당신께도 묻고 싶은 질문이 하나 있습니다. 끝으로 갈수록 인생은 더 힘들어집니까? 만약 그것이 아니라면 당신은 인생에 대해 어떤 말씀을 해주고 싶으십니까?(328e)

소크라테스처럼 학식이 많은 사람이 노인을 그렇게 존중하는 모습을 보는 것은 아름다운 일이며, 점점 더 보기 힘든 일이다. 하지만 진정한 지혜는 언제나 나이를 존중한다. 왜냐하면 노인들은 우리보다 더 먼 길을 걸어온 사람들이고, 따라서 더 많은 경험을 가지고 있기 때문이다. 또한 현대 문화는 이러한 명백한 사실을 무시하는 것을 선호하지만, 죽음에 가까워질수록 전부는 아니지만 대다수의 사람은 더욱 겸손해지고 성찰하는 존재가 된다.

인생의 끝자락에 다다른 자로서 케팔로스는 인생의 마지막을 어렵게 만드는 것은 노년의 질병과 수모가 아니라 영혼의 상태라는 사실을 깨닫게 되었다. 아니, 케팔로스는 소크라테스에게 노년기에 흔히 수반되는 후회와 불평은 "노년이 아니라 인간의 성품과 기질에 기인하는 것이므로, 평온하고 유쾌한 성격을 지닌 사람은 나이의 압박을 거의 느끼지 못하지만, 그 반대 기질을 가진 사람에게는 젊음과 노년이 똑같이 부담이 된다"(329d)고 단언한다. 이 조언은 충고로서 건전하며, 오늘날에도 우리가 귀담아들어야 할 말이지만, 『국가』의 맥락에서도 중요한 기능을 수행한다. 즉 이것은 당장 독자가 외면뿐만 아니라 내면을, 육체뿐만 아니라 영혼을 들여다보도록 훈련한다. 실제로 이 조언은 기쁨이나 슬픔, 미덕이나 악덕, 정의나 불의의 진정한 원천으로서 전자보다 후자에 특권을 부여한다.

그리고 이것은 부(富)도 마찬가지다. 가난은 선한 사람에게도 힘들지만, "나쁜 부자는 [결코] 자기 처지에 만족하지 못한다"(330a). 소크라테스는 부의 문제에 대해 케팔로스를 더욱 압박하며 『국가』의 두 번째 핵심 주제에 대한 언급을 유도한다. 케팔로스는 소크라테스에게 "사람이 자신이 죽음에 가까워졌다고 생각할 때는 전에는 없었던 두려움과 염려가 그의 마음속에 들어오고, 저승에 대한 이야기와 이승에서 자신이 행한 행위에 대해 그곳에서 받을 형벌이 한때는 웃음거리로 들렸지만, 이제는 그것이 사실일 수도 있다는 생각에 괴로워한다"(330d)고 말한다. 다음 장에서 나는 플라톤이 사후세계와 선한 또는 악한 행동의 최종 보상에 관한 비유(에르 신화)로 『국가』를 끝맺기로 한 결정에 대해 논의할 것이다. 지금으로서는 심판에 대한 두려움에 관한 케팔로스의 발언이 『국가』에 엄중한 분위기를 조성한다는 점, 즉 정의는 국가뿐만 아니라 개인의 영혼과 그 종국의 운명의 문제라는 점만 언급하는 것으로도 충분할 것 같다. 플라톤은 대담자들에게 그랬던 것처럼 우리를 사로잡고 즐겁게 하지만, 동시에 그 대가가 크다는 사실도 우리로 하여금 절대 잊지 못하게 한다.

죽음을 직시하라는 케팔로스의 지극히 그리스적인 훈계―중세인들은 이 순간을 **메멘토 모리**(*memento mori*, 당신도 반드시 죽는다는 것을 기억하라)라고 부름―가 대화 상대를 사뭇 숙연하게 만들었다는 사실을 감지한 듯, 소크라테스는 자신이 논의하고자 하는 주제인 정의의 본질로 대화를 이끌 기회를 포착한다. 따라서 비록 케팔로스는 정의에 대해 아무 언급도 하지 않았지만, 소크라테스는 케팔로스에게 빚을 갚는 것과 진실을 말하는 것이 항상 정의로운 것인지를 단도직입적으로 묻는데, 이 두 주제는 케팔로스가 언급하긴 했어도 정의와 관련 지어 언급한 적은 없었다. 케팔로스가 머뭇거리자 소크라테스는 재빨리 빚을 갚는 것이 정의롭지 못한 하나의 가상의 상황을 상정한다. 만약 지금 막 정신이 나간 사람이 자기가 제정신이었을 때 빌려 간 무기를 되돌려달라고 한다면 그의 물건을 그에게 되돌려주는 것이 과연 정당한 일일까?

케팔로스의 아들인 폴레마르코스는 소크라테스의 질문에 답하기 위해 논쟁에 뛰어들고, 그의 아버지는 나이가 들면 지혜와 현명함이 생긴다는 것을 증명이라도 하듯 방에서 나가면서 젊은이들이 정의의 본질에 대해 소크라테스와 씨름할 수 있는 기회를 제공한다.

토론은 이제 그렇게 시작된다.

니체의 암시

초기 대화편에서 흔히 볼 수 있듯이 『국가』 제1권은 다소 답답하지만 재미있는 소크라테스의 아포리아 춤을 엿볼 수 있는 기회를 우리에게 제공한다. 소크라테스는 정의(justice)의 정의(definition)를 묻고, 대담자 중 한 명이 정의를 내리고, 소크라테스가 그 정의를 뒤집음으로써 우리는 교착상태에 빠지게 된다. 폴레마르코스가 제시한 첫 번째 정의(definition)에서 정의란 친구에게는 선을 행하고, 적에게는 악을 행하는 것을 의미한다(332d). 언뜻 보기에 이 정의는 좋은 정의처럼 보인다. 소크라테스가 여기에 귀류법 (reductio ad absurdum)을 적용하기 전까지는 말이다. "만약 친구에게 선을 행하는 것이 정의라면 물건을 훔치는 것이 친구에게 이익이 되는 경우에는 훔치는 것도 정의가 될 것이다. 만약 적을 친구로 착각하고 그에게 선을 행한다면 당신은 실제로는 적을 돕는 것이므로 정의가 아니다. 만약 우리가 적을 해함으로써 그를 덜 정의로운 사람으로 만든다면 우리는 정의로운 행위가 불의를 가져올 수 있다고 말하는 것이 된다." 폴레마르코스는 패배감에 고개를 숙이며 이제부터는 정의에 대한 잘못된 정의에 맞서 싸우는 일을 돕겠다고 소크라테스에게 약속까지 한다.

소크라테스는 열정을 불태우며 누군가에게 두 번째 정의를 제시해 달라고 요청하는데, 이때부터 대화는 심상치 않은 방향으로 흘러간다. 이때 폴레마르코스를 대하는 소크라테스의 태도에 분노한 트라시마코스라는 다혈질의 젊은 청년이 소크라테스를 어리석다고 비난한다(336b-c). 그는 자기의 지혜는 자기가 모르는 것을 아는 데 있다는 소크라테스의 항변에 인내심을 보이지 못한다. 트라시마코스에게는 소크라테스가 자신의 정의는 제시하지 않고 다른 사람의 정의를 깎아내리기에 혈안이 된 사람으로 보일 뿐이다. 트라시마코스에게 공정하자면 내 학생들 중 상당수도 소크라테스가 자신의 정의를 내리지 않고 사람들을 궁지에 몰아넣으면서 자신은 빠져나가는 교활한 방식에 똑같이 짜증을 냈다. 만약 내가 그들의 눈빛을 제대로 간파한 것이라면 사실 그들 중 상당수는 심지어 짜증 나게 만드는 이 요설가를 한대 쥐어박고 싶은 충동을 느꼈음에 틀림없다.

그러나 트라시마코스의 분노와 좌절은 더 깊어져 소크라테스(그리고 플라톤)의 정신(ethos)과 방법론에 저항하는 훨씬 더 어두운 이면을 드러낸다. 트라시마코스의 마키아벨리적 사고방식에 따르면 소크라테스는 그저 허풍쟁이이자 잔소리꾼일 뿐이며, 아테네의 실용적·정치적 현실과 동떨어진, 장밋빛 안경을 쓰고 세상을 바라보는 나약한 이상주의자였다. 트라시마코스는 정의가 선과 악, 미덕과 악덕과는 아무런 관련이 없다고 주장한다. 정의는 강자의 뜻에 불과하며, 힘은 옳음을 만들어내고, 지금까지도 항상 그래왔다(399a). 소크라테스가 처음에는 폴레마르코스의 정의처럼 트라시마코스의 정의도 쉽게 무너뜨릴 것 같았다. 소크라테스는 변증법의 검을 능숙하게 휘두르며 트라시마코스로 하여금 의사는 자기 자신이 아닌 환자를 위해 최선을 다하며, 약자를 돕는 것을 최우선에 둔다는 사실을 인정하게 만든다. 그런 다음 소크라테스는 가장 숙련된 의사처럼 정의로운 통치자만이 피치자에게 가장 이익이 되는 일을 한다는 결론을 내리면서 상대에게 날카로운 치명타를 날린다(342e).

하지만 트라시마코스는 그리 쉽게 넘어가지 않는다! 순진하고 어리석게도 소크라테스는 목자들이 실제로는 자신의 금전적 이익을 위해 양을 살찌우면서도 양의 이익을 위해 최선을 다한다고 생각하는 것 같다. 트라시마코스는 자신의 비유가 소크라테스보다 우월하다고 생각하면서 통치자의 진정한 본질, 정의와 불의에 대한 평가로 결론을 내린다.

당신[소크라테스]은 정의와 정의로운 것이 실제로는 다른 사람의 이익을 위한 것이라는 것조차 모를 정도로 정의와 불의에 대한 당신의 생각은 완전히 빗나갔습니다.…왜냐하면 불의한 사람은 진정으로 순진하고 정의로운 사람 위에 군림하며, 그는 더 강자이고, 그의 신민들은 그의 이익을 위해 일하며, 자신들의 행복과는 아주 거리가 먼 그의 행복을 위해 봉사하기 때문입니다(343c).

그리고 트라시마코스는 불의한 사람 가운데 가장 성공한 사람이 바로 참주라고 당당하게 덧붙인다.

참주는 속임수와 힘으로 조금씩 다른 사람의 재산을 빼앗아가는 것이 아니라 한꺼번에 통째로 빼앗아갑니다. 어떤 사람이 신성한 것과 속된 것, 사적인 것과 공적인 것을 모두 합쳐서 그중 하나만이라도 잘못을 저지른 것이 들통나면 처벌을 받고 큰 수치를 당하는데, 특히 그런 잘못을 저지르는 사람은 신전 강도, 인신매매범, 강도, 사기꾼, 도둑이라고 불립니다. 그러나 어떤 사람이 시민의 돈을 빼앗는 것 외에 그들을 노예로 만들었다면 그는 시민들뿐만 아니라 그가 극도의 불의를 저질렀다는 소식을 듣는 모든 사람으로부터 이러한 비난 대신 복되고 행복한 사람이라는 말을 듣습니다(344a-b).

장 로스탕(Jean Rostand)은 『인간의 본질』(*The Substance of Man*, 1939)에서 "한 사람을 죽이면 살인자다. 그러나 수백만 명을 죽이면 정복자가 된다"[1]라고

---

1 Jean Rostand, *Pensées d'un biologiste* (Paris: Stock, 1939).

말했다. 이 망가진 세상에서 사소한 도둑은 감옥에 갇히고, 거대한 악당은 뛰어난 장군이나 혁신적인 지도자나 국가적 영웅으로 칭송받는다. 그렇다면 현실 정치에 대한 트라시마코스의 시각에 대해 소크라테스나 우리는 어떻게 답할 수 있을까?

이보다 더 시급한 것은 트라시마코스가 그다음에 한 말에 우리가 어떻게 답해야 하는가다. "인류가 불의를 비난하는 이유는 불의를 저지르는 것을 주저해서가 아니라 불의의 희생자가 될 수 있다는 두려움 때문이다"(344c). 약 2,300년이 지난 후 니체는 트라시마코스의 정신을 이어받아 모든 종교는 노예 도덕이라고 주장했다. 즉 정의, 미덕, 윤리, 도덕이라는 플라톤적 기준을 가진 종교는 가난하고 약한 자들이 부자와 강자를 견제하기 위해 고안해낸 것에 불과하다는 것이다. 이러한 노예 도덕에 맞서기 위해 니체는 편협한 부르주아적 선과 악의 개념을 뛰어넘어 권력에 대한 불굴의 의지를 주장할 용기가 있는 카리스마적 지도자—즉 위버멘쉬(übermensch, "초인" 또는 "슈퍼맨")—가 필요하다고 주장했다. 니체는 트라시마코스처럼 사람들은 정의의 기준을 따른다고 믿었는데, 이는 그러한 기준이 실제로 존재한다고 믿었기 때문이 아니라 그렇게 하지 않을 수 없을 만큼 너무 나약했기 때문이며, 그들이 권력자의 손에 쇠사슬을 채울 수만 있다면 입으로 도덕성을 칭송하는 것쯤은 그리 크지 않은 대가라고 생각했기 때문이다.[2]

---

2 Nietzsche의 노예 윤리에 관해서는 *The Genealogy of Morals*(1887)의 첫 번째 에세이를 보

이는 적어도 통치자들이 가난하고 나약한 자들의 의지에 저항할 용기를 잃었을 때 니체의 노예 도덕이 작동하는 방식이다. 통치자가 용기를 내서 대중의 유치한 도덕관을 깨뜨릴 때 문화의 도덕적 구조에 변화가 일어날 수 있다. 그렇기 때문에 트라시마코스와 니체에게 있어 정의란, 결국 신이 부여하고 양심에 새겨진 어떤 절대적인 것이 아니라 통치자가 무엇이라고 말하느냐에 따라 결정된다. 승자가 기록하는 것은 역사책뿐만 아니라 법전도 마찬가지다. 실제로 트라시마코스의 또 다른 후계자인 프랑스 역사학자 미셸 푸코(Michel Foucault)에 따르면 진리와 정의는 플라톤식의 절대적 개념이 아니라 정치 체제에 의해 수립된 권력의 이데올로기적 구조로, 사람들의 행동, 의사소통, 사고방식을 통제하는 수단으로 기능한다.[3]

매우 현실적인 의미에서 『국가』는 트라시마코스의 입장을 반박하기 위한 수단으로 존재한다(그리고 그것이 존재하기에 다행이다). 실제로 나는 문명의 가능성은 플라톤이 이 세상의 트라시마코스들에게 답할 수 있느냐에 달려 있다고 주장하고 싶다. 그리고 초기 대화편에서 소크라테스가 그랬듯이 문제를 교착상태에 빠뜨리는 방식으로 대답하는 것이 아니라 트라시마코스가 제시하고 구현하는 마키아벨리적 편의주의, 즉 목적이 수단을 정당화한다는 윤리관에 대항할 수 있는 실질적 대안을 제시하는 방식으로 답해

라. 부르주아 윤리를 넘어설 필요성에 대해서는 *Beyond Good and Evil*(1886)의 5부를 보라. *übermensch*에 관해서는 *Thus Spake Zarathustra*(1883-1892)의 1부를 보라.

3 다음을 보라. Michel Foucault, "Truth and Power," in *Critical Theory Since Plato*, Revised Edition, edited by Hazard Adams (New York: HBJ, 1992), 1135-45.

야 한다.[4]

트라시마코스의 정의(justice) 비판에 답하기 위해 반드시 거쳐야 할 다단계의 과정을 의식이라도 한 듯, 플라톤은『국가』제1권을 정의(justice)에 대한 완전한 반박과 그것의 올바른 정의(definition)를 제시하는 것으로 마무리하지 않고 아포리아로 끝맺는다. 소크라테스는 특유의 교묘한 논법으로 트라시마코스를 압박하여 정의는 통합을 낳고 불의는 분열을 초래한다는 점을 인정하게 만든다. 이를 바탕으로 그는 트라시마코스가 가장 강력하고 행복한 자들이라고 칭송하는 불의한 통치자들이 내전을 조장함으로써 스스로 파멸할 것임을 보여준다. 그리고 그 내전은 그가 통치하는 국가뿐만 아니라 (불의하기 때문에) 그의 혼란스러운 영혼 속에서도 드러날 것이다(352a). 트라시마코스는 소크라테스가 자신의 견해를 반박했다는 사실을 인정하기는커녕 더 이상의 말을 하지 않고, 소크라테스로 하여금 자신의 승리가 불완전한 것임을 스스로 인정하게 만든다. 그는 불의의 핵심적 약점을 드러냈을지언정 정의란 무엇인지, 혹은 정의라는 것이 실제로 국가와 영혼 속에 존재하는지를 입증하는 데는 실패한 것이다.

학생이 스승이 되다.『국가』가 초기 대화편이었다면 여기서 논의가 끝났겠지만, 플라톤은 자신의 실력을 발휘할 준비가 되어 있다. 그리고 나는 바로 이 지점(그리고 중기 대화편의 유사한 순간들)에서 플라톤이 스승의 그림자에서 벗어나 소크라테스가 거짓된 정의(definition)와 체계를 해체하는 진

---

4 Machiavelli's *The Prince*(1516)의 17-18장과 25장을 보라.

지하지만 부정적인 접근을 넘어 자신의 정의와 체계를 긍정적으로 구축하기 시작했다고 본다. 트라시마코스가 말을 멈추자 소크라테스의 열렬한 제자인 글라우콘이 나서서 스승에게 이렇게 허술한 반박으로 끝내지 말고, 지금까지 그 누구도 시도하지 않았던 방식으로 정의(justice)를 찬양해줄 것을 간청한다. 사실 글라우콘은 소크라테스가 정의를 완전히 옹호하고 필수적인 방어 논리를 제시해야 한다고 강하게 주장하며, 자발적으로 악마의 대변인 역할을 자처한다. 그는 트라시마코스의 주장에 전혀 동의하지 않지만, 트라시마코스의 입장을 가장 극단적인 형태로 표현함으로써 소크라테스가 문제를 회피하거나 수사적 기교에 의존하지 않고 정면으로 다루도록 도발한다.

따라서 글라우콘은 젊음의 열정을 담아 다음과 같이 간청한다.

저는 정의가 그 자체로서 칭송받는 것을 듣고 싶습니다. 그러면 저는 만족할 것이며, 당신이야말로 저에게 이 이야기를 들려줄 가장 적임자라고 생각합니다. 그러므로 저는 온 힘을 다해 불의한 삶을 칭송할 것이며, 제가 말하는 방식은 당신이 정의를 칭송하고 불의를 비판할 때 기대하는 방식을 나타낼 것입니다.(358d).

소크라테스는 이 가장 도전적인 제안에 동의하며, 이를 통해 수 세기 동안 플라톤의 비평가들이 주장해온 바와 같은 전체주의 국가의 설립이 아니라 정의를 살아 있는 보편적 기준으로 옹호하는 논의가 시작된다. 이 정의는 우리가 반드시 따라야 할 것이며, 이를 따를 때 더 나은 인간이 되어 건강하고 조화로운 영혼을 가질 수 있게 해준다.[5]

글라우콘은 악마의 대변인 역할을 하며, 트라시마코스가 니체의 사상을 예고한 것처럼 홉스와 로크의 사상을 예고한다. 그는 사람들이 강자의 침탈로부터 자신을 보호할 힘이 부족하기 때문에 서로에게 불의를 저지르지 않겠다는 약속을 담은 사회계약에 자발적으로 묶이게 된다고 주장한다.[6] 그러나 그들은 정의가 실제로 존재한다고 진정으로 믿어서가 아니라 다른 사람들이 자신들에게 불의를 행하지 못하도록 막기 위한 수단으로 이 약속을 한다. 나중에 아리스토텔레스가 미덕을 양극단의 중간으로 상정한 것과 혼동해서는 안 되는 "실질적인" 관점에 따르면 정의는 보편적인 기준이 아니라

불의를 행하고도 처벌받지 않는 가장 좋은 경우와 보복할 힘이 없어 불의를 당하는 가장 나쁜 경우 사이의 중간 지점 또는 타협점이며, 이 둘의 중간 지점에 있는 정의는 선이 아닌 덜한 악으로 용인되며, 인간이 불의를 저지를 힘이 없기 때문에 존중되는 것입니다. 왜냐하면 사람다운 사람이라면 저항할 수만 있다면 그런 합의를 받아들이지 않을 것이고, 만약 그것을 받아들인다면 그는 분

---

5 플라톤의 전체주의에 대한 가장 강력한 현대적 비판은 Karl Popper가 *The Open Society and Its Enemies*(1971) 제1권에서 제기한 것이다.

6 Thomas Hobbes, *Leviathan*(1651)의 1부와 John Locke, *Second Treatise of Government*(1690)의 2장을 보라.

명 미쳐버릴 것이기 때문입니다. 소크라테스여, 이것이야말로 사람들이 일반적으로 말하는 정의의 본질과 기원에 대한 설명입니다(359a-b).

따라서 글라우콘은 트라시마코스의 노예 도덕을 더 넓은 사회적·정치적 맥락에 배치한다. 정의롭게 행동하는 것 자체를 목적으로 삼는 사람은 아무도 없는 것 같다. 왜냐하면 어쨌든 그것이 옳은 일이기 때문이다. 반대로 정의롭게 행동하는 사람들은 불의하게 행동할 힘이 없기 때문에 그렇게 행동할 뿐이며, 힘이 있다면 사회 계약에 서명할 만큼 어리석지는 않을 것이다. 또는 니체의 노예 도덕을 한 세기 정도 앞선 『천국과 지옥의 결혼』(*Marriage of Heaven and Hell*)의 저자 윌리엄 블레이크(William Blake)의 말을 인용하자면 "욕망을 억제하는 사람은 자신의 욕망이 억제될 만큼 약하기 때문에 그렇게 한다."[7]

글라우콘은 이렇게 주장하고 나서 어떤 목동이 손가락에 끼면 투명인간이 되는 반지를 발견하는 『기게스의 반지 이야기』(*Ring of Gyges*)를 통해 자신의 입장을 구체화하고 개인화한다. 기게스는 반지를 가지고 어떻게 했을까? 가난한 사람들을 섬기고 약자를 보호하기 위해 반지를 사용했을까? 그렇지 않았다. 그는 우리가 스스로를 정의롭다고 자부하든 불의하다고 자부하든 우리 모두가 할 수 있는 일을 했을 뿐이다. 그는 왕비를 유혹하고 왕

---

7 *Blake's Poetry and Designs*, ed. Mary Lynn Johnson and John E. Grant (New York: Norton, 1979), 87.

을 죽이고 자신이 왕좌를 차지하기 위해 반지를 사용했다. 글라우콘은 기게스의 이야기가 "어떤 사람이 정의롭다 해도 스스로 원해서 또는 정의가 개인적으로 자신에게 유익하다고 생각해서가 아니라 필요에 의한 것임을 보여주는 강력한 증거이며, 이는 불의를 저질러도 안전하다고 생각되면 누구든 어디서든 불의를 저지르기 때문입니다"라고 결론을 내린다(360d).

이 요점은 쉽게 논박할 수 없어 보이지만, 글라우콘의 말은 아직 끝나지 않았다. 그는 소크라테스나 우리를 그렇게 쉽게 놓아주지 않을 것이다. 그는 이야기를 들려주길 마치고 자신의 주장을 펼친 뒤 소크라테스에게 완벽하게 불의한 사람과 완벽하게 정의로운 사람의 대조적인 두 모습을 묘사한 후 어느 쪽이 더 부러운 삶인지 (단순하고 직접적이고 실용적으로) 묻는다. 트라시마코스의 주장을 가장 극단적으로 설명하겠다는 약속을 지키기 위해 글라우콘은 가상의 불의한 사람을 "가장 불의한 행동을 하면서도 정의롭다는 최고의 평판을 얻을 수 있는"(361b) 사람으로 주저 없이 묘사한다. 반면에 가상의 정의로운 사람은 정의만 빼고 모든 것을 빼앗긴 사람으로 묘사한다. 글라우콘에 따르면 전자는 성공에 성공을 거듭하지만, "불의하다고 여겨지는 정의로운 사람"은 어떻게 될까? 그는 "채찍질을 당하고, 고문을 당하고, 결박을 당하고, 눈이 타버리고, 마침내 온갖 악을 겪은 후에 창에 찔림을 당할 것이다"(361d, 362a).

글라우콘이 묘사한 완벽하게 정의로운 사람은 그리스도에 대한 예언처럼 섬뜩하게 들리는데, 실제로 나는 7장에서 플라톤의 대화편이 그리스도와 신약성경의 완전한 계시를 위한 길을 예비하는 것처럼 보이는 여러 측면에 대해 논의할 것이다. 그러나 여기서 플라톤은 예수처럼 십자가에서 고통스럽고 굴욕적인 죽음을 겪지는 않았지만 (동료 시민들에 의해 평생 정의를 추구한 삶이 불의의 혐의로 왜곡되어) 국가의 적으로 정죄를 받고 처형당한 소크라테스 자신을 염두에 두고 있는 듯하다. 그런 의미에서 플라톤은 본질적이고 절대적인 미덕으로서의 정의뿐만 아니라 사랑하는 스승이 이 미덕 추구에 전적으로 헌신하기 위해 내린 최후의 치명적인 선택도 옹호해야만 한다.

하지만 그는 어떻게 그런 일을 해낼 수 있을까? 이전의 모든 작가들이 실패한 상황에서 소크라테스는 어떻게 자신이 정의와 불의를 정의하는 데 성공할 수 있느냐고 묻는다. "인간의 영혼에 거하며 인간이나 신의 눈에는 보이지 않는 이 둘의 진정한 본질을 운문이나 산문으로 적절하게 묘사하거나, 인간의 영혼 안에 있는 모든 것 중에서 정의가 가장 큰 선이고, 불의가 가장 큰 악이라는 것을 보여준 사람은 아무도 없습니다"(366e). 물론 그 이유는 정의와 불의가 영혼에 어떤 영향을 미치는지 아무도 **볼** 수 없기 때문이다(그 작용 현장은 인간 내면에 있어 눈에 보이지 않기 때문이다). 하지만 만약 우리가 영혼을 확대하여 구체적으로 표현할 수 있다면 어떨까? 만약 우리가 개인 영혼의 작용을 마치 강력한 국가처럼, 즉 정의와 불의가 모두 번성하고 가시적인 효과와 결과를 가져올 수 있는 곳처럼 관찰한다면 어떨까? 만약 우리가 현실이 아닌 가상의 세계에서 완벽하게 정의로운 국가를 건설한다면 우리는 그 국가에서 정의의 본질을 찾을 수 있을 것이다. 그리고 우리가 국가라는 거시적 수준에서 그렇게 할 수 있다면 개인의 영혼이라는 소

우주 수준으로 되돌아가는 것은 쉽지 않을까?

플라톤은 그렇다고 생각했고, 이로써 국가 건설이 시작된다.

고귀한 거짓말과 참된 정의

『국가』를 읽는 독자들은 소크라테스가 대화편에서 구성한 복잡한 국가가 그가 가장 선호하는 1순위가 아니라는 사실을 종종 망각하곤 한다. 소크라테스는 (우리에게는) 전체주의적 계급 구조와 교육 체계를 갖춘 자신의 이상적인 국가를 완성하기 전에 시민들이 이웃과 평화롭게 공존하면서 무역을 하고, 육류나 화려한 향신료를 먹지 않으며, 먼 나라에서 사치품을 수입하거나 탐내지 않는 에덴동산과 같은 목가적인 사회를 가장 이상적인 사회로 제시한다. 이것이 소크라테스가 제안하는 국가이지만, 글라우콘은 이와는 전혀 다른 국가를 꿈꾼다. 그의 생각에는 소크라테스가 방금 묘사한 것은 돼지를 위한 국가이지, 인간을 위한 국가가 아니다. 현명한 스승은 다음과 같이 답변한다.

이제야 이해하겠네. 자네가 나에게 생각해보라고 던진 질문은 단지 하나의 평범한 국가가 아니라 사치스러운 국가가 어떻게 생겨나는지에 관한 것이네. 그러한 국가에서는 정의와 불의가 어떻게 생겨나는지 더 잘 알 수 있기 때문에 아마도 이것은 전혀 문제가 되지 않을 걸세. 나는 이미 참되고 건강한 국가를 설명한 것 같다고 생각하네. 그러나 만약 자네가 건강하지 못하여 병적인 징후를 보이는 국가를 알고 싶다면 나는 반대하지 않겠네. 왜냐하면 단순한 삶의 방식에 만족하지 않을 사람도 많을 거라고 생각하기 때문이네. 소파와 탁자, 다른 가구를 추가하고, 또 진미와 향수와 향료와 기생들과 케이크 등 이 모든 것을 한 종류만이 아니라 여러 종류를 추가해야 하며, 집과 옷과 신발 등 내가 처음에 말한 필수품을 넘어 화가와 공예가의 예술을 동원해야 하고, 금과 상아와 온갖 종류의 자재들을 조달해야 할 것일세(372e-373a).

따라서 소크라테스는 다소 망설이면서도 시민들에게 금과 진주, 시, 무용, 시각 예술, 비단 숄과 공작 부채, 이국적인 향수, 상아로 장식한 식탁 등을 제공하기 위해 상인과 군대, 관료적 구조를 필요로 하는 다층의 복잡한 국가 건설을 추진하게 된다.

결국 제국은 해군이 지키는 무역로, 개인의 영광을 위해 목숨을 걸고 모험을 떠나는 모험가, 모든 분야의 치열한 경쟁, 풍부하고 값싼 노동력 등이 없이는 존재할 수 없다. 그렇다. 호화로운 국가를 건설하고 유지하려면 이러한 것들이 필요하지만, 그런 국가가 정의 실현을 위한 궁극적인 목적에 더 잘 부합한다는 점을 소크라테스는 하는 수 없이 인정한다. 불의가 만연한 이러한 국가를 정의로운 국가로 만드는 것, 즉 정의의 본질적인 특성을 파악하고 정의하는 데 이보다 더 좋은 방법이 또 어디 있을까?

그러나 이러한 국가를 수호할 수 있는 사람은 어떤 사람들이며, 수호자로서의 역할을 수행하기 위해서는 어떤 덕목을 갖추어야 할까? 물론 국가의 적을 물리치려면 용맹스럽고 모질고 강한 기질을 가져야 하지만, 시민들에게 저주가 아닌 축복이 되려면 온화하고 사랑스러워야 한다. 그러나 이것은 한 가지 문제를 야기한다. "이 두 가지 자질 중 어느 하나라도 부족한 사람은 좋은 수호자가 될 수 없을 것일세. 그러나 이 두 가지의 조합은 불가능한 것처럼 보인다네. 따라서 우리는 좋은 수호자가 되는 것이 불가능하다고 추론해야 하네"(375d). 이 대화가 초기 대화편에 속했다면 소크라테스는 극복할 수 없어 보이는 이러한 난관에 빠져 완벽한 수호자를 찾는 일과 정의 탐구를 중단했을 것이다. 사실 플라톤은 소크라테스가 "나는 이 부분에서 당혹감을 느끼며 앞서 한 말들을 다시 생각하기 시작했다네"(375d)라는 독백을 하게 한 것으로 보아 이를 의식한 것으로 보인다.

다시 한번 강조하지만 나는 이 대화편의 나머지 부분과 플라톤의 중기 및 후기 대화편에서 성숙한 플라톤이 등장하고, 소크라테스의 소극적인 아포리아가 플라톤의 적극적인 정의(definition)로 대체된다고 주장할 것이다. 플라톤은 정의(justice)를 탐구하고 있으며, 외관상의 모순으로 인해 그 여정이 방해받지 않도록 할 것이다. 평범한 관찰자에게는 사람이 사나우면서 동시에 온순할 수 없는 것처럼 보일 수 있지만, 예리한 눈을 가진 사람은 자연계가 이 두 가지 특성을 모두 갖춘 생물의 예를 제공한다는 것을 알게 될 것이다. "혈통 좋은 개는 가족과 지인에게는 더할 나위 없이 온순하지만 낯선 사람에게는 그렇지 않다네"(375e). 그렇다면 국가의 수호자들도 친구와 적을 구별할 수 있는 지혜를 가지고 있는 한, 이와 마찬가지일 수 있다. 더 소크라테스적인 제1권에서 귀류법으로 사용된 것과 동일한 논거(정의란 친구에게는 선을 행하고 적에게는 악을 행하는 것을 의미할 수 없다는 것, 왜냐하면 우리는 종종 이 둘을 서로 혼동하기 때문)가 더 플라톤적인 제2권에서는 정의가 진정으로 무엇인지에 대한 우리의 이해가 더 나아지도록 하는 데 사용된다는 점에 유의하라. 진짜 문제는 친구와 적, 선과 악, 정의와 불의를 구별하는 것이 불가능하다는 것이 아니라 이 둘을 구분할 수 있는 수호자들을 훈련하는 데 특별한 관심을 기울여야 한다는 것이다.

정의로 교육하기. 이 문제는 플라톤이 『국가』에서 가장 논란이 많은 부분, 즉 국가의 수호자들에게 올바른 분별력을 갖추도록 훈련하기 위해 실시하는, 검열에 기반한 교육 제도를 도입하게 한다. 핵심 미덕을 정의하는 데 거의 모든 관심을 집중하는 소크라테스의 초기 대화편은 모두 교착 상태로 끝난다. 그러나 대부분의 대화편의 배경이 되는 극적인 시기는 아테네가 정치적·군사적 편의를 위해 정의의 기준을 점점 더 무시하던 펠로폰네소스 전쟁(기원전 431-404년)의 마지막 단계로 설정되어 있다. 이처럼 절대적인 기준을 포기하는 사태의 최고봉은 다름 아닌 소크라테스의 처형이었다. 그러한 일에 대한 플라톤의 기억은 결코 퇴색하지 않았으며, 그는 이러한 기억을 자신의 이상적인 국가를 위한 교육 계획에 확실하게 반영했는데, 그 계획의 주된 목표는 철학자를 배출하는 것이 아니라 국가 전체의 안전과 정의를 보장하는 것이었다.

따라서 제2권과 제3권에서 플라톤은 소크라테스의 목소리로 우리가 우리의 수호자(그리고 철학자, 교사, 정치가)가 참과 거짓을 구별할 수 있기를 바란다면 감수성이 풍부한 청소년기에 신들을 옹졸하고, 변덕스러우며, 교만하고, 불의하며, 정욕으로 가득 찬 존재로 묘사하는 『일리아스』나 『오디세이아』 같은 시를 읽게 해서는 안된다고 주장한다. 또한 우리는 사후세계를 정의로운 자와 불의한 자에 대한 적절한 보상과 처벌이 없는 전반적으로 우울하고 비참한 곳으로 그리는 저승에 대한 묘사(예. 오디세이아 11장)를 그들이 읽게 해서는 안 된다. 무엇보다도 "악인은 주로 행복하고, 선한 사람은 비참하며, 불의는 들키지만 않으면 유익하지만, 정의는 남에게만 좋을 뿐 자신에게는 손해가 된다고 가르치는 문학 작품은 읽지 못하게 해야 하네. 우리는 그들이 이런 말을 하지 못하도록 금하고, 이에 반대되는 것을 노래하고 말하도록 명해야 한다네"(392b).

플라톤은 수호자들을 위해 교육 내용뿐만 아니라 교육 방식도 규정하고 있다. 일반적으로 시인이 자신의 목소리로 말하지 않고 다른 사람의 목소리를 흉내 내는 연극과 같은 모방 예술은 피해야 하며, 특히 수호자가 연극을 보면서 비겁하거나 비열한 인물을 모방하도록 부추기는 경우는 더더욱 그렇다. 또한 수호자가 이중적인 마음을 갖도록 유도하는 음악이나 미술의 혼합 스타일도 피해야 한다(397d-e). 현대의 보수주의자들은 종종 욕설과 폭력적이고 성적인 가사를 이유로 특정 유형의 음악을 검열해야 한다고 주장하지만, 플라톤은 실제로 사용된 리듬과 음악의 선법(旋法)―그것이 청중에게 용기를 심어주든 부드러움을 심어주든, 미덕을 심어주든 나태를 심어주든, 자유를 심어주든 방종을 심어주든―에 더 관심을 가졌다.

플라톤은 예술을 쓸모없는 잡다한 것으로 치부하지 않고 매우 진지하게 받아들였다. 플라톤에 따르면 체육의 부적절하고 과도한 복잡성이 신체의 건강을 해치는 것과 마찬가지로 부적절하고 과도한 음악의 복잡성은 영혼의 부도덕함을 낳는다(404e). 영혼에 조화가 깨지면 법원이 생겨나고, 신체에 조화가 깨지면 병원이 생겨난다(405a). 이 둘의 영향력은 서로 맞물려 신체 정치의 건강한 구조를 무너뜨린다.

플라톤은 이러한 부조화, 과도함, 모순이 지도자들과 국가 안에 뿌리내리지 못하도록 하기 위해 젊은 수호자들이 보고 듣고 읽고 경험하는 것을 세심하게 관리·감독했다. 그의 국가에서 가장 유익한 교사, 음악가, 코치는 올바른 음악과 체육을 통해 학생들의 영혼과 신체의 균형을 잡아주는 사람들이다. 무엇보다도 가장 유익한 사람은 이 두 가지 모두를 동시에 수행할 수 있는 사람이다. "음악과 체육을 가장 균형 있는 비율로 혼합하고, 이를 영혼에 가장 잘 적용하는 사람은 악기의 현을 조율하는 사람보다 훨씬 더 고차원적인 의미에서 진정한 음악가이자 화성학자라고 할 수 있네"(412a). 수호자들은 오직 이러한 이중 학습 과정을 통해서만 용맹하면서도 온유한 사람으로 성장하고, 전투에 알맞은 잘 훈련된 육체와 자신 및 타인과 더불어 평화를 유지하는 영혼을 갖추게 될 것이다.

현대 비평가는 "소크라테스여, 정신과 함께 육체를 단련하는 것은 좋은 일이지만, 만약 우리가 젊은이들이 인생의 더 어둡고 음습하고 덜 덕스러운 측면을 직접 접하지 못한다면 그들은 악과 배신으로 점철된 세상에서 제대로 기능할 수 없는 순진한 사람으로 성장하지 않겠는가?"라고 반문할지도 모른다. 그렇기 때문에 오늘날 가정이라는 통제된 환경에서 자녀를 교육하는 가정은 종종 자녀를 과잉 보호하고, 그들의 사회화를 막는다는 비판을 받는다. 나는 이런 비판에 대한 플라톤의 답변이 교훈적이라고 생각한다. "악덕은 미덕을 알지 못하지만, 타고난 미덕은 교육이 더해지면 시간이 지남에 따라 미덕과 악덕에 대한 지식을 모두 얻게 된다네. 악한 사람이 아니라 고결한 사람이 결국 지혜를 갖게 되는 것일세"(409d-e). 진짜 돈의 모양과 촉감과 냄새를 잘 아는 은행 직원은 어떤 위조 과정을 거쳤든 위조 달러를 즉시 분간할 수 있다. 반대로 세 가지 위조 공정 과정을 1년 동안 연구한 위조범은 다른 세 가지 공정과 무관한 네 번째 공정으로 만든 위조지폐를 은행 직원만큼 잘 분간하지 못할 것이다.

C. S. 루이스는 『순전한 기독교』(Mere Christianity)에서 플라톤의 구분을 확장하여 죄를 가장 잘 이해하는 사람은 죄에 즉시 굴복하는 죄인이 아니라 평생을 죄에 저항한 성도라는 사실을 상기시켜준다. 마찬가지로 우리가 적의 힘을 알게 되는 것은 적에게 즉시 항복할 때가 아니라, 설령 우리의 패배로 이어지더라도, 적의 진격에 저항할 때다. 많은 현대인들은 성적 유혹에 더 많이 굴복할수록 정욕의 본질을 더 잘 이해할 수 있다고 믿는다. 루이스는 진실은 이와 정반대라며 반박한다. "당신은 당신이 잠자는 동안이 아니라 깨어 있을 때 잠을 이해하게 된다.…당신은 술에 취했을 때가 아니라 술에 취하지 않았을 때 술 취함의 본질을 이해할 수 있다. 선한 사람은 선과 악을 모두 알고, 악한 사람은 둘 다 알지 못한다."[8]

타고난 소명. 수호자 교육에서 검열의 필요성에 대해 서서히 독자들

---

8   C. S. Lewis, *Mere Christianity* (New York: Macmillan, 1960), 87.

을 설득한 플라톤은 더욱 대담한 계획으로 3권을 마무리한다. 플라톤은 그의 이상적인 국가의 세 계급에 속한 자들―수호자/통치자, 보조자/군인, 장인/농부―이 저항 없이 사회에서 자신의 역할을 다할 때 가장 만족할 것이라고 설득하기 위해 그들의 기원이 땅 아래라는 고상한 거짓말을 만들어낸다. 그는 다음과 같이 말한다. "[이 세 계급의] 젊은 시절은 꿈이었으며, 그들이 우리에게서 받은 교육과 훈련[리더십, 전쟁, 장인 정신]은 단지 겉모습일 뿐, 실제로는 그 모든 시간 동안 땅의 자궁에서 형성되고 양육되었으며, 그곳에서 그들 자신과 그들의 무기와 기구들이 만들어졌고, 그것들이 완성되자 그들의 어머니인 땅이 그들을 위로 보냈다고 말해야 하네"(414d-e). 또한 그는 그들이 비록 모두 같은 어머니를 둔 형제이지만, "신께서는 여러분 모두를 다르게 만드셨다. 여러분 중 어떤 이들은 지휘권을 갖게 하셨는데, 신께서 그들을 만드실 때 황금을 섞어 가장 큰 영광을 받게 하셨고, 어떤 이들은 은으로 만들어 보조자가 되게 하셨으며, 또 어떤 이들은 놋쇠와 철로 만들어 농부와 장인이 되게 하셨다네"(415a)라고 말한다.

비록 이 고상한 거짓말은 언뜻 출생과 혈통에 따른 엄격한 계급 제도를 옹호하는 것처럼 보일 수 있지만, 플라톤은 때때로 놋쇠나 철의 부모가 금의 자식을 낳거나 은의 부모가 금의 자식을 낳는다는 사실을 분명히 한다. 또한 플라톤은 자신의 고귀한 거짓말이 가진 자와 못 가진 자의 이분법적 계급 체계를 조장한다고 비난하는 귀족 비판자들을 향해 금과 은이 혈관에 흐르는 수호자와 보조자에게는 금이나 은을 소유하는 것이 엄격히 금지된다는 점도 분명히 밝힌다.

실제로 글라우콘처럼 소크라테스를 스승으로 여기는 아데이만토스가 소크라테스가 통치자들을 마치 용병처럼 대하고 있으며, 아무도 통치자 직을 원하지 않을 것이라고 불평하자, 소크라테스는 고상한 거짓말의 목적과 국가의 전체 교육 및 사회 구조의 목적은 어떤 계급을 다른 계급보다 더 행복하게 만드는 것이 아니라 국가 전체에 가장 합당한 일을 하는 것임을 상기시킨다. 소크라테스는 가진 자와 못 가진 자의 국가를 건설하는 것이 아니라 자신의 국가가 세계의 다른 모든 국가처럼 겉으로는 하나라고 주장하지만 실제로는 "하나는 가난한 자의 도시, 다른 하나는 부자의 도시로 나뉘어 서로 전쟁을 벌이는"(423a) 국가가 되는 것을 막기 위해 최선을 다한다.

소크라테스의 국가에는 조화가 존재하며, 그 조화 뒤에는 현명한 노인 케팔로스가 대화에서 빠진 이후 소크라테스와 그의 친구들이 추구해온 정의라는 애매한 미덕이 숨어 있다. 소크라테스는 각 개인이 "오직 한 가지, 곧 자신의 본성에 가장 잘 어울리는 일"(433a)을 실천할 때 정의가 실현된다고 설명한다. 수호자가 통치하고, 보조자가 싸우고, 장인이 일할 때 정의가 도시 전체를 지배한다. 반대로 사람들이 자신의 소명과 본성에 저항할 때, 즉 통치자가 시민의 이익을 위해 통치하기보다 자신을 위해 부를 축적하려 할 때, 군인들이 전장을 버리거나 개인의 영광만을 위해 싸울 때, 농부들이 게으르거나 탐욕을 부리며 식량을 재배하고 땅을 경작할 의무를 회피할 때 도시 안에 불의가 조장되고 몸의 정치가 병들어간다.

정의는 세 계급의 상호작용을 이끄는 미덕이다. 그렇다면 계급 자체는 무엇일까? 이것은 각자의 고유한 미덕에 의해 개별적으로 정의되지 않는가? 결과적으로 플라톤은 자신의 이상적인 국가를 건설하면서 정의의 미덕뿐만 아니라 고대 세계의 네 가지 전통적(또는 기본적) 미덕을 구성하는 다른 세 가지 미덕, 즉 지혜(또는 신중함), 용기(또는 강인함), 자제력(또는 절제)을 찾아 정의하는 데 성공했다. 초기 대화편에서 소크라테스가 정의하지 못한 미덕들을 플라톤은 이제 국가의 세 계급에서 구체화하여 정의한다. 만약 엄격한 교육을 성공적으로 마치면 수호자들은 미덕과 악덕, 선과 악, 지식과 무지, 실재와 환상을 분별하는 능력에 기초한 지혜의 미덕을 얻게 될 것이다.

군인들은 자신의 계급에 걸맞은 자격을 갖출 때 용기를 구현하는데, 플라톤은 용기를 "실제 위험과 거짓 위험에 관한 법에 부합하는 참된 의견의 보편적인 구원 능력"으로 정의한다(430b). 즉 용기는 두려워해야 할 것과 두려워하지 말아야 할 것을 구별하고, 두 가지를 모두 견뎌낼 수 있는 힘이다. 용기는 좋은 천이 염료를 머금고 있듯이 자신의 신념을 굳건히 지키며(429d-e), 인내하고 진실함을 유지한다. 반면에 절제는 장인과 농부들이 발휘해야 하지만 일반적으로 수호자의 지혜와 보조자의 용기에 의해 적절한 지도를 받지 않는 한 잘 발휘하지 못하는 것으로, 소크라테스는 이를 "특정한 쾌락과 욕망의 질서 또는 통제"(430e)로 정의하며, 인간이 자신의 주인이 되게 하는 적절한 질서라고 말한다. 소크라테스는 정의와 마찬가지로 절제 역시 국가에 이상적으로 퍼져 있어야 할 미덕이라고 덧붙인다. 실제로 그는 절제라는 공동의 미덕을 "통치관에 대한 선천적으로 우월한 자와 열등한 자의 합의"(432a)라고 더 정확하게 정의한다.

이것은 적어도 질서 정연한 도시 국가 내에서 미덕이 드러나는 방식이다. 하지만 개인의 영혼에서는 어떨까? 공동의 정의를 위해 투쟁하는 세 계급-미덕-힘이 똑같이 영혼 안에서 서로 대립하는 대상이 있을까? 플라톤이 이상적인 국가를 건설하고자 했던 바로 그 이유가 소우주를 밝힐 수 있는 대우주를 건설하기 위해서였다는 사실을 상기한다면 우리는 그 대답이 "그렇다"일 수밖에 없다는 것을 깨닫게 된다.

영혼 삼분설

사순절을 맞아 초콜릿을 포기한 10대 가톨릭 소녀를 상상해보라. 어느 날 밤늦게 집에 돌아와 보니 식탁 위에 방금 엄마가 만든 초코퍼지가 쟁반에 가득 담겨 있다. 즉시 내면의 목소리는 금식을 중단하고 퍼지 한 조각을 먹어보라고 외치고, 이에 대해 또 다른 목소리는 서원에 충실하고 퍼지를 건드리지 말라고 외친다. 몇 분 동안 두 목소리는 그녀의 영혼 속에서 서로 우위를 차지하기 위해 경쟁하며 싸운다. 긴 하루의 피곤함에 지친 그녀가 퍼지 냄새에 압도되어 첫 번째 목소리에 굴복하려던 순간, 세 번째 목소리가 두 번째 목소리를 옹호하는 목소리를 낸다. 두 목소리가 합쳐져 첫 번째 목소리를 제압하는 데 성공하고, 소녀는 그토록 그녀를 유혹했던 달콤한 퍼지를 맛보지 않고 방을 나선다.

소크라테스는 『국가』 제4권에서 바로 이러한 종류의 영혼 전쟁

(*psychomachia*)을 분석하면서 이러한 모든 내적 투쟁에 공통으로 나타나는 요소를 파악한다(439c-442d). 우선 탐닉(탐식, 시기, 분노, 정욕, 탐욕, 교만, 나태)을 부추기는 첫 번째 충동이 있고, 그다음에는 절제를 호소하는 두 번째 충동이 있다. 소크라테스는 첫 번째 충동을 욕망(또는 정욕)과 동일시하고, 두 번째 충동은 이성과 동일시한다. 소녀의 경우, 퍼지를 먹고 싶은 충동은 영혼의 식욕적인 부분, 즉 소크라테스가 본질적으로 비이성적이라고 말하는 부분에서 솟구쳐 올라오는 것이다. 사순절 서원에 충실하려는 그 반대의 충동은 영혼의 이성적인 부분에 그 뿌리를 두고 있으며, 이는 우리의 행동을 반성하고 합리적인 길을 선택하도록 촉구한다. 하지만 세 번째 목소리는 무엇일까? 소크라테스는 『국가』에서 이 세 번째 목소리는 우리 영혼의 기개에서 나오며, 포위당한 이성을 방어하고 욕망의 반복적인 공격을 이겨낼 수 있도록 돕는 일종의 분노나 의분으로 가장 자주 나타난다고 설명한다. "그렇다면 개인의 영혼에는 열정이나 기개라는 제3의 요소가 존재하고, 그것이 그릇된 교육으로 인해 타락하지 않았을 때 이성의 자연스러운 보조자 역할을 할 수 있지 않겠는가?"(441a)

소크라테스는 영혼의 이 세 가지 특징적인 부분(욕망, 이성, 기개)이 국가의 세 가지 계급(장인, 수호자, 보조자)을 분명히 반영한다고 본다. 잘 훈련된 군인이 제대로 교육받은 통치자를 방어할 때 종종 비이성적인 대중을 통제하고 절제의 미덕을 따르게 할 수 있다. 즉 각 계급이 적절한 기능(정의에 대한 플라톤의 정의)을 수행할 때 평화와 조화가 지배한다. 그러나 만약 군인들이 통치자를 도울 책임을 포기하거나 더 심각한 경우 군인들의 기개

넘치는 본성이 대중의 기본적인 요구에 휘둘리면 통치자는 그 맹공격에 저항할 수 없을 것이다. 도시이든 영혼이든 그 결과는 혼돈과 불의와 내전으로 이어질 것이다.

플라톤은 이러한 내적 투쟁의 치열함에 대해 숙고하면서 정의에 관해 다음과 같은 결론에 도달한다.

> 정의는 인간의 외면이 아니라 인간의 진정한 자아이자 관심사인 인간 내면에 관한 것이라네. 왜냐하면 정의로운 사람은 자기 안에 있는 여러 요소들이 서로 간섭하거나 다른 일을 하는 것을 허용하지 않기 때문이지. 그는 자기 내면의 삶을 질서 있게 정돈하고 자기 자신의 주인이 되고, 자기 자신의 법이 되며, 자기 자신과 평화롭게 지낸다네. 그리고 그가 음계의 고음, 저음, 중간음과 그 사이의 음정들에 비유할 수 있는 세 가지 원리를 하나로 묶었을 때, 즉 이 모든 것을 하나로 묶어 더 이상 여럿이 아닌 완전히 절제되고 완벽하게 조율된 하나의 본성이 되었을 때 그는 재산의 문제에서든, 몸을 치료하는 일에서든, 정치나 개인 사업에 관한 어떤 일에서든 자신이 행동해야 하는 경우라면 행동에 나서게 되는 것일세. 그는 항상 이 조화로운 상태를 유지하고 협조하는 것을 정의롭고 선한 행동이라고 생각하며, 이를 주도하는 지식을 지혜라고 칭하고, 언제든지 이러한 상태를 악화시키는 것을 불의한 행동이라고 부르며, 그것을 주도하는 억견을 무지라고 칭할 것일세(443d-e).

사람의 성품은 아무도 보지 않을 때 그가 행동하는 방식에서 가장 잘 드러난다는 말이 있다. 여기에 덧붙이자면 혼자 있을 때 고결하게 행동하는 사람은 온전함 또는 완성을 의미하는 라틴어 어근에서 유래한 아름다운 단어인 **온전함**(integrity)을 지닌 사람이다. 미덕, 인격, 온전함, 이 모든 것은 내면의 조화, 즉 영혼 안에서 경쟁하는 목소리가 적절한 균형을 유지하는 것을 의미한다.

앞서 살펴본 바와 같이 플라톤의 정의란 바로 이런 종류의 단일성, 즉 우리 영혼의 욕망, 이성, 기개에서 비롯되는 욕망의 질서로 정의된다. 영혼이나 국가 안에 그것이 존재할 때 지혜와 절제가 보존되고, 생명, 기쁨, 명예가 번성한다. 플라톤은 이러한 이상적인 상태와 대조를 이루는 불의와 그 영향을 다음과 같이 정의한다.

이는 세 가지 원리─참견과 간섭, 영혼의 일부가 전체 영혼에 대항하여 일어나는 것, 반항적인 피지배자가 참된 군주에게 대항하여 불법적인 권위를 주장하는 것─사이에서 발생하는 다툼이다. 이 모든 혼란과 망상은 불의와 무절제와 비겁함과 무지와 모든 형태의 악덕이 아니고 무엇이겠는가?(444b)

이러한 무정부 상태가 도시나 영혼을 장악하면 정의, 절제, 용기, 지혜의 미덕은 그 반대되는 악덕으로 대체된다는 점에 주목하라. 그렇게 되면 삶은 토머스 홉스의 말처럼 "고독하고, 가난하고, 추잡하고, 잔인하고, 짧아진다"(*Leviathan* I.13).

군주의 타락. 제1권에서 트라시마코스는 불의한 사람이 정의로운 사람보다 더 현명하고 운이 좋다고 칭송한다. 제2권에서 악마의 대변인 역할을 맡은 글라우콘은 정의롭다는 명성을 얻은 완벽하게 불의한 사람과 악당으로 처형되는 완벽하게 정의로운 사람이라는 두 명의 가상인물을 제시하며 트라시마코스의 주장을 설명한다. 마침내 여기서 소크라테스는 트라시마코스와 글라우콘의 말이 거짓임을 밝히는 데 성공한다. 정의와 불의의 본질을 정의하고 그로부터 비롯되는 것들을 확인한 소크라테스는 자신의 이상적인 국가 건설에 영감을 준 질문을 다시 던진다. "신과 인간이 보든 보지 않든 정의로운 사람이 되어 정의로운 행동을 하고 미덕을 실천하는 것과 불의하게 행동하고 처벌받지 않는 것 중 어느 것이 더 유익하겠는가?"(445a) 이에 대해 모든 인내심이 바닥난 글라우콘은 이렇게 외친다.

소크라테스 선생님, 제 판단에 따르면 이제 그 질문은 우스운 질문이 되었습니다. 온갖 종류의 고기와 음료로 호사를 누리고 모든 부와 모든 권력을 가진다 해도 육체의 기능이 무너지면 삶을 더 이상 지속할 수 없다는 것을 우리는 잘 알고 있는데, 만약 가장 중요한 원리의 본성이 훼손되고 망가졌을 때 정의와 미덕을 얻지 못하거나 불의와 악덕에서 벗어나는 것만을 제외하고 좋아하는 대로 마음껏 할 수 있다면, 우리가 말한 것처럼 그 두 가지 모두가 그런 것이라고 가정한다면 삶이 인간에게 여전히 가치 있다고 말할 수 있을까요?(445a-b)

기게스의 반지를 이용해 여왕을 유혹하고 왕을 죽이고 왕좌를 차지한 것은 결국 최선책이 아닌 것 같다. 맞다. 당신이 불의를 행하면 참주가 될 수는 있지만, 당신 자신이 병들고 타락한 영혼의 노예가 된다면 당신 밑에 있는 사람들을 노예로 만드는 것이 도대체 무슨 소용이 있겠는가?

실제로 플라톤은 제8권에서 급진적 민주정이 결국에는 어떻게 참주정을 낳는지를 보여준다. 정치적 차원에서 과도한 자유는 시민들이 자신의 욕망을 지나치게 탐닉하도록 부추긴다. 시간이 지나면 그러한 시민들은 도덕적 자제력을 상실하고, 모든 규율은 사라지고 모든 자원은 낭비된다. 결국 그들은 지속적인 쾌락과 즐거움을 보장받기 위해 참주를 세우지 않을 수 없게 된다. 같은 방식으로 급진적 민주정의 아들도 결국에는 최악의 참주로 변하게 된다. 세 부분으로 구성된 군주의 영혼이 끝없이 타락으로 이어지는 음흉한 과정은 그의 방종한 생활 방식이 그로 하여금 이전에 받은 훈련을 거부하고 "오만과 무정부 상태, 방탕함과 파렴치함"(560e)에 굴복하도록 만들면서(즉 영혼의 더 나쁜 부분을 더 나은 부분과 맞바꾸게 함으로써) 시작된다.

이러한 내적 불균형은 일상생활의 혼란으로 이어진다. "그는 날마다 매시간 욕망에 빠져 살고, 때로는 술과 피리 소리에 빠졌다가 그다음에는 금주하며 날씬해지려고 노력하고, 그 후에는 체육으로 돌아간다.⋯그의 삶에는 법도 없고 질서도 없으며, 이러한 산만한 존재를 그는 기쁨과 행복과 자유라고 부른다네"(561c-d).

그리고 군주는 이러한 삶을 계속 살다가 결국 영혼의 이성적 부분의 통제력을 모두 잃게 된다. 더 심각한 것은 이성을 보호해야 할 기개의 부분이 기쁨 없는 쾌락주의에서 비도덕적인 금욕주의로 급격하게 요동치는 무

질서한 삶 속에서 지쳐버린다는 점이다. 이 시점에서 이성적인 부분과 기개의 부분이 제 기능을 하지 못하면 욕망은 정도에서 벗어나게 된다.

> 그렇게 되면 고기나 술에 굶주린 우리 안의 사나운 야수가 다시 잠에서 깨어나 욕망을 채우러 나서게 된다네. 그리고 바로 이때 그는 모든 수치심과 감각을 잃은 상태에서 인간이 저지르지 못할 어리석음이나 범죄―근친상간, 기타 비정상적인 관계, 살인, 금지된 음식의 섭취 등도 예외가 아님―를 범하게 된다네(571c-d).

말할 필요도 없이 이러한 사람은 자신의 뒤틀린 영혼 안에서 그가 다른 사람에게 저지르는 불행보다 훨씬 더 큰 불행을 경험한다. 결국 그는 스스로 자신의 최악의 적, 즉 자신의 사형 집행자가 된다. 이것은 트라시마코스와 글라우콘이 앞부분에서 제시한 불의한 지도자의 행복하고 성공한 모습이 아니다.

죄에 병든 영혼. 비록 플라톤은 이 책 바로 여기서 불의에 반대하는 가장 강력한 주장을 펼치지만, 『고르기아스』(*Gorgias*)에서는 정의를 약자들이 만들어낸 사회적 관습이라고 일축하고, 자신의 모든 욕망을 추구하는 것을 두려워하지 않는 초인(übermensch)을 촉구하는 조금 더 온화한 버전의 트라시마코스, 즉 칼리클레스라는 또 다른 원시-니체주의자를 마주하게 된다. 그는 다음과 같이 묻는다.

소크라테스 선생님, 어떻게 모든 것의 종인 사람이 행복할 수 있습니까? 반대로 제가 분명히 주장하건대, 참되게 살고자 하는 사람은 자신의 욕망이 극에 달하는 것을 허용하고 그것을 질책하지 말아야 하지만, 욕망이 최대로 커졌을 때는 그것을 관리하고 그의 모든 갈망을 충족시킬 수 있는 용기와 지성을 가져야 합니다. 그리고 저는 이것이 자연스러운 정의와 고귀함이라고 단언합니다. 그러나 많은 사람들은 이에 도달할 수 없으며, 그들은 자신의 약함을 부끄러워하고 감추고 싶어 하므로 강한 사람을 비난하며, 따라서 무절제가 기본이라고 말합니다. 제가 이미 언급했듯이 그들은 고상한 본성을 노예로 삼고, 자신의 쾌락을 만족시킬 수 없으므로 자신의 비겁함 때문에 절제와 정의를 찬양합니다(491e-492b).

플라톤은 『국가』에서 그랬던 것처럼 여기서도 독일 철학자 니체보다 2천 년이나 앞서 니체의 노예 도덕을 온전하게 서술한다. 아리스토텔레스와 아퀴나스가 같은 논리와 열정으로 옹호했던 자연법의 존재는 "옛날"에는 믿었다가 "현대 세계"에서는 거부된 것이 아니다. 자연법에는 항상 옹호자와 비판자가 존재했다. 유럽은 니체가 신이 만든 미덕과 도덕성이라는 본질적인 규범의 존재에 대한 강력한 반박을 구축할 때까지 기다려야 했는데, 이는 플라톤과 아리스토텔레스가 니체의 고대 계승자들을 철저하게 제압했기 때문에 그것을 재편하는 데는 무려 2천 년의 긴 세월이 걸렸다.

플라톤은 『국가』에서 트라시마코스에게 했던 것처럼 『고르기아스』에서도 자신의 성숙한 목소리로 불의를 행하는 자에게 따르는 영혼의 병을 폭로함으로써 칼리클레스를 반박한다. 실제로 대화편 초반에 소크라테스가 잘못을 저지르는 것보다 잘못을 당하는 편이 낫다는 자신의 주장을 받아들이지 않는 폴로스라는 청년에게 설명하듯이 불의한 사람이 불의한 일에서 더 큰 성공을 거둘수록 그의 영혼은 더 병들어간다. 그리고 그의 영혼이 병들어갈수록 그는 더 비참해진다. 소크라테스는 "만약 그가 신과 인간에게 벌을 받지 않고 응징도 당하지 않는다면 더 비참해질 것이고, 벌을 받고 응징도 당한다면 덜 비참해질 것"(472e)이라고 덧붙인다. 참주가 자신의 불행을 유일하게 치유할 수 있는 길(잡혀 처벌을 받는 것)은 그가 결코 받아들이지 않을 것이며, 부당하게 얻은 권좌가 그로 하여금 그것을 거부할 힘을 부여한다는 것이 얼마나 슬픈 아이러니인가. 소크라테스는 독재를 일삼는 참주는 "최악의 질병에 시달리면서도 의사에게 자신의 신체적 결함에 대해서는 어떠한 설명도 하지 않으려는 사람, 어린아이처럼 소독과 수술에 따르는 고통을 두려워하여 치료받지 못하는 사람"(479a-b)과 가장 유사하다고 주장한다.

철학자-왕

소크라테스는 정의로운 국가와 그 정의로운 수호자들을 열정적으로 옹호하지만, 그의 대담자들은 그런 이상적인 국가가 실현될 수 있을지에 대해 의구심을 표한다. 이에 대해 소크라테스는 자신이 지금까지 묘사한 국가는 하나의 모델 또는 이상적인 패턴에 불과하다고 솔직하게 인정한다. 미켈란젤로의 다비드상에 묘사된 완벽한 육체를 가진 살아 있는 사람을 찾을 수 없다는 이유로 그 작품을 무시해서는 안되는 것처럼 그의 주장도 실현 불가능하다는 이유로 무시되어서는 안 된다. 그럼에도 불구하고 소크라테스는 그들이 어떻게 그런 국가가 존재할 수 있는지 알고 싶다면 그와 유사한 국가가 어떻게 실현될 수 있는지를 알려주려 한다고 말한다.

그리고 소크라테스는 지금까지 조심스럽게 숨겨왔던, 친구들의 조롱을 받을까 봐 두려워했던 터무니없는 생각을 털어놓는다. 그는 이상적인 국가가 탄생하기 위해서는 어떤 변화가 일어나야 하는지를 그들과 공유한다.

철학자가 왕이 되거나 이 세상의 왕과 군주들이 철학의 정신과 힘을 소유하고, 정치적 위대함과 지혜가 하나로 만나고, 어느 하나를 배제하고 다른 하나를 추구하는 평민적 본성이 사라지기 전에는 결코 국가가 악에서 벗어나지 못할 것이네. 나는 인간 역시 이와 마찬가지일 것이라고 믿네. 그제야 비로소 이 우리 국가가 생존의 가능성을 갖고 빛을 볼 수 있을 것일세(473d-e).

『국가』 제5권 초반에 소크라테스는 수호자들 간의 결혼을 없애고 우생학에 기초한 번식을 통해 생물학적 자손이 누구인지 아무도 모르는 아내들의 공동체로 대체하는 유토피아적 계획을 공유한다.[9] 비록 소크라테스는 자신의 "가족계획"이 대담자들을 아연실색하게 만들 것이라는 것을 알고 있었지만, 실제로는 철학자-왕이 국가를 통치해야 한다는 그의 요구가 **더 큰** 파문을 일으킬 것이라고 예상했다.

그리고 아마도 그의 말이 옳을 것이다. 역사를 통틀어 철학자들은 하루의 대부분을 뜬구름 잡는 공상만 일삼는 비현실적인 몽상가로 치부되어 왔다. 그런 사람들이 조작과 탐욕의 "현실 세계"와 그 결말에 대해 무엇을 알까? 과연 끊임없이 변화하는 시장의 우상, 기술 진보의 소용돌이, 문화 개혁의 썰물과 밀물, 대중의 끊임없는 획득과 소비로부터 단절된 그들이 어떻게 지도자로서 역할을 할 수 있을까? 이에 대해 플라톤은 철학자가 왕이 되어야 하는 이유는 바로 그들이 세상의 덧없는 환상에 사로잡히지 않기 때문이라고 답한다.

이전 장에서 논의했듯이 진정한 철학자는 동굴과 그 안에서 그림자를 세는 열광적인 놀이에서 벗어난 사람이다. 그는 단순한 억견에서 선분을 가로질러 참된 지식으로 올라간 사람이다. 그는 대중처럼 모방의 모방에 현혹되지 않는 사람이다. 철학자만이 이데아를 볼 수 있으며, 따라서 철학자만이 올바르고 정의롭게 통치할 수 있다. 참된 정의가 무엇인지 알지 못

---

9 비록 많은 현대 독자들은 남성과 여성 수호자들에게 동일한 교육과 훈련을 제공해야 한다는 소크라테스의 주장에 동의하겠지만(451d-452a), 평등과 우생학적 순결을 위해 "수호자의 아내와 자녀는 공동의 것이어야 하고, 어떤 자녀도 자신의 부모를 알지 못하고 부모도 그 자녀를 알지 못해야 한다"(457d)는 그의 주장에는 윤리적인 이유로 대부분 반대할 것이다.

하면서 어떻게 수호자가 국가에 참된 정의를 세울 수 있겠는가? 정의와 다른 미덕들은 대중의 변덕에 따라 평가될 수 없는데, 이는 그 변덕이 끊임없이 변화하는 상태에 있기 때문이다. 정의를 확립하려면 그것을 측정할 불변의 기준이 있어야 하는데, 그러한 기준이 존재하는 곳은 오직 존재의 세계뿐이며, 오직 철학자만이 그 완벽하고 변하지 않는 세계를 엿볼 수 있다.

철학자가 아닌 왕, 즉 국가에서 마련한 교육 제도를 통해 선분의 아래에서 위로, 동굴 안쪽에서 바깥쪽으로 이동하지 못한 왕은 자신의 감각에만 의존해 결정을 내릴 수밖에 없다. 그리고 플라톤은 "아름다운 것을 많이 보면서도 절대적인 아름다움을 보지 못하고, 그곳으로 가는 길을 인도하는 안내자를 따르지 못하는 사람들, 정의로운 것을 많이 보면서도 절대적인 정의를 보지 못하는 사람들"에게는 이것이 문제라고 경고하면서 "이런 사람들은 억견을 가졌다고는 할 수 있으나, 지식을 가진 사람이라고는 할 수 있다네"(479e)라고 말한다. 오늘날 우리는 지도자의 카리스마, 순발력 있는 판단력, 일 처리 능력 등을 기준으로 지도자를 선택하는 경향이 있다. 플라톤은 선한 것, 참된 것, 아름다운 것을 보고 알고 경험하려는 열정, 문제를 천천히 논리적으로 생각하는 능력, 정의와 도덕법에 부합하는 행동만 하겠다는 확고한 신념 등 다양한 자질이 있는지 찾아보라고 권유한다. 오늘날 우리는 스스로 사고할 수 있는 지도자를 찾지만, 플라톤은 올바른 생각을 할 수 있는 통치자를 찾았다.

아무튼 플라톤이 주장하듯이 당신은 건물을 짓는 데 있어 설계도를 읽을 수 없는 건축가를 고용하겠는가? 당신은 시력이 너무 약해 모델을 제대로 볼 수 없는 화가가 그린 아름다운 여인의 그림을 구매하겠는가? 소크라테스는 철학자만이 "영원하고 불변하는 것을 온전히 이해할 수 있다"(484b)고 주장하며, 그렇기 때문에 철학자만이 신적 정의의 기준에 따라 통치할 수 있다고 말한다. 만약 난폭하고 무지한 선원들이 참된 선장을 "아무 쓸모 없는 별만 바라보는 사람"(489a)이라고 무시하고 배를 점령한다면 어떻게 되겠는가? 숙련된 항해사가 없어 암초에 부딪히지 않겠는가?

혹은 그들이 만약 선장을 배 밖으로 던져버리고 고정된 별을 따라 항해하는 방법을 잘 알고 이해하는 사람이 아니라 단지 자신의 욕망에 충실한 항해사를 선택한다면 어떻게 될까? 만약 그렇게 한다면 그들이 선택한 가짜 항해사는 플라톤이 대화편에서 비판한 소피스트들과 매우 흡사할 것이다. 대중은 종종 소피스트들을 공격했지만—그들이 소크라테스를 잘못 고발한 것처럼—사실 소피스트들의 가르침은 대중의 잘못된 방향과 과도한 욕망을 부추길 뿐이다. 소크라테스는 소피스트들에 대해 다음과 같이 말한다.

그들은 다수의 억견, 즉 집단의 억견만을 가르치는데, 이것이 그들의 지혜라네. 나는 그들을 자신이 기르는 강하고 힘센 짐승의 성질과 욕망을 연구해야 하는 사람에 비유할 수 있다네.…계속 그 짐승을 돌보면서 이 모든 일에 완벽해지면 그는 자기가 알고 있는 지식을 지혜라고 부르고, 그것을 체계나 기술로 만들어서 가르친다네. 그는 자신이 말하고 있는 원리나 열정이 무엇을 의미하는지 전혀 알지 못하면서도 큰 짐승의 취향과 성질에 따라 이것은 명예로운 것, 저것은 불명예스러운 것, 선하거나 사악한 것, 정당하거나 불의한 것이라고 부른다네. 그는 그 짐승이 기뻐하는 것을 선이라 부르고, 그 짐승이 싫어하는 것을 악이라 부른다네(493a-c).

이데아에 무지한 소피스트들은 대중의 욕망과 변덕에서 단서를 얻는 일종의 상황 윤리를 실천할 수밖에 없다.

실제로 진정한 철학자는 소피스트와 달리 대중에게서 단서를 얻지 않는다는 점에서 차별화된다. 철학 연구와 변증법을 통해 그는 오로지 감각만을 의존할 때 우리를 압도하는 환상에서 벗어나게 된다. "변증법, 그리고 변증법만이 제1 원리로 직행하며, 가설을 없애고 근거를 확보하는 유일한 과학이다"(533c). 철학자만이 사물을 있는 그대로 볼 수 있으며, 사물의 모방이 아닌 사물의 아르케(*archē*)를 보고, 따라서 사물의 기계적 기능이 아닌 사물의 목적, 즉 텔로스(*telos*)를 알 수 있다. 그런 사람만이 국가를 현명하게 잘 다스릴 수 있으며, 그렇기 때문에 소크라테스는 철학자들이 국가라는 배의 키를 잡을 기회를 제공받을 뿐만 아니라 그 제안을 받아들이도록 강요받아야 한다고 주장한다. 마찬가지로 동굴에서 탈출한 죄수는 다시 그 동굴 속으로 들어가 다른 죄수들을 자유와 진리와 현실의 빛으로 이끌도록 강요받아야 한다. 동굴의 어두운 안쪽으로 다시 들어가야만 한다.

3장

◆

신화: 1부

교육은 "끌어내다"라는 의미의 라틴어 어근에서 유래했다. 비록 나는 전통적인 강의 형식에 반대하지는 않지만, 교육자로서 나의 역할은 학생들의 마음속에 지혜를 주입하는 것뿐만 아니라 지혜를 끌어내는 것까지 포함한다고 항상 굳게 믿어왔다. 학생들은 모든 사람과 마찬가지로 자신이 알고 있다고 생각하는 것보다 훨씬 더 많은 것을 알고 있다. 우리 영혼의 지하 깊은 곳에는 (우리가 접근할 수만 있다면) 많은 지혜가 묻혀 있다. 다시 말해 우리는 오감을 통해서만 지식을 얻을 수 있는 것이 아니다. 진정한 지식은 (계시를 통해) 우리의 시공간적 세계 밖에서와 (직관과 기억을 통해) 우리의 마음-영혼-정신 내면에서 우리에게 전달될 수 있다.

플라톤은 정교하게 연마된 체계적인 자신의 두뇌의 엄청난 능력에도 불구하고 논리, 경험주의, 이성에는 한계가 있다는 것을 알고 있었다. 소크라테스의 부정적 변증법이나 플라톤의 긍정적 변증법 모두 그 자체로는 철학자를 진리를 향한 상승의 길로 인도할 수 없다. 『국가』의 정교한 변증법조차도 도움 없이는 그 높은 곳에 도달할 수 없다. 필연적으로 정의

(definition)에 대한 탐구는 직관적이고 계시적인 미지의 세계로의 도약으로 이어져야 하는 순간이 찾아온다. 플라톤의 위대한 중기 대화편에서 그 도약의 순간은 우리의 기원(archē), 목적(telos) 또는 둘 다에 대한 통찰을 제공하는 신화(또는 비유)의 형태로 나타난다.

계몽주의 이후의 세계에서 우리는 사실과 허구, 역사와 신화, 논리적 증명과 "공상적" 비유를 타협 불가능한 엄격한 기준으로 구분하는 경향이 있다. 플라톤은 이러한 엄격한 구분을 받아들이지 않았다. 실제로 소크라테스는 『고르기아스』를 마무리하는 장대한 이야기-비유-신화를 들려주기 직전에 이렇게 말한다. "그렇다면 이야기꾼들이 말하는 것처럼 이 멋진 이야기를 들어보게나. 자네들은 이것을 단지 꾸며낸 비유로만 여길 수 있겠지만, 나는 진실을 말하려는 것이므로 이것이 참된 이야기라고 믿네"(523).

플라톤주의자인 C. S. 루이스는 『고통의 문제』(The Problem of Pain)에서 인간의 고통의 기원과 본질을 설명하기 위해 "있을 수 있는 이야기라는 의미에서가 아니라 소크라테스가 말하는 의미에서의 '신화'"를 들려준다. 루이스는 "소크라테스가 말하는 의미에서의 '신화'"가 뜻하는 바를 보다 더 정확하게 정의하기 위해 각주에 다음과 같이 덧붙인다. "즉 역사적 사실일 수 있는 것에 대한 설명이다. 니버(Niebuhr) 박사가 말하는 의미의 '신화'(즉 비역사적 진리를 상징적으로 표현한 것)와 혼동하지 말아야 한다."[1] 플라톤과 마찬가지로 루이스에게도 "신화"는 "사실이 아닌 것"의 동의어가 아

---

1   C. S. Lewis, *The Problem of Pain* (New York: Macmillan, 1962), 77.

니다. 오히려 신화는 논리적 방법, 경험적 관찰, 과학적 실험이라는 협소한 테두리 안에 담을 수 없는 진리에 이르는 유일한 직접적인 길을 제시하기도 한다.

비록 플라톤의 중기 대화편은 다양한 질문과 주제를 다루지만, 『고르기아스』, 『프로타고라스』, 『파이돈』부터 『메논』, 『국가』, 『향연』, 『파이드로스』, 『티마이오스』, 『크리티아스』에 이르기까지 모두 플라톤이 창조나 영혼의 운명 또는 철학자의 상승 순례에 관한 인상적인 이야기를 엮어내는 절정의 순간을 중심으로 전개된다. 플라톤의 선분을 설명하고 인간화할 뿐만 아니라 궁극적인 진리의 원천으로 기능하는 동굴의 비유(『국가』 제7권, 514a-517a)는 가장 잘 알려진 신화이지만, 『국가』의 마지막을 장식하는 에르(Er) 신화를 포함하여 많은 신화 중 하나에 불과하다. 만약 우리가 플라톤의 신화를 간과하거나 더 심하게는 이를 애용한다면 우리는 그의 철학의 기초를 이해하고 분석할 수 없을 것이다. 반대로 우리가 플라톤과 **함께** 여행하고 싶다면, 그러니까 단순히 진리에 **관해** 아는 것이 아니라 진리 자체를 **알고 싶다면** 우리는 신화를 통해서만 그것을 알 수 있다.

복잡한 대화편을 끈질기게 파고들면서 신화의 날개를 달고 날아오르기를 거부하는 학생이나 교수는 이성(異性)에 대한 추상적인 연구는 수행하지만 사랑에 빠지는 것에는 주저하는 사람과 같다. 또는 몇 달 동안 황량한 서부 지역에 관해 공부하다가 진짜 카우보이가 문 앞에 나타나면 벽장 속에 숨어버리는 소년과도 같다. 현대인이 신화를 감당하지 못하는 것은 신화가 너무 공상적이기 때문이 아니라 너무 현실적이기 때문이다.

영혼의 선재성

이전 장에서 나는 『국가』 제2권에서 소크라테스식 아포리아가 플라톤적 탐구로 전환되는 정확한 순간을 확인했는데, 이는 미덕의 참된 본성을 밝힐 수 있는 보다 완전한 정의를 찾기 위함이다. 『메논』에서도 이와 비슷한 순간이 발생하지만, 이번에는 소크라테스의 교착상태에서 플라톤적 탐구로 전환되는 것이 아니라 소크라테스의 현실적이고 실용적이며 반(半)-궤변적인 접근 방식에서 플라톤의 이상주의적이고 신비주의적이며 궁극적으로 피타고라스적인 비전으로 전환되는 순간이다. 신화가 그렇듯이 『메논』에서 플라톤이 들려주는 이야기는 매우 간결하고 요점이 분명하지만, 바로 그런 의미에서 플라톤의 비유를 탐구하는 데 좋은 출발점이 된다. 또한 『메논』의 신화는 학생들이 자신이 아는 것보다 더 많은 것을 알고 있다고 믿으며, 가르침을 주는 과정과 이끌어내는 과정을 동시에 수행하는 것이 교사의 임무라고 여기는 모든 교사들에게 존재 이유를 제공한다.

플라톤은 대부분의 대화편에서처럼 정교한 틀을 사용하는 대신, 이미 진행 중인 대화 속으로 우리를 곧바로 던져 넣으며 『메논』을 시작한다. "[메논이 질문한다] 소크라테스여, 미덕은 교육을 통해 얻게 되는 것인지, 아니면 훈련을 통해 얻게 되는 것인지, 그리고 교육도 훈련도 아니라면 인간이 본성적으로 타고나는 것인지, 아니면 다른 어떤 방법으로 얻게 되는 것인지 말해줄 수 있겠습니까?"(70a) 이렇게 갑작스럽게 시작된 이유는 소크라테스가 앞서 『프로타고라스』에서 같은 질문(즉 "미덕은 가르칠 수 있는

가?")에 대해 격렬하게 토론했지만, 일종의 반(半)-교착상태로 끝났기 때문으로 보인다.

비록 소피스트인 프로타고라스가 소크라테스의 가장 현명하고 성공적인 논쟁 상대일 수 있지만, 교활하고 때로는 용납할 수 없을 정도로 지나치게 교묘한 소크라테스는 결국 상대방을 변증법적 궁지로 몰아넣는다. 프로타고라스는 미덕이 얼굴의 특징처럼 뚜렷하게 구분된다고 주장하는 반면, 소크라테스는 모든 미덕이 실제로는 하나이며, 이 모든 것을 하나로 묶어주는 것이 바로 지식이라는 점을 인정하라고 그를 압박한다. 정의, 절제, 용기 등 어떤 형태로 나타나든 미덕은 본질적으로 지식의 일종이다. 그의 제자인 아리스토텔레스와 달리 플라톤(아마도 소크라테스 역시)은 아무도 고의로는 악을 행할 수 없으며, 악은 자유의지의 오용이 아니라 무지의 부산물이라고 믿었던 것 같다.

그러나 아이러니하게도 『프로타고라스』의 결말 부분에서 미덕이 지식이라는 플라톤의 주장으로 인해 그는 미덕은 가르칠 수 없다는 이전의 주장을 재고하게 된다. 소크라테스는 『프로타고라스』 전반에 걸쳐 누구도 미덕을 가르칠 수 없다고 주장한다. 그것이 바로 테미스토클레스와 페리클레스와 같은 위대한 정치가들이 자신의 시민적 미덕과 기술을 아들들에게 전수할 수 없었던 이유다. 그러나 지식이 모든 미덕을 하나로 묶는 핵심 요소라는 그의 승리적인 주장은 의도치 않은 결과를 가져온다. 소크라테스의 겸손이 돋보이는 순간에 철학자는 자신의 논쟁이 만약 말을 할 수 있다면 상대방에게 무슨 말을 할 것인지를 그와 공유한다.

프로타고라스와 소크라테스여, 그대들은 이상한 존재들이오. 소크라테스여, 미덕은 가르칠 수 없다고 말하던 그대는 지금 정의와 절제와 용기를 포함한 모든 것이 지식이라는 것을 증명하려 함으로써 스스로 모순을 범하고 있소. 프로타고라스가 증명하려 했던 것처럼 만약 미덕이 지식 이외의 것이라면 미덕은 분명히 가르칠 수 없겠지만, 그대가 증명하려는 것처럼 만약 미덕이 전적으로 지식이라면 나는 미덕은 가르칠 수 있다고 생각할 수밖에 없소(361b-c).

소크라테스를 엘리트주의자라고 비난해온 고대 및 현대 비평가들은 이 구절을 다시 한번 읽어보는 것이 좋을 것이다. 소크라테스와 플라톤은 철학자일 뿐만 아니라 가르치는 선생이기도 했다. 소크라테스와 플라톤은 철학자일 뿐만 아니라 교사이기도 했다. 그들이 대중에게 관심을 보이지 않았던 이유는 그들이 소피스트들에게 관심을 보이지 않았던 이유와 같았다. 왜냐하면 그들은 소피스트들이 들을 귀와 지혜를 갈망하는 마음이 없다고 믿었기 때문이다.

　소크라테스가 자신의 변증법적 논쟁이 어디로 이끌든 기꺼이 따르려는 모습을 보여주는 것은 그가 보려 하고, 듣고자 하며, 지혜를 갈망하려는 의지가 있다는 증거다. 사실, 바로 이 의지가 소크라테스(그리고 플라톤)를 소피스트들과 구별 짓는 점이다. 소피스트들 중 대부분은 진실을 자신의 의제에 맞게 바꾸는 경향이 있었던 반면, 소크라테스는 그 반대의 태도를 보였다. 안타깝게도 미덕이 가르칠 수 있는 것인지 알고자 하는 독자에게 큰 좌절을 불러일으키는 것은 소크라테스가 자신의 고백을 한 직후 갑자기 대화가 중단된다는 점이다. 논쟁은 끝나고, 모임은 해산되며, 테이블 위의 질문은 결코 답을 얻지 못한다. 최소한『메논』이 시작될 때까지는 그렇다. 『메논』은『프로타고라스』가 끝날 때처럼 갑작스럽게 시작된다.

처음에 소크라테스는 메논의 첫 번째 질문에 프로타고라스와의 대결에서처럼 **빠르게 치고 빠지는** 작전으로 응수한다. 메논이 **미덕**이라는 단어를 정의하려 할 때마다(소크라테스는 용어가 제대로 정의되기 전에는 질문에 응답하지 않으므로) 소크라테스는 정의가 너무 제한적이거나 일부를 전체처럼 취급한다는 이유로 그의 정의를 해체한다. 마침내 좌절하고 절망한 메논은 소크라테스에게 당신은 사람이 아니라 "지금 나를 무감각하게 마비시키듯이 사람에게 가까이 다가와 자기를 만지는 사람을 무감각하게 마비시키는 납작한 전기가오리 같습니다"(80b)라고 말한다. 이에 대해 소크라테스는 자신이 다른 사람들에게 설명하라고 압박하는 바로 그것들을 모른다고 주장하는 고전적인 입장으로 되돌아간다.

자네는 내가 전기가오리라고 말하는데, 만약 전기가오리가 스스로 무감각하면서 다른 이들의 무감각함의 원인이라면 참으로 나는 전기가오리가 맞네. 하지만 그렇지 않다면 나는 전기가오리가 아닐세. 내가 다른 사람들을 혼란스럽게 만드는 것은 내가 확실히 알기 때문이 아니라 내 자신도 완전히 혼란스럽기 때문일세. 그리고 지금 나는 미덕이 무엇인지 도무지 모르겠네. 비록 자네는 나를 만나기 전에는 알았을 것 같네만, 지금은 나와 마찬가지로 모르는 것 같네(80c-d).

그리고 그것은 또 다른 교착상태, 진리로 나아가는 길에서 또 다른 잘못된 출발점이 되는 것 같다. 메논 자신은 다가오는 교착상태를 감지하고 소크라테스에게 간단하지만 중요한 질문을 던진다. "만약 당신이 원하는 것을 찾으면 그것이 당신이 몰랐던 것임을 어떻게 알 수 있겠습니까?"(80d) 소크라테스는 그 질문의 중요성과, 찾더라도 그것을 인식하지 못할 수도 있다는 점에서 무엇을 추구한다는 것의 허무함을 인정한다. 그러고 나서 소크라테스의 아포리아는 플라톤의 도약으로 이어지고, 철학은 형이상학으로 꽃을 피운다.

위대하고 신비한 진리

"나는 어떤 현명한 남자들과 여자들로부터 신적인 것에 대해 말하는 것을 들었네"(81a). 소크라테스가 조용히 속삭이면서 말한다. "뭐요?" 소크라테스의 말이 잠시 멈추자 메논이 끼어들며 묻는다. "무엇을 들었습니까?" 소크라테스—혹은 이 시점부터는 플라톤이 그의 목소리를 이어받는다고 주장할 수 있다—는 소피스트들 또는 (비피타고라스적) 프리소크라테스 철학자들로부터가 아니라 사제들과 여사제들, 신적 영감을 받은 시인들로부터 위대하고 신비한 진리를 배웠다. "사람의 영혼은 불멸이며, 한때 끝을 맞이하며, 이를 죽음이라고 부르고, 또 다른 때에는 다시 태어나지만, 결코 파괴되지 않는다"(81b). 여기서 플라톤은 그의 위대한 신화의 핵심인 환생에 대한 믿음을 한마디로 표현한다. 『소크라테스의 변명』, 『고르기아스』, 『파이돈』의 마지막 부분에 등장하는 이전의, 더 소크라테스적인 내세에 관한 신화들은 영혼이 다시 지구로 돌아오는 것에 대한 언급이 없지만, 이후에 등장하는 더 플라톤적인 대화편들(『메논』, 『국가』, 『파이드로스』, 『티마이오스』)은 영혼의 환생에 대한 형이상학적 함의에 크게 의존한다.

7장에서 나는 이러한 함의 중 일부를 논의할 것이다. 지금은 『메논』의 핵심 신화가 『소크라테스의 변명』, 『고르기아스』, 『파이돈』에 나오는 신화와 『국가』, 『파이드로스』, 『티마이오스』에 나오는 신화의 중간에 위치한다는 것을 이해해야 한다. 『메논』의 신화는 환생의 메커니즘에 대해 상고하기보다는 우리의 영혼이 육체에 들어가기 전에 비육체적인 상태로 하늘에 존재했다는 사실을 받아들일 때 발생하는 교육적 파급 효과에 초점을 맞춘다. 만약 그렇다면 우리 각자의 영혼은 과거의 어느 시점에 존재의 세계에 있었으며, 따라서 동굴에서 탈출한 플라톤적 철학자가 엿보고 싶어 했던 선과 진리와 아름다움의 본질과 교감했음을 의미한다.

그렇다면 더 높은 진리를 배우는 과정은 학습만큼이나 회상의 과정이기도 하다. 소크라테스는 이를 다음과 같이 설명한다.

영혼은 불멸의 존재로, 여러 번 다시 태어나고, 이승이나 저승에 존재하는 모든 것을 보았기 때문에 그 모든 것에 대한 지식을 가지고 있네. 따라서 영혼이 미덕과 모든 것에 대해 알고 있던 모든 것을 기억해낼 수 있다는 것은 전혀 놀라운 일이 아니네. 삼라만상이 서로 비슷하고 영혼은 이 모든 것을 이미 배웠기 때문에 사람이 열심히 노력하고 낙심하지 않는다면 그 영혼이 단 한 번의 기억에서 나머지 모든 것을 끌어내는 데는 어려움이 없거나 사람들이 말하는 것처럼 배우는 데는 어려움이 없네. 모든 탐구와 모든 배움은 기억에 불과하기 때문이니 말일세(81c-d).

참된 플라톤적 교사는 변증법을 사용하여 잘못된 정의를 드러내는 것이 아니라 학생이 존재의 세계에 대한 자신의 과거 기억을 회상하도록 자극한다. 실제로 『메논』의 소크라테스는 어느 노예 소년의 머릿속에 그가 직접적이고 직관적으로 알고 있던 기하학의 기초를 주입하는 대신, 그의 영혼에서 더 높은 수학 이론을 끌어내어 "가르침으로써" 플라톤의 가설을 "증명"한다.

19세기 초에 윌리엄 워즈워스(William Wordsworth)는 플라톤이 말하는 기억과 선재성에 관한 신화를 부분적으로는 존 로크(John Locke)의 백지설 신화에 대한 비판으로 받아들였다. 계몽주의 철학자가 우리가 모든 선천적 지식이 결여된 백지상태로 태어난다고 주장한 것에 대해[2] 이 낭만주의 시인은 그의 "불멸에 대한 암시: 어린 시절의 회상"(Ode: Intimations of Immortality from Recollections of Early Childhood)에서 다음과 같이 말한다.

---

2   Locke's *An Essay on Human Understanding*(1689)의 1권 1-2장과 2권 2장을 보라. Locke는 실제로 백지상태(blank slate) 대신 "흰색 종이"(white paper)라는 표현을 사용한다.

완전한 망각 속에서 오는 것도 아니며,

완전히 벌거벗은 채로 오는 것도 아니다.

우리는 하나님, 우리의 본향으로부터

영광의 구름을 이끌고 온다(62-65행).[3]

우리의 영혼이 이전에 하늘에 존재했을 가능성은 워즈워스가 개인적으로 겪었던 고민을 해결하는 데 도움을 주었다. 왜냐하면 젊었을 때는 자연 전체가 천상의 빛에 물든 것처럼 보였으나, 나이가 들수록 그 영광이 대부분 사라졌기 때문이다. 워즈워스는 어린아이의 직관적 인식이 아직 발달하지 않은 유치하고 "미개한" 환상이 아니라 하늘과 땅을 연결하는 진정한 끈이며, 그 끈은 영혼을 파괴하는 세속의 힘으로 아직 손상되지 않았다고 선언한다.

　　분명히 하자면, 나이가 들면서 기독교 신앙이 성숙해진 워즈워스가 그의 시에서 환생을 옹호하려 했던 것은 아니다. 오히려 로크에 대한 워즈워스의 비판도, 메논 신화의 교육적 측면도 우리의 영혼이 다른 육체로 다시 돌아온다는 믿음을 강요하지 않는다. 워즈워스의 "이끌고 오는 영광의 구름" 이론이나 플라톤의 "회상을 통한 학습" 이론을 지지하는 데 필요한 것은 영혼의 선재(先在)에 대한 믿음뿐이다. 이 교리는 비록 이설적이지만 정

3　William Wordsworth, "Ode: Intimations of Immortality from Recollections of Early Childhood," in *English Romantic Poetry and Prose*, ed. Russell Noyes (New York: Oxford University Press, 1956), 328.

통 기독교와 완전히 모순되는 것은 아니다.

우리의 영혼이 이미 깊은 영적·철학적 이해를 지닌 채 이 세상에 들어왔다면 그것이 무엇을 의미할지 생각해보라. 모든 부모는 아이의 독특한 개성이 거의 태어날 때부터 나타났다는 사실을 증언할 수 있다. 우리 중 누구도 완전한 백지상태인 사람은 없고, 모두가 신, 사랑, 목적에 대한 갈망이 장착된 정교하게 형성된 존재다. 만약 그 내적 구조의 일부가 신과 천국에 대한 직접적이고 중개되지 않은 지식을 포함하고 있다면, 플라톤이 알고 있었던 것처럼, 교육이라는 전체적 과업은 전혀 다른 차원을 갖게 된다.

세심한 교사들은 일부 학생들이 더 빠르게 이해하는 것을 알아차린다. 이는 그들이 현대 교육계가 지능을 측정하는 방식에서 더 똑똑해서가 아니라 시험에서 설명하거나 글로 표현하기 전에 이미 교사가 말하는 내용을 직관적으로 파악하기 때문이다. 데자뷔의 경험은 우리가 이전에 다른 몸으로 지상에 살았다는 환생의 증거로 사용될 수 있지만, 그것은 또한 우리의 영혼이 선(善), 진리, 아름다움에 대한 선험적(선천적) 지식을 지닌 채 몸에 들어온다는 믿음을 지지하는 데 똑같이 사용될 수 있다.

결국, 배움의 가장 큰 기쁨은 인식(recognition)의 기쁨이 아니겠는가? 그것은 이전에 관련이 없던 지식의 범주들 사이에 갑작스럽게 연결이 형성되는 순간이 아닌가? 일반적으로 "아하! 하는 순간"—또는 "유레카(Eureka)의 순간"—이라고 불리는 것은 논리적이거나 수학적인 방식으로 측정하거나 계산할 수 없다. 20세기 초, 아인슈타인은 상대성 이론의 본질을 순간적인 통찰로 깨달았고, 19세기 말 멘델레예프는 꿈속에서 원소 주기율표를 떠올렸다. 뉴턴 역시 1666년 사과가 머리 위로 떨어지는 순간, 나무 꼭대기와 땅 사이의 관계가 달과 지구 사이의 관계와 유사하다는 것을 마치 계시처럼 직관적으로 깨달으며 만유인력의 법칙을 발견했다.[4]

따라서 미덕이 가르쳐질 수 있느냐는 질문에 대해 플라톤의 대답은 "그렇다"다. 다만 그의 정의는 우리가 일반적으로 정의하는 가르침과는 다른 것이다. 우리의 영혼은 태어날 때부터 영원한 것들에 대한 선천적이고 불완전한 지식뿐만 아니라 형성을 위해 자극을 필요로 하는 도덕적 차원을 지니고 있다. C. S. 루이스는 『순전한 기독교』 3.3에서 예언자와 성인들은 우리에게 도덕성을 가르치기보다는 상기시켜준다고 주장한다.[5] 『국가』에서 정의가 암기된 법전의 집합이 아니라 영혼의 적절한 균형과 조화인 것처럼 도덕성도 마찬가지다. 참된 미덕의 스승은 학생이 이미 영혼에 각인된 선(도덕성), 진리(철학), 아름다움(미학)의 더 높은 개념과 조화를 이루도록 도와준다. 플라톤에게 큰 영향을 준 피타고라스학파의 체계에서 이 조화가 이루어졌다는 징표는 입문자가 천상의 조화를 이루는 음악을 듣고 기쁨과 신비의 순간을 경험하며, 이후 그 음악에 참여할 수 있게 될 때 나타난다. 플라톤의 신화에서는 이러한 순간이, 좋든 나쁘든, 심판의 날에 찾아온다.

---

4   Bruno Lemaitre는 과학계의 이 세 가지 유레카의 순간을 다른 12가지 순간과 함께 유용하게 정리해 놓았다. http://brunolemaitre.ch/history-of-science/discoveries-in-science.

5   C. S. Lewis, *Mere Christianity* (New York: Macmillan, 1960), 78.

심판의 날

내가 원시적 플라톤 신화라고 부르는 『소크라테스의 변명』의 결말에서 소크라테스는 죽음의 좋은 면에 대해서만 이야기한다. 즉 불의와 오류, 부패로부터 진리와 순수함이 가득하고 교제와 대화가 활발한 더 나은 세계로 떠나는 놀라운 여정에 대해 이야기한다(40e-41c). 반면 『고르기아스』의 결말에 나오는 완성된 플라톤 신화에서는 훨씬 더 심각한 장면이 그려진다. 하늘나라에서의 안락한 삶을 약속하는 것이 아니라 어떤 이들에게는 기쁨과 축복을, 다른 이들에게는 공포와 절망을 가져다주는 최후의 심판을 묘사한다.

고르기아스는 프로타고라스와 마찬가지로 소피스트이며, 비록 소크라테스는 전자를 더 존중하지만, 두 명의 고용 교사 모두 그들이 이해하지 못하는 미덕과 지식을 팔아먹는 도덕적이지 않은 장사꾼이라는 비판을 받는다. 수사학의 위험성에 특히 초점을 맞춘 『고르기아스』의 경우, 소크라테스는 그가 아테네의 정치인, 시인, 장인들에게서 발견했다고 주장하는 것과 같은 위장된 무지를 소피스트들의 연설에서 발견한다(『소크라테스의 변명』, 21a-22e). "[성공한 수사학자는] 청중에게 있는 선과 악, 비도덕성과 명예, 정의와 불의에 대해 정말로 아는 것이 있는가? 아니면 그가 모른다는 것을 아는 것보다 더 잘 아는 것처럼 그들을 설득할 수 있는 방법만 가지고 있을 뿐인가?"(459d) 실제로 소크라테스는 수사학은 "결코 예술이 아니라 인간을 어떻게 다루어야 하는지를 아는 대담하고 기민한 재치의 습관이며,

나는 이 습관을 '아첨'이라는 단어로 요약한다"(463a-b)고 단호하고 거리낌 없이 자신의 확고한 신념을 밝힌다(463a-b).

『메논』의 끝부분에서 아테네의 정치인들이 자신의 자녀들에게 미덕을 가르칠 능력이 없다고 소크라테스가 비판하자 나중에 소크라테스의 재판에서 고소인 중 한 명이 될 아니토스는 소크라테스가 아테네 시민들에 의해 유죄 판결을 받을 것이라고 예언한다(94e-95a).『고르기아스』의 유사한 시점에서도 소크라테스는 수사학이 그의 동료 시민들에게 정의를 심어줄 수 있는 능력에 대해 훨씬 더 강하게 비판하며, 그가 더 효과적인 미덕의 교사임을 다소 자랑스럽게 주장하자 칼리클레스도 이와 비슷한 예언을 한다(521b-c). 두 예언 모두 플라톤이 그의 사랑하는 스승의 재판을 예고하는 방식처럼 보인다. 그러나『고르기아스』에서 플라톤은 이보다 더 나아가 소크라테스의 입을 통해 그의 재판과 변호를 더욱 명확하게 예고하는 예언을 한다.

칼리클레스는 소크라테스가 언젠가 아테네 시민 회의에 끌려갈 수도 있다는 점을 넌지시 경고한 후, 소크라테스에게 그가 만약 수사학의 설득력을 사용하지 않겠다고 거부한다면 어떻게 자신을 변호할 수 있을지 질문한다. 소크라테스는 다음과 같이 답한다.

그렇다네, 칼리클레스, 만일 그가 신이나 인간에 대해 잘못한 말이나 행동을 한 적이 없다면, 그리고 이것이 최선의 변호라고 우리가 반복해서 안정해왔듯이 그가 자신을 변호할 수 있다면 그는 그런 변호를 해야 하겠지. 만일 누군가가 나에게 이런 방식으로 나 자신이나 다른 사람을 방어할 능력이 없다고 유죄를 선고한다면 나는 많은 사람들 앞에서 유죄를 선고받든, 소수의 사람 앞에서 유죄를 선고받든, 혼자서 유죄를 선고받든 그 수치심 때문에 얼굴을 붉힐 것이며, 만일 그렇게 할 능력이 없어 죽게 된다면 나는 참으로 슬플 걸세. 그러나 내가 아첨이나 수사의 능력이 없어 죽게 된다면 죽음을 불평하지 않으리라고 확신하네. 사람은 전적으로 비이성적이고 비겁한 사람이 아닌 이상, 죽음 자체를 두려워하지 않고, 오히려 잘못을 저지르는 것을 진정으로 두려워한다네(522d-e).

이러한 생각은 『소크라테스의 변명』의 끝부분에 표현된 것과 거의 같다. 그것은 자기 보존보다 의를 선택하고, 죽음에 대한 어리석은 두려움 때문에 자신의 가르침이나 삶의 방식을 타협하지 않겠다는 결심이다(39a-b). 수사적 장치나 감정 표현이 아니라 진실과 자신의 행동에 대한 증언이 그를 변호할 것이다.

『소크라테스의 변명』에서 소크라테스는 자신의 신념을 뒷받침하기 위해 먼저 죽음이 나쁜 것이 아니라고 주장한다. 죽음은 영원한 잠을 자거나 더 나은 곳으로 가는 여정일 뿐이라는 것이다. 그는 이어서 수다스러운 엘리시온 들판의 신화를 사용하며 설명을 이어간다(40c-41c). 한편 『고르기아스』에서는 더 엄숙한 논증을 통해 자신의 신념을 뒷받침한다. 즉 죽음이 절대적인 선이라고 주장하지 않고, 미덕을 선택한 영혼에게만 선이 될 수 있다고 설명한다. 그래서 앞서 인용한 구절 직후에 소크라테스는 이렇게 덧붙인다. "영혼에 불의가 가득 찬 채로 저승에 간다면 그것은 모든 악 중에서 최악이며 최후의 악이다. 내가 하는 말에 반대하지 않는다면 한 가지 이야기를 들려주고 싶네"(522e). 이렇게 하여 『고르기아스』의 신화는 그 모든 아름다움과 공포 속에서 펼쳐진다.

소크라테스는 크로노스(제우스의 아버지)에 의해 제정된 법에 따라 이렇게 설명한다. "평생 정의롭고 경건하게 산 사람은 죽은 후 극락도로 가서 행복 속에서 악의 손길이 닿지 않는 곳에 머물 것이며, 불의하고 불경하게 산 사람은 복수와 형벌의 집, 즉 타르타로스로 갈 것이다"(523b). 크로노스 시대에는 우리가 임종할 때 심판을 받았으나, 제우스 시대에 와서는 심판의 시간과 장소가 죽음 직후로 바뀐다. 소크라테스에 따르면 이전에는 부유한 참주들이 화려한 옷을 입고 사치와 혈통의 자부심으로 자신들의 악행을 감추었으나, 이제는 영혼이 육체에서 벗겨져 완전히 벌거벗은 상태에서 심판을 받는다고 한다. 조지 오웰(George Orwell)이 한때 "사람은 쉰 살이 되면 자기에게 어울리는 얼굴을 갖게 된다"라고 말한 것처럼 말이다.[6] 플라톤은 오웰의 깊이 있는 도덕적·심리적·신학적 통찰을 예견하며, 단테의 지옥에서 죄인들이 벌거벗은 상태로 나타나는 모습에 가장 강하게 반영된 이 통찰을 다음과 같이 제시한다. 즉 우리의 영혼은 일단 육체로부터 분리되면 그것을 형성하고 빚어온 미덕이나 악덕에 따라 영원히 고정된 상태로 서게 될 것이라고 말이다.

---

6 www.orwellfoundation.com/the-orwell-foundation/orwell/library/d-j-taylororwells-face/.

살아 있는 사람이 저지르는 각 악행은 마치 도리언 그레이의 초상에 나타나는 끔찍한 자국과 얼룩처럼 그의 영혼에 깊이 새겨진다. 어쩌면 소크라테스는 아시아의 재판관 라다만티스가 참주의 영혼을 마주할지도 모른다고 생각한다.

> 그[참주]의 영혼은 채찍으로 인한 자국이 새겨져 있고, 각 행동이 남긴 거짓 맹세와 범죄의 흔적과 상처로 가득 차 있다. 그는 진실성 없이 살았기 때문에 거짓과 기만으로 인해 완전히 뒤틀려 있어 올곧음이라고는 전혀 찾아볼 수 없다. 라다만티스는 방종과 사치와 오만과 절제하지 못한 삶으로 인해 형체가 일그러지고 균형을 잃은 그의 영혼을 바라보고, 그를 치욕스럽게 감옥으로 보내 마땅히 받아야 할 벌을 받게 한다(525a).

세상의 모든 세련된 수사도 참주의 영혼의 진정한 상태를 감출 수 없으며, 그 영혼이 타르타로스로 내던져지는 것을 막을 수 없다. 악은 드러나기 마련이며, 영혼은 자신의 본질(더 정확히 말하자면 그렇게 되어버린 상태)에서 벗어날 수 없다.

사실, 상황이 그렇게 절망적이지만은 않다. 자신의 신화를 더욱 복잡하게 만들고, 그 신화가 보여주고 뒷받침하는 철학을 심화하기 위해 소크라테스는 죄인의 영혼에 남겨진 자국이 두 가지로 구분된다고 추가로 설명한다. 즉 치료 가능한 자국과 그렇지 않은 자국이다. 이후 가톨릭에서 경죄(일시적 처벌만 받을 만한 죄)와 대죄(십계명을 어기고 충분한 인식과 고의적인 동의

하에 저질러져 저주에 이를 수 있는 죄)를 구분하는 것과 마찬가지로[7] 『고르기아스』의 신화는 치료 가능한 자국을 남긴 행위에 대해 회복과 개선의 희망을 제시한다(525b; 같은 희망이 『파이돈』 신화에서도 제시된다, 113d-e).

그러나 물론, 영원한 심판관들 앞에 철학자의 깨끗한 영혼으로 나아가는 것이 훨씬 더 낫다. 즉 평생 미덕을 추구하고 악덕의 길에서 돌아선 사람의 영혼으로 말이다. 그래서 소크라테스는 "그날에 심판관 앞에서 어떻게 나의 영혼을 온전하고 더럽혀지지 않은 상태로 제시할까를 깊이 숙고하는 것"을 평생의 목표로 삼았다. 그는 "세상이 추구하는 명예를 포기하고, 오직 진리를 알기를 원하며, 가능한 한 잘 살고, 죽을 때도 가능한 한 잘 죽기를 바란다"라고 말한다(526d-e). 실제로 대화의 끝에서 소크라테스는 두 가지 역설적 신념, 즉 불의를 행하는 것보다 불의를 당하는 것이 더 낫고, 우리의 영혼에 유익한 처벌에서 구해줄 수 있는 수사는 거부해야 한다는 신념을, 『고르기아스』 대부분을 할애해 발전시킨 변증법적 논증이 아니라 방금 제시한 심판의 신화에 근거하여 강조한다. 궁극적으로 "삶과 죽음 속에서 정의와 모든 미덕을 실천하는 것이 가장 좋은 삶의 방식"이라는 것을 가르쳐주는 것은 논리적 논증이 아니라 이 비유적 이야기이기 때문이다(527e).

---

7   심각한 대죄와 가벼운 경죄의 구분에 관해서는 *Catechism of the Catholic Church*, 재판의 제3부 섹션 1의 1장 8조 4항을 보라. www.usccb.org/sites/default/files/flipbook/catechism/.

4장

◆

신화: 2부

『고르기아스』에서 소크라테스의 요구는 수사적 아첨과 그것에 따르는 특권들을 거부하고, 최종 심판의 비유적 이야기에서 정당성을 찾는 미덕의 삶을 선택하는 것이다. 마찬가지로 『국가』에서 소크라테스가 제시하는 더 복잡한 요구는, 비록 그 삶이 불의의 평판을 받을지라도 정의로운 철학자의 삶을 살아야 한다는 것이다. 이 요구는 환생에 대한 성숙한 플라톤적 신념을 이야기에 반영하여 더 복잡하고 미학적으로 풍부한 심판의 신화에서 그 정당성을 찾는다. 『고르기아스』의 신화처럼 『국가』의 에르 신화(614b-621d) 역시 두 가지 주장을 통해 소개된다. (1) 죽음 이후에 일어나는 일이 진정으로 중요하며(614a), (2) 우리가 이제 들을 이야기는 공상적 이야기가 아니라 우리를 기다리는 현실에 대한 참된 설명이다(614b).

자신의 가장 위대한 대화편의 절정에 이르는 신화를 이야기하려 할 때 플라톤은 소크라테스를 통해 사실 정의로운 사람들은 일반적으로 이 세상에서 보상을 받는다고 주장한다. 마찬가지로 예수는 그를 따르기 위해 모든 것을 버린 사람들이 영원한 생명과 더불어 이 세상의 이익(박해도 함께)

도 함께 얻을 것이라고 약속한다(막 10:29-30). 그럼에도 소크라테스는 정의로운 사람에게 이 세상에서 보상이 주어질 것이라고 약속한 직후에 다음과 같이 덧붙인다. "이 모든 것[세상의 보상]은 그 숫자나 크기 면에서 죽음 이후에 정의롭고 불의한 사람 모두에게 기다리고 있는 다른 보상들과 비교할 때 아무것도 아니다. 그리고 그대들은 그것들을 들어야 하며, 그리하여 정의로운 사람과 불의한 사람이 모두 우리로부터 이 논증이 그들에게 진 빚 전체를 받게 될 것이라네"(614a). 실제로 우리는 그것들을 듣는 것이 중요하다. 왜냐하면 비유가 동반되지 않은 논리적 논증은 불완전하고, 조지 허버트의 말을 빌리자면, 귀에는 울리지만 양심에는 울리지 않기 때문이다.

따라서 소크라테스는 자신의 이야기를 시작하기 전에 먼저 한 가지를 분명히 한다. "내가 한 가지 이야기를 들려주겠네. 오디세우스가 영웅 알키노오스에게 들려준 이야기는 아니지만, 이것 역시 영웅의 이야기로서 팜필리아 출신의 아르메니오스의 아들 에르의 이야기일세"(614b). 소크라테스는 오디세우스가 『오디세이아』 제9-12권에서 파이아키아 왕에게 들려준 이야기(특히 제11권의 저승으로 내려간 이야기)와 에르 신화를 신중하게 구분함으로써 사후세계에 대한 자신의 이야기가 진실하고 믿을 만한 이야기임을 말하고자 한다. 『국가』 제3권(386a-387c) 초반에서 소크라테스는 호메로스의 서사시를 통해 널리 알려진 하데스에 대한 견해가 젊은이들에게 저승이 우울하고 비참한 장소라는 잘못된 공포를 심어주는 거짓 이야기라고 강하게 비판한 바 있다. 대화의 그 시점에서 소크라테스는 호메로스가 묘사한 하데스가 사실이 아니라고 단순히 주장했다. 그러나 여기 그의 결론 적인 신화에서 플라톤은 독자들에게 우리가 언젠가 마주하게 될 사후세계 에 대한 또 다른 비전을 제시한다.

오르페우스, 헤라클레스, 테세우스, 오디세우스(그리고 그 뒤를 이은 아이 네아스와 단테)처럼 에르 역시 신들의 허락을 받고 하데스를 방문하고 돌아 와 그 이야기를 전하게 된다. 그러나 흥미롭게도 소크라테스는 자신의 신 화를 전통적인 서사시의 저승으로의 하강 형태로 구성하는 대신, 현대에 임상적으로 사망 판정을 받고 기적적으로 되살아난 사람들이 전하는 생사 체험(혹은 임사체험)과도 기묘하게 닮은 방식으로 이야기를 전한다. 이러한 경험은 천국의 빛으로 이어지는 터널을 오가며 놀라운 여정을 경험했다는 경이로운 이야기로 가득 차 있다.[1]

플라톤이 전하는 이야기의 첫 부분은 『고르기아스』의 신화와 많은 유 사점을 지닌다. 여기서도 다시 한번 우리는 심판받은 영혼들이 행복 또는 저주의 장소로 보내지는 모습을 보게 된다. 그러나 이번에는 저승의 지리 가 더 구체적으로 묘사된다. 이는 아마도 하데스의 꼬불꼬불한 터널과 갈 라지는 강줄기(111c-113d)를 세밀하게 그려낸 『파이돈』의 신화(107c-115a) 를 참고했기 때문일 것이다.

---

1   예컨대 다음을 보라. Raymond Moody's *Life After Life* (1975), Dinesh D'Souza's *Life After Death: The Evidence* (2007), Roy Abraham Varghese's *There is Life After Death* (2010), Don Piper's *90 Minutes in Heaven* (2004).

에르는 신비로운 장소에 도달했는데, 그곳에는 땅속으로 이어지는 두 개의 입구가 있었다네. 이 입구들은 가까이 위치해 있었으며, 그 맞은편에는 하늘 위로 향하는 또 다른 두 개의 입구가 있었다네. 그 중간 공간에는 심판관들이 앉아 있었고, 그들은 정의로운 자들을 심판한 후 그들에게 판결문을 앞에 매달게 하고 오른쪽의 하늘로 가는 길을 따라 올라가라고 명령했다네. 마찬가지로 불의한 자들은 왼쪽의 아래로 가는 길로 내려가라고 명령받았으며, 그들도 자신의 행위의 상징을 지니고 있었지만, 그것은 등에 매달려 있었다네(614c-d).

마치 데카르트의 좌표계를 예견한 듯, 플라톤은 정의로운 자들의 영혼을 제1사분면(위편 오른쪽)으로, 악한 자들의 영혼을 제3분면(아래편 왼쪽)으로 보낸다. 『고르기아스』의 신화에서처럼 정의로운 자와 악한 자의 영혼에는 각각 표식이 남겨지지만, 여기서는 악한 자들이 자신들의 악행을 등에 짊어지고 가야 한다. 이는 마치 제이컵 말리(Jacob Marley)가 탐욕으로 가득 찬 생애를 상징하는 쇠사슬로 된 금고를 끌고 다닐 운명을 지닌 것과 같다.[2]

플라톤은 『고르기아스』 신화의 방식을 이어가며 영혼들에게 벌과 상을 부여한다. 그러나 여기서도 에르 신화는 세부 사항에서 더욱 정밀하고 엄격하다. 따라서 우리는 각 영혼이 십 배의 비율에 따라 벌이나 보상을 받는다는 것을 알게 된다. 저지른 악행마다 한 세기에 한 번씩 처벌이 부과되

---

2   Charles Dickens, *A Christmas Carol*, in *The Christmas Books* (London: Penguin Classics, 1985), 1:61.

며, 선행에 대해서도 이와 유사한 방식으로 보상이 주어진다. 신들과 부모에 대한 불경은 더욱 심한 처벌을 받으며, 자살 역시 마찬가지로 가혹한 벌을 받는다(615a-c).

천 년이 끝나면 죄인들은 동굴의 입구를 통해 나오고 처벌은 종료된다. 그러나 이전 생에서 폭정을 저질렀던 자들에게는 예외가 있다. 그들을 기다리고 있는 것은 정말로 단테의 작품에 나오는 것처럼 끔찍한 광경이다.

> 그들[아르디아이오스와 그의 동료 참주들]은 자신들이 상층 세계로 돌아가려 한다고 생각했으나, 이 불치의 죄인들이나 충분한 처벌을 받지 않은 자들 중 누구라도 올라가려 하면 입구는 그들을 받아들이는 대신 굉음을 내뱉었습니다. 그러자 그 소리를 들은 불길한 모습의 야성적인 남자들이 다가와 그들을 붙잡아 끌고 갔습니다. 그리고 이들은 아르디아이오스와 다른 자들의 머리와 발과 손을 묶은 채로 바닥에 내동댕이치고, 채찍으로 때리고, 가시덤불 위에서 양털을 빗질하듯 길가로 끌고 갔습니다. 이들은 지나가는 자들에게 그들의 범죄와 그들이 지옥[그리스어로 타르타로스]에 던져지기 위해 끌려가고 있다는 사실을 알리며 끌고 갔습니다(615e-616a).

심지어 영혼의 불멸성을 부정하는 회의적인 독자라 할지라도 플라톤이 묘사한 지옥의 포효하는 입구와 악한 영혼을 쇠사슬로 묶고 가죽을 벗기는 불타는 악마들의 모습에 두려움으로 몸서리치지 않을 수 없다. 한편 이 구절을 읽는 그리스도인들은 흔히 "온유하고 자비로운" 예수라 일컬어지는 분이 성경에서 그 누구보다도 지옥의 공포에 대해 더 많이 말씀하셨다는 사실을 기억하는 것이 좋다(예. 마 5:29; 10:28; 13:42, 49-50; 24:51; 25:30, 41).

소크라테스/플라톤은 죄인들의 끔찍한 운명에 대해 듣거나 읽은 청자/독자가 서사적 위안이 필요하리라는 것을 깨달은 듯, 우리의 눈과 마음이 타르타로스의 깊은 곳에서부터 피타고라스의 질서정연한 우주의 높은 곳으로 향하게 한다. 소크라테스는 정의로운 자들과 죄의 대가를 충분히 치른 자들의 영혼은 참주들의 암울한 운명과는 대조적으로 천상의 세계에 대한 비전을 보장받는다고 설명한다. 영혼들이 경외심에 찬 눈으로 바라보는 동안 천체들은 지구를 중심으로 완벽한 동심원을 그리며 회전한다. 각 천체 꼭대기에는 하나의 음을 영원히 노래하는 세이렌이 앉아 있고, 세이렌의 여러 음이 함께 어우러져 피타고라스가 천체의 음악이라고 불렀던 천상의 합창을 만들어내는데, 앞서 언급했듯이 이 음악을 들으면 입문자의 영혼은 하늘로 올라가 우주의 교향곡에 동참하게 된다(616c-617b).

플라톤에게 있어 천체들의 회전은 필연의 힘과 연결되어 있으며, 이 힘은 우리의 삶과 운명과 죽음을 좌우하는 세 가지 운명과 연결되어 있다. 영혼들이 선택해야 하는 수많은 제비와 삶을 그들 앞에 펼쳐 놓는 것이 바로 운명이다(617c-e). 그들이 뽑은 제비의 숫자에 따라 그들은 각각 남자, 여자 또는 동물의 삶을 스스로 선택한다. 일단 영혼이 선택하면 새로운 삶으로 다시 태어나 다시 지상으로 돌아간다. 따라서 플라톤이 신화의 전반부(『고르기아스』의 신화처럼 단 한 번의 심판을 암시하는)에서 피타고라스적 우주관을 통해 후반부(영혼의 환생을 중심으로 하는)로 넘어가는 것은 결코 우연이 아니라고 나는 생각한다. 왜냐하면 플라톤은 프리소크라테스 시대의 피타고라스에게서 환생이라는 철학적 가르침과 비유적 이미지를 받아들였기 때문이다.

『국가』의 열 권에 걸쳐 펼쳐지는 길고 복잡한 변증법은 본질적으로 정의와 부정의가 우리의 영혼에 미치는 영향과 우리가 내리는 선택이 어떻게 우리를 특정한 유형의 사람으로 만들어 가는지에 관한 것이다. 우리는 영혼들이 하나씩 차례대로 새로운 삶을 선택하는 모습을 경외감을 가지고 지켜보며, 플라톤이 우리에게 보여주고 있는 것이 바로 모든 교육과 철학적 훈련이 이끄는 그 위기의 무서운 순간임을 깨닫게 된다. 영혼들이 선택을 하기 전에 경고를 받는다.

> 필연의 딸인 라케시스의 말을 들어라. 인간의 영혼들아, 새로운 삶과 죽음의 순환을 보라. 너희의 천성은 정해져 있지 않고, 너희가 스스로 선택한다. 첫 번째 제비를 뽑은 자는 첫 번째 선택권을 가지며, 그가 선택한 삶은 그의 운명이 될 것이다. 미덕은 자유롭고, 사람이 미덕을 존중하거나 멸시함에 따라 미덕을 더 많이 또는 덜 가지게 된다. 책임은 선택하는 자에게 있다. 신은 정당하다 (617d-e).

일단 우리가 우리의 삶을 선택하면 우리는 필연적으로 그것에 묶이게 되지만, 그 선택은 오직 우리 자신에게만 주어진다. 우리가 잘못 선택하면 우리는 오직 우리 자신만을 탓할 수밖에 없다.

에르 신화에서 이 부분이 『국가』에 제시된 이상적인 교육 체계를 설명하고 그 신뢰성을 부여하기 위한 것임을 분명히 하려는 듯, 소크라테스는 이야기의 흐름을 끊고 글라우콘에게 직접 말을 건넨다.

친애하는 글라우콘이여, 여기에 우리 인간이 처한 상태의 가장 큰 위험이 있으니 최대한의 주의를 기울여야 하네. 혹시나 우리가 무언가를 배울 수 있고 선과 악을 분별할 수 있게 해줄 사람을 만나 기회가 주어질 때마다 언제 어디서나 더 나은 삶을 선택할 수 있게 된다면 다른 모든 종류의 지식을 버리고 오직 한 가지 지식만을 추구하고 따르도록 하세(618c).

철학자의 삶은 지금 우리가 좋은 삶을 살 수 있도록 보장할 뿐만 아니라 다음 생을 선택할 때 현명하게 선택할 수 있도록 준비시켜준다. 철학자는 권력을 약속하는 삶은 결국 파멸을 가져올 수 있지만, 가난한 사람의 삶은 평화와 기쁨과 만족을 가져다주는 삶을 살 수 있음을 알게 될 것이다.

게다가 제비뽑기 시스템이 불공평하다고 생각하지 않도록 하기 위해—왜냐하면 일부는 먼저 삶을 선택할 수 있지만, 다른 이들은 대부분이 선택될 때까지 기다려야 하기 때문이다—저승의 예언자의 목소리는 제비뽑기가 진정으로 공정하다는 것을 분명히 한다. "마지막으로 온 자라도, 만약 그가 현명하게 선택하고 열심히 살아간다면, 행복하고 불행하지 않은 삶이 주어진다. 첫 번째로 선택한 자는 방심하지 말고, 마지막으로 온 자는 절망하지 말라"(619b). 이 점을 강조하기 위해 소크라테스는 첫 번째 제비를 뽑은 사람이 어떻게 되는지를 우리에게 이야기한다.

그는 앞으로 나아가 한 순간에 가장 큰 폭정의 삶을 선택했네. 그의 마음은 어리석음과 육체적 쾌락에 의해 어두워져 있었기 때문에, 선택하기 전에 전체적인 문제를 깊이 생각하지 않았고, 처음에는 자신이 다른 악들 중에서도 자신의 자식들을 집어삼킬 운명에 놓여 있다는 것을 미처 깨닫지 못했네. 그러나 시간이 지나서 자신이 뽑은 제비의 내용을 알게 되자 그는 가슴을 치며 자신이 한 선택을 한탄하기 시작했네. 그는 예언자의 선언을 잊어버리고, 자신의 불행에 대한 책임을 자신에게 돌리기보다는 우연과 신들, 그리고 모든 것에 그 책임을 돌리며 비난했네(619b-c).

마찬가지로 단테의 지옥에서 죄인들이 아케론강을 건너 지옥으로 들어갈 때(『신곡: 지옥편』 3:103-105) 그들은 하나님과 부모, 자신을 태어나게 한 땅을 탓하며, 자신을 제외한 모든 것에 책임을 돌린다. 불의에 빠진 영혼은 선의 본질을 알지 못하는 것처럼 자신의 어리석음과 타락의 깊이를 알지 못한다.

하지만 희망은 여전히 남아 있다. 첫 번째 제비를 뽑은 어리석은 자와 달리 마지막 제비를 뽑은 자는 지혜와 분별력을 사용하여 남은 삶에서 올바른 선택을 한다.

아직 선택을 하지 못한 오디세우스의 영혼이 제비를 뽑았고, 그의 제비는 모든 제비 중 마지막이었네. 이제 그는 이전에 고생한 기억을 떠올리며 야망을 버렸고, 아무 걱정도 없는 사적인 사람의 삶을 찾아서 상당한 시간을 찾아 헤매다가 어렵게 이것을 찾았는데, 그것은 모든 사람이 외면하고 방치하던 것이었네. 그는 그것을 보고 자신의 제비가 마지막이 아니라 첫 번째였더라도 똑같이 그것을 선택했을 것이며, 그것을 갖게 되어 기쁘다고 말했다네(620c-d).

비록 플라톤은 처음부터 자신의 에르 신화가 오디세우스의 이야기처럼 거짓이 아니라 참된 이야기임을 분명히 밝히지만, 여기서 그는 호메로스의 이상적인 인간에게 『국가』 전체에서 그가 옹호하는 바로 그런 종류의 지혜를 구현하는 영예를 부여한다. 『일리아스』와 『오디세이아』에서 모두 중요한 역할을 하는 오디세우스는 아마도 호메로스의 가장 위대한 창조물일 것이다. 오디세우스가 저승을 여행하는 동안(『오디세이아』 11장) 시인 호메로스는 그에게 그의 마지막 항해와 평화로운 죽음에 대한 예언을 듣게 한다. 그러나 호메로스의 영웅의 진정한 종말을 우리에게 이야기해줄 수 있는 지혜와 통찰을 가진 사람은 오직 철학자 플라톤뿐이다.

영혼이 새로운 삶을 선택한 후에는 망각의 강인 레테의 물을 마셔야만 한다. 전생의 기억을 깨끗이 씻어낸 영혼은 지상에서 새로운 삶을 시작할 준비가 된 것이다. 플라톤은 그의 위대한 신화를 이렇게 끝맺는다. 소크라테스는 글라우콘에게 말한다. "이 신화는 우리가 그 말에 순종한다면 우리를 구원할 것이다. 그리고 우리는 망각의 강을 안전하게 건너게 될 것이며,

우리의 영혼은 더럽혀지지 않을 것이다"(621c).

철학자의 여정

플라톤을 읽는다는 것은 적어도 볼 수 있는 눈을 가진 사람들에게는 눈부신 가능성으로 가득한 마법의 땅, 상상의 세계로 뛰어드는 것과 같다. 플라톤은 그의 국가에서 시인들을 추방했지만, 본 장에서 살펴보았듯이 자기역시 모든 시인 중 가장 위대한 시인이었다. 그는 이성과 논리와 변증법이실패하자 신화의 깃털과 비유의 밀랍으로 날개를 만들어 다이달로스와 이카로스처럼 선과 진리와 아름다움을 향해 날아올랐다.

지금까지 우리는 플라톤이 사후세계의 본질을 탐구하기 위해 신화를 사용했음을 살펴보았다. 그는 신화 자체를 목적으로 삼거나 헛된 호기심을 채우기 위해서가 아니라 진리를 추구하고 미덕을 구현하기 위한 원동력으로 신화를 사용했다. 그러나 내세에 대한 플라톤의 관심은 신의 심판에만 국한된 것이 아니었다. 그는 더 큰 영적 여정에도 관심을 가졌는데, 거기서 삶과 죽음과 환생은 그 영적 여정의 드라마가 펼쳐지는 무대에 불과했다. 『파이드로스』의 중심 신화(245c-257b)에서 플라톤은 환생과 영혼의 선재성에 대한 명상을 위를 향한 상승 여정에 대한 영감 어린 촉구와 결합한다. 그리고 플라톤은 이 작업을 삼단논법을 통해 전개하지 않고, 우리가 사랑에 빠져 사랑하는 사람의 눈을 깊이 응시할 때 왜 온몸이 떨리고 피부가 닭

살로 변하는지에 대한 작용인(efficient cause)이 아닌 목적인(final cause)을 드러내는 놀랍도록 아름다운 신화를 통해 그렇게 한다.

사랑을 찬양하는 것이 주된 목적이었던 신화에서 소크라테스는 전생에 우리의 영혼은 날개를 가지고 하늘을 자유롭게 날아다녔다고 설명한다. 하늘을 날던 중 영혼은 너무 높이 날아오른 나머지 시간과 공간의 작은 우주의 경계를 뚫고 모든 것이 완전하고 모든 것이 온전한, 변화와 죽음과 쇠퇴가 없는 더 높은 존재의 영역으로 들어갔다. 그리고 그 절대자의 왕국에서 영혼은 "A. H. H.를 기리며"의 테니슨(Tennyson)처럼 소용돌이쳤다.

> 천상의 생각의 높이에 대해
>
> 그리고 존재하는 곳에 이르러
>
> 세상의 깊은 맥동을 잡았다네(96.38-40).[3]

천 년 동안 영혼은 신들이 우리 우주의 바깥 테두리를 장엄하게 도는 동안 그들의 행렬의 뒤를 따랐다. 무엇보다도 가장 놀라운 것은 그 영혼이 아름다움과 진리의 영광스러운 이데아와 직접 교감했다는 점이다. 영혼은 불멸의 존재, 파괴되지 않는 존재, 자존하는 존재의 얼굴을 보고 이해했다. 왜냐하면 영혼은 보았을 뿐만 아니라 알았기 때문이다(247c-e).

『국가』의 영혼 삼분설(이성-기개-욕망)과 유사한 잊지 못할 이미지에서

---

3   *Tennyson's Poetry*, ed. Robert W. Hill Jr. (New York: Norton, 1971), 170.

플라톤은 우리의 날개 달린 영혼을 고상하고 절제된 말(기개)과 폭력적이고 정욕에 사로잡힌 말(욕망)이라는 매우 다른 두 필의 말이 이끄는 마차를 모는 마부(이성)로 묘사한다. 마부가 두 마리의 말이 서로 조화를 이루며 달리도록 조종하는 한, 위를 향해 올라가는 상승의 비행은 방해받지 않고 계속되지만, 결국에는 성미가 사나운 말이 고삐를 너무 세게 잡아당겨 마부가 경로 밖으로 내동댕이 쳐지는 순간이 오게 된다. 그런 일이 발생하면 이 땅의 원초적이고 일상적인 충동이 영혼을 끌어내려 날개를 찢어 이 땅의 생성의 세계로 떨어지게 한다. 거기서 만 년의 주기 동안 영혼은 한 육체에서 다른 육체로 옮겨 다니며 한때 자신이 알았던 영광을 향한 길고도 험난한 상승의 여정을 통해 다시 한번 날개를 돋우고 하늘을 자유롭게 날아오른다(248a-e).

하지만 이것이 전부는 아니다. 왜냐하면 만 년의 씁쓸한 세월 동안 포로가 되어 길들여진 우리의 영혼이 자신이 사랑하는 사람의 얼굴에서 한때 알았던 영광스러운 존재의 세계를 잠깐이지만 실제로 엿보는 순간이 있기 때문이다. 우리가 사랑하는 사람의 육체적 아름다움이 깃든 그곳에서 우리의 영혼은 한때 교감했던 이상적인 아름다움의 환상적인 섬광을 감지한다. 실제로 오케스트라 연주를 듣다가 음악이 잠시 멈추는 동안 더 깊은 하모니가 귓전에 울려 퍼지며 우리를 자리에서 거의 일어나게 만드는 것처럼, 사랑하는 사람을 멍하니 바라보고 있으면 베일이 벗겨지면서 시간이나 변화에 영향을 받지 않은, 더 깊고 본질적인 아름다움이 드러나는 것처럼 느껴질 때가 있다. 그럴 때 영혼은 꿈틀거리기 시작하고, 힘없이 늘어진 날개가 펴지기 시작하며, 찢어진 깃털과 털갈이하던 깃털이 다시 자라나기 시작한다.

플라톤이 묘사했듯이 영혼이 사랑하는 사람을 바라보면

모종의 반응이 일어나고, 전율은 비정상적인 열과 땀으로 변한다네. 왜냐하면 그가 상대의 눈에서 아름다움이 흘러나오는 것을 보면 날개가 촉촉해지고 몸이 따뜻해지기 때문이지. 그리고 그의 몸이 따뜻해지면서 날개가 자라는 부분, 지금까지 닫혀 있고 딱딱하게 굳어 날개를 펼치지 못하게 막고 있던 부분이 녹아내리고, 영양분이 그에게 흘러 들어가면서 날개의 아래쪽 끝이 부풀어 오르며 뿌리에서 위쪽으로 자라기 시작하고, 이것은 영혼 전체로 확대된다네. 이는 날개가 한때는 영혼 전체에 달려 있었기 때문이지. 이 과정에서 영혼 전체가 감격과 흥분 상태에 놓이게 되는데, 이것은 아기의 치아가 생겨날 때 잇몸에 자극과 불안감이 느껴지는 것에 비유할 수 있네. 부풀어 오르고 답답하고 간지러운 느낌 말일세(251b-c).

이것은 과학적으로 닭살에 대한 설명은 아니지만, 모낭과 부어오른 돌기에 대한 이야기보다 훨씬 더 설득력 있고 훨씬 더 현실적이다. 물론 나는 내 영혼에 물리적인 날개가 있다는 말을 믿지 않지만, 플라톤도 마찬가지로 그렇게 생각하지 않았다. 하지만 아름다움 앞에서 눈물이 나고 피부가 팽팽해지고 따뜻해지면 순백의 깃털 덩어리가 내 안에서 나를 찌르고 있다는 확신이 들기도 한다. 알다시피 우리의 영혼은 몸이 없지만 분명 존재감과 무게가 있다. 우리의 영혼은 선과 진리와 아름다움을 향해 가까이 가거나 그것으로부터 멀어지는 우리의 영적 여정에 따라 팽창하고 수축하며, 우리가 창조된 목적인 생명과 영광을 향해 올라갈 때는 부풀어 오르고 빛을 발하며, 우리가 동식물 세계의 정욕과 나태와 완전한 무관심 속으로 점점 더 깊이 빠져들면 줄어들고 소멸해간다.

나는 영혼이 거의 없는 이 후자의 범주에 속하는 사람들을 만나보았다(우리는 모두 이런 사람을 만나보지 않았는가?). 그들의 눈은 공허하고 둔해 보이며, 그들의 정열은 거의 꺼져 있는 것처럼 보인다. 그러나 전자의 범주에 속하는 사람들도 만나보았는데, 그들의 눈은 생명과 아름다움과 진리에 대한 열정으로 불타오른다. 그들의 시선은 위에 있는 것들, 즉 회전하는 그림자가 없으신 빛들의 아버지를 향하고 있다(약 1:17). 비록 그들은 전문적이고 학문적인 의미에서 철학자는 아니지만, 어원학적 의미에서 보면 지혜를 사랑하는 사람들이다. 그들은 연인의 열정을 가지고 진리를 추구하며, 플라톤도 잘 알다시피 최고의 진리는 선과 아름다움과 기쁨과 함께 있기 때문에 그들도 이러한 것들을 갈망한다. 그들은 자신을 짓누르는 것, 자신의 영혼을 본능적이고 의식이 없는 짐승의 삶의 수렁에 빠뜨리는 것은 무엇이든 모두 피한다. 단순한 생존은 그들에게 혐오스러운 일이며, 그들은 노력하고 성장하고 발전해야 한다. 결국 그들이 추구하는 것은 자유, 즉 자신의 본성 중 동물적인 부분에 저항하고 인간적인 부분을 구속받으며, 신적인 부분을 해방하는 자유다.

그리고 우리는 인간의 최고 목표에 대한 이러한 표현과 함께 날개 달린 영혼의 신화로 되돌아가게 된다. 플라톤에 따르면 영혼은 일반적으로 존재의 세계로 돌아가기 전에 만 년을 기다려야 하지만, 철학자의 몸으로 세 번 환생하면 그 영혼의 영적 잠복 기간은 3천 년으로 줄어든다고 한다 (249a). 따라서 플라톤은 대화편들, 특히『국가』를 통해 철학을 최고의 소명으로 존중하라고 우리에게 거듭 권면한다. 실제로 플라톤은 철학자가 되고자 하는 사람이 지혜를 얻기 위해 거쳐야 하는 단계를 대화편에서 상세하게 묘사하고 있으며, 신화를 통해 이를 구현하는 데 상당한 노력을 기울였다.

　　연인의 교육. 철학자의 교육에 대한 플라톤의 생각은 여러 신화, 특히 동굴 비유에서 드러나지만, 가장 완전한 설명을 제공하는 두 신화는 (『파이드로스』의 신화처럼 사랑을 찬양하는)『향연』과 (심판에 대한 마지막 신화에 앞서 영혼의 사후 여정에 대한 초기의 신화로 시작하는)『파이돈』에서 찾아볼 수 있다. 이 두 신화에서 플라톤은 육체를 초월하여 철학의 신비에 입문하고자 하는 영혼의 열망을 다루고 있다.『파이드로스』에서 말하는 신비는『향연』에서 말하는 것과 마찬가지로 철학의 신비가 아니라 사랑의 신비다. 하지만 플라톤은 자의든 타의든 철학과 사랑의 이 두 신비를 본질적으로 같은 것으로 취급함으로써 철학자의 범위를 더 고귀한 것, 오직 위로부터 내려오는 사랑과 아름다움과 선과 진리를 추구하는 모든 자들을 포함하도록 넓혀놓았다. 실제로 플라톤은『파이드로스』에서 "[존재의 세계를 통과하는 천상의 비행을 통해] 진리의 대부분을 본 영혼은 철학자나 예술가 또는 음악성과 사랑을 겸비한 사람으로 태어날 것이다"(248d)라고 말한다. 지복직관을 위해 상승하려는 열망은 철학자라는 현대적 개념에 엄격하게 국한된 것이 아니라 중세 신학자와 시인들이 행성을 움직였다고 믿었던 더 큰 사랑과의 결합을 갈망하는 삶을 정의하는 것으로 보인다.[4]

『향연』(*Symposium*)은 분명 플라톤의 모든 대화편 중에서 가장 극적이고 흥미롭지만, 그것이 주는 웃음과 재미 속에서 동굴의 비유에 버금가는 철학자의 여정에 대한 비전이 특히 독자들에게 경외감을 불러일으킨다. 그리스어로 *symposium*이란 단어는 "술자리/주연(酒宴)"이라는 뜻으로, 이 대화편은 아테네의 황금기에 일어났을 법한 파티를 엿볼 수 있는 흔치 않은 기회를 제공한다. 손님으로는 소크라테스, 명석하고 음탕한 희극작가 아리스토파네스, 인기 있지만 스캔들이 많은(그리고 그 파티를 망친) 정치가 알키비아데스, 인기 비극작가, 다소 거만한 의사, 그리고 자신의 이름을 딴 대화편에서 각 손님에게 사랑에 대한 수사적 찬사를 제안하는 파이드로스가 등장한다. 『캔터베리 이야기』(*Canterbury Tales*)에서처럼 여러 손님이 들려주는 이야기는 코믹한 것부터 진지한 것, 관능적인 것, 신비로운 것까지 다양하지만, 그 어느 것도 사랑의 중심에 있는 본질적인 신비를 다루지는 못하는 것 같다.

『파이드로스』에서 책의 주인공과 소크라테스가 차례로 사랑에 대한 수사적으로 효과적인 비판을 낭독한 후, 소크라테스의 다이몬(*daimon*)—그의 신탁 또는 내적 목소리는 『소크라테스의 변명』(40a)에서 그에게 아무런

---

4 예컨대 단테의 *Divine Comedy*의 유명한 마지막 대사를 보라.

지시도 하지 않고, 다만 그가 하지 말아야 할 것만 못하게 막는다―은 소크라테스를 책망하는데, 이는 아프로디테의 아들이자 로마식 이름인 "쿠피도"로 더 잘 알려진 에로스 신에 대한 불경 때문이었다(242c-d). 그의 신탁으로 불경을 면한 소크라테스는 사랑의 진정한 영광을 드러내기 위해 마부/날개 달린 영혼에 대한 위대한 신화를 노래한다. 『향연』에서 다이몬의 역할은 소크라테스가 오래 전에 자신을―육체적이기보다는 철학적으로―사랑의 신비에 입문시킨 디오티마라는 여인에 대한 회상으로 대체된다(201d). 동료 연회 참석자들을 위해 디오티마가 산파처럼 자신 안에서 탄생시킨 진리들을 재현하면서 소크라테스는 연애적이면서 동시에 철학적인 교육 과정을 제시한다. 이 과정은 입문자를 점진적으로 상승의 길로 이끄는데, 이는 동굴 속 거주자가 그림자의 그림자를 직접 응시하는 단계에서 시작하여 결국 태양을 직접 바라보는 단계에 이르는 길만큼이나 흥미롭고 깨달음을 주는 여정이다(210a-212a).

　디오티마/소크라테스에 따르면 사랑, 아름다움, 진리라는 신과의 신비로운 합일에 이르는 긴 과정은 다소 평범하게도 특정 개인에게 나타나는 육체적 아름다움에 대한 사랑으로부터 시작된다. 그러나 입문자는 여기에서 멈추지 않는다. 한 사람에 대한 사랑은 시간이 지나면서 모든 형태의 육체적 아름다움에 대한 사랑으로 확장되어야 한다. 이 단계에 도달하면 철학자-연인은 "마음의 아름다움이 외형적 아름다움보다 더 고귀하다"는 것을 배워야 하며(210b), 이 영광스러운 깨달음은 결국 그가 참된 아름다움을 발견하게 해줄 것이다. 이러한 참된 아름다움은 다른 사람들 안에서뿐만 아니라 활동, 제도, 도덕 및 자연 과학 속에서도 발견할 수 있다.

플라톤은 사다리를 타고 이 경지에 도달한 사람에게 다음과 같이 약속한다.

> 지금까지 사랑에 대해 가르침을 받고 정당한 질서와 연속성 속에서 아름다운 것을 보는 법을 배운 사람은 마지막에 이르면 불현듯 경이로운 아름다움의 본질을 인식하게 될 것입니다(소크라테스여, 이것이 우리가 과거에 수고한 모든 것의 목적인[final cause]입니다).…이 절대적이고 개별적이며 단순하고 영원한 아름다움은 감소하거나 증가하지 않고 어떤 변화도 없이 끊임없이 성장하고 소멸하는 다른 모든 것들의 아름다움에 그대로 전달됩니다(210e-211b).

그는 이데아들뿐만 아니라 이데아들의 이데아도 보게 될 것이다. 그는 변하거나 희미해지거나 죽지 않는 아름다움, 그 자체로의 아름다움을 보게 될 것이다. 그 아름다움을 보는 것이 그의 여정(텔로스)의 끝이 되겠지만, 아름다움 그 자체는 그에게 모든 갈망의 근원 또는 목적인(final cause)인 아르케(*archê*)로 드러날 것이다.

플라톤은 마치 자신의 신화에 등장하는 철학자-연인과 함께 그 아름다움을 관조하듯 열정에 휩싸인 채 자신의 목표에 도달한 입문자의 이루 말할 수 없는 행복을 찬양한다.

그러나 인간에게 진정한 아름다움, 다시 말해 필멸의 것들에 오염되지 않고 인간 삶의 모든 색채와 허영에 물들지 않은 순수하고 맑고 잡념이 없는 신성한 아름다움을 볼 수 있는 눈이 있다면, 그래서 단순하고 신성한 참된 아름다움과 대화를 나눌 수 있다면 어떨까요? 오직 그러한 교감을 통해 마음의 눈으로 그 아름다움을 바라볼 때만 그는 아름다움의 이미지가 아니라 실재(그는 이미지가 아니라 실재를 붙잡았기 때문에)를 낳고, 참된 미덕을 낳고 키우며, 필멸의 인간이 신의 친구가 되어 불멸의 존재가 될 수 있음을 기억하기 바래요. 과연 그런 삶이 비천한 삶일까요?(211e-212a)

입문자가 육체적인 것에서 영적인 것으로, 이미지에서 실재로, 추함과 무지와 소멸에서 아름다움과 진리와 영원한 것으로 이끌어주는 비전인 지복 직관을 성취한 철학자-연인의 이러한 삶은 참으로 고귀한 소명이다.

이뿐만이 아니다. 입문자는 이전에 보지 못했던 것들을 인식하게 될 뿐만 아니라 완전히 새롭게 인식하는 방법을 습득하는 데도 성공한다.

처음을 기억하기. 이 과정은 우리를 『파이돈』으로 안내하는데, 거기서 플라톤은 『국가』에서 언급한 선분에서처럼 육체적 감각이 제공하는 정보를 통해 도달하는 단순한 억견(상상과 신념)과 직접적인 영적 통찰을 통해서만 얻을 수 있는 참된 지식(이해와 이성) 간의 중요한 구분을 제시한다. 파르메니데스의 이법(理法)에서처럼 플라톤의 이법(理法)에서도 감각은 결국 기만하는데, 이는 그 원 데이터가 오로지 변화하고 쇠퇴하는 대상에서 비롯되기 때문이다. 따라서 지혜를 얻으려면 "신성하고, 불멸하고, 이해할 수 있고, 균일하고, 파괴될 수 없고, 변하지 않는 것과 매우 유사한" 영혼은

"인간적이고, 필멸하고, 이해할 수 없고, 다양한 형태이고, 파괴될 수 있고, 변할 수 있는 것과 매우 유사한" 몸에서 비롯되는 모든 자극을 무시하고 자신처럼 신성하고 불멸하는 대상과 존재에 초점을 맞추어야 하네(80b).

물론 위에서 우리가 날개 달린 영혼에 대한 신화에서 배운 것처럼 우리의 영혼이 실제로 신적 이데아들과 교감했던 때가 있었다. 그렇기 때문에 플라톤은 『메논』에서 주장한 것을 『파이돈』에서도 주장할 수 있었다. 즉 모든 진정한 철학적 가르침은 사실 일종의 기억, 곧 우리의 영혼이 이 흙으로 된 육체로 "타락"하기 전에 우리가 이전에 알고 있던 것을 회상하는 것이다. 따라서 『향연』에서처럼 우리는 최종적인 영적 목표(telos)를 향해 전진하는 동시에 똑같이 영적인 출발점(archē)을 향해 후퇴하고 있음을 알 수 있다.

따라서 철학의 실천에는 올바른 종류의 행동을 행하는 것뿐만 아니라 올바른 종류의 생각을 하는 것도 포함된다. 육체의 지배로부터 점진적으로 자유로워지는 것은 단순한 금욕적인 형태의 훈련이 아니라 윌리엄 블레이크(William Blake)가 "지각의 문"이라고 불렀던 것을 정화하는 길이다.[5] 우리의 감각을 자극하는 물리적 대상만을 연구하고, 그것들의 변화무쌍하고 결국에는 환상적인 형태만을 통해 배우는 것은 우리의 시야를 제한하고 우리가 이 땅 너머로 나아가지 못하게 한다.

---

5 *Blake's Poetry and Designs*, ed. Mary Lynn Johnson and John E. Grant (New York: Norton, 1979), 93.

따라서 우리가 이 세상의 그림자들이 추는 춤 위로 날아오르기 위해 우리의 지각을 훈련하고 자유롭게 한다면, 육체의 껍질을 벗어날 때가 되면 우리의 영혼은 해방된 지각을 따라 존재의 세계를 향해 앞으로(그리고 뒤로) 나아갈 것이다. 그러나

> 영혼이 떠날 때는 오염되어 불순하며, 항상 육체의 동반자이자 종이며, 진리는 사람이 정욕의 목적을 위해 만지고 보고 맛보고 사용할 수 있는 육체적 형태로만 존재한다고 믿게 될 때까지 육체와 육체의 욕망과 쾌락을 사랑하고 그것에 매료된다면—다시 말해 이 영혼이 육체의 눈으로 보기에는 어둡고 보이지 않으며, 철학에 의해서만 도달할 수 있는 지적 원리를 증오하고 두려워하며 회피하는 데 익숙하다면—이와 같은 영혼이 순수하고 불결하지 않은 상태로 떠날 것이라고 자네는 생각하는가?(81b)

플라톤의 대답은 당연히 "아니오"다. 불같은 성미의 말의 반항과 땅이 강하게 끌어당기는 힘에 깃털이 뒤틀리고 찢긴 파이드로스의 날개 달린 영혼처럼 그런 영혼은 아래로 끌려 내려갈 것이다.

『파이드로스』에서처럼 아래로 끌려 내려가는 것은 맞지만, 즉시 다른 몸으로 들어가는 것은 아니다. 내가 항상 철학적-원인론적 신화 구성의 훌륭한 표본이라고 생각했던 플라톤은 『파이돈』의 신화에서 육체와 물질의 힘 때문에 지상으로 끌려 내려오는 이 무거운 영혼들이 어떻게 되는지에 대해 흥미로운 제안을 한다.

그리고 이것[육체적인 것]은 그러한 영혼이 억눌려 다시 보이는 세계로 끌려 내려가는 무겁고 중량감 있고 세속적이고 눈에 보이는 것으로 생각할 수 있는데, 이는 그녀[영혼]가 보이지 않는 것과 저 아래의 세계를 두려워하기 때문이라네. 그래서 그들이 우리에게 말하듯이 순수한 상태로 떠나지 못해 눈에 보이는 세계에 머물러 있으면서 무덤과 비석들 사이를 배회하며 이승을 떠도는 그런 영혼들이 유령 같은 모습으로 보이는 것이라네(81c-d).

여기서 플라톤이 말하고자 하는 바는 매우 강력하다. 결코 더 높은 것을 향해 시선을 들어 올리려는 욕망을 품어본 적이 없고, 끊임없이 육체적 감각의 홍수 속에서 삶을 살아온 영혼이 어떻게 보이지 않는 상위 세계로 올라가고자 하는 욕망을 가질 수 있겠는가? 분명히 그 영혼은 자신이 알고 경험한 유일한 현실에 집착할 것이다. 그리고 그 현실은 본래 "무겁고 중량감 있고 세속적"이므로 그 영혼은 어쩔 수 없이 아래로 끌려 내려갈 수밖에 없다.

하지만 플라톤의 비유는 여기서 멈추지 않는다. 플라톤은 이러한 "무거운" 영혼에 대해 "영혼은 자신을 항상 따라다니는 욕망이 충족되고 자신이 다른 육체에 갇힐 때까지 계속 떠돈다"(81e)고 말한다. 그리고 그 몸은 그 영혼의 본질과 일치하는 몸이 될 것이라고 플라톤은 주장한다. 영혼이 탐욕스럽고 이기적이라면 당나귀의 모습을 하게 될 것이고, 무법적이고 폭력적이라면 매나 늑대의 모습으로 돌아올 것이다. 그리고 등등.

자유의 철학적 길을 따르는 사람의 운명은 얼마나 다른가.

지식을 사랑하는 사람들은 철학이 그들을 받아들일 때 그들의 영혼이 단순히 그들의 몸에 단단히 고정되어 있다는 것을 알게 된다네. 영혼은 감옥의 창살을 통해서만 존재를 볼 수 있고 자신의 본성으로는 볼 수 없다네. 그녀는 모든 무지의 수렁에 빠져 있는 것일세. 그리고 철학은 갇혀 있는 그녀의 끔찍한 상태를 보고, 그녀가 갇히게 된 것은 그녀 스스로 욕망에 사로잡혀서 자초한 일이며…이것은 가시적이고 유형적이지만 그녀가 자신의 본성으로 보는 것은 지적이고 보이지 않는 것이라는 것을 그녀에게 알려준다네(82e-83b).

여기서도 우리는 철학자는 일반인과 다르게 행동할 뿐만 아니라 다르게 본다는 플라톤의 주장을 다시 한번 확인한다. 자유는 부분적으로 영혼을 육체적 감각에 대한 의존과 종노릇에서 해방시키는 지각적 변화의 선물이다. 즉 철학자의 의지, 곧 그의 선택, 동기, 갈망은 지상에서의 삶을 규정하는 육체적 감각의 끝없는 변동에 의해 통제되지 않는다.

플라톤은 "각각의 쾌락과 고통은 영혼을 육체에 단단히 고정하는 일종의 못이며, 영혼을 사로잡아 육체가 참이라고 긍정하는 것을 참이라고 믿게 만든다"(83d)고 주장한다. 이 말을 스토아주의와 혼동해서는 안 된다. 플라톤은 여기서 삶에서 물러나 수도사 생활을 하는 것에 대해 말하고 있지 않고, 철학자가 육체적/영적 존재로서 자신의 존재에 대해 더 고차원적인 관점을 가질 필요가 있다는 것을 말하고 있다. 그는 자신이 육체적 충동의 노예가 되는 것을 허용해서는 안 되며, 오히려 자신의 충동을 영혼의 통제에 맡겨야 한다. 그래야만 그의 영혼은 궁극적으로 자신을 기만하는 감각에 근거한 억견을 넘어 눈에는 보이지 않고 오직 알 수만 있는 더 높은 차원의 지식으로 나아갈 수 있을 것이다. 철학자의 초점을 육체적인 것에서 영적인 것으로 옮기는 것이 무엇이든, 감각보다 생각을, 억견보다 지식을, 상상력보다 이해를, 믿음보다 이성을 우선시하도록 안내하고 영감을 주는 모든 것은 그 영혼이 사슬에서 벗어나 상승의 길로 오를 수 있도록 훈련하는 데 있어 선하고 유용한 것으로 간주된다.

이것이 바로 플라톤이 『국가』에서 논리적이고 체계적으로 제시한 후, 그의 신화들 속에서 상상력과 미적 감각으로 구현한 프로그램이다. 전자는 이성에 호소하지만, 후자가 수많은 세대에 걸쳐 플라톤의 프로그램을 사람들의 마음과 영혼 속에 살아 있게 만든 요소다.

5장
◆
『법률』

『국가』제5권에서 소크라테스는 자신이 건설하고 있는 국가는 실제 국가의 청사진이 아니라 이상적으로 정의로운 국가의 모델로서 역할을 하는 상상의 국가임을 분명히 밝힌다.

> 우리는 절대적인 정의의 본질과 완벽하게 정의로운 사람의 성격과 불의와 완벽하게 불의한 사람에 대해 탐구하고 있으며, 이를 통해 이상적인 모델을 얻고자 한다네. 우리는 이러한 것들을 살펴봄으로써 그것들이 나타내는 기준과 우리가 그것들과 얼마나 닮았는지에 따라 우리의 행복과 불행을 판단하려는 것이지, 그것들이 실제로 존재할 수 있다는 것을 보여주려는 목적은 아닐세 (472c-d).

하지만 플라톤의 후기 대화편 중 가장 위대한 대화편인 『법률』도 그와 똑같다고는 할 수 없다. 『국가』를 제외하고는 유일하게 별도의 책으로 분리될 만큼 긴 이 대화편에서 플라톤은 우리가 실제로 거주한다고 상상할 수 있는 두 번째 국가를 건설한다. 이 대화편의 제목에서 알 수 있듯이 플라톤은 특별한 교육을 받은 철학자-왕이 아닌 법의 체계, 즉 (왕이 법이 되는) *rex lex*가 아닌 (법이 왕이 되는) *lex rex* 체제에 기반을 두고 두 번째 국가 건설을 시도한다.

이러한 이상에서 현실로, 이론에서 실제로의 전환은 플라톤이 시라쿠사를 통치했던 참주의 버릇없고 방종한 아들을 실제 철학자-왕으로 만들려고 시도했다가 실패한 데서 비롯된 것으로 보인다. 이 실험은 초기 로마 제국 시대에 네로를 지도했던 스토아 철학자 세네카가 자기도취적인 황제의 과욕을 막지 못하면서 다시 한번 실패로 돌아간다.[1] 플라톤의 경우, 이 반항적인 제자는 디오니소스 2세로, 기원전 400년경 시칠리아의 시라쿠사를 장악하고 시와 비극 부문에서 아테네의 예술 후원자로 성장한 무자비한 정치가 디오니소스 1세의 아들이었다. 아테네의 문화에 감명을 받은 디오니소스 1세는 플라톤에게 직접 시칠리아로 배를 타고 와달라고 권유했다. 플라톤은 388년에 시칠리아에 도착했지만, 소크라테스처럼 육체의 쾌락에 관해서는 아테네인보다 스파르타인에 더 가까웠던 그는 시칠리아 사람들이 하루에 두 번 과식하고 혼자서는 잠을 자지 않는 민족이라고 불평하며, 그들의 쾌락주의적인 삶의 방식에는 전혀 관심을 보이지 않았다(326c).

하지만 플라톤이 시칠리아에 머무는 동안 디오니소스 1세의 처남이

---

[1] 4부작 PBS 다큐멘터리 시리즈 *Empires: The Roman Empire in the First Century*(2001)의 세 번째 에피소드는 특히 세네카와 네로의 비극적인 관계를 잘 보여주는데, 이 관계는 세네카가 네로에 대한 암살 음모에 가담했다가 실패하고 자살을 강요당함으로써 끝이 난다.

자 플라톤의 정치 이론에 전적으로 동의하는 도덕성이 뛰어난 지적인 청년 디온과 절친한 친구가 되었기 때문에 그의 시칠리아 방문은 사실 완전한 실패는 아니었다. 따라서 367년에 디오니소스 1세가 죽고 그의 아들 디오니소스 2세가 왕위를 계승했을 때, 『국가』의 이론에 익숙했던 디온은 플라톤에게 시라쿠사로 돌아와서 젊은 디오니소스 2세를 철학적 통치 방식으로 훈련해 달라고 요청했다. 플라톤은 시칠리아의 쾌락주의가 철학자-왕을 낳을 수 있다고 믿지 않았기 때문에 처음에는 꺼렸지만, 이전에 방문했을 때 디온이 자신에게 베푼 환대에 보답하기 위해(329b) 진정한 호메로스의 방식으로 이 모험을 시도해보는 데 동의했다. 디오니소스 2세가 처음에는 기꺼이 배우려는 모습을 취하는 것처럼 보였지만, 그의 고문들은 그가 플라톤에게 가르침을 받는 것을 허용한다면 디온이 그를 제압할 것이라고 설득했다. 충동적인 성향의 디오니소스 2세는 디온을 추방했지만, 체면상 플라톤은 한동안 더 붙잡아두었다. 플라톤은 디오니소스 2세가 가르침을 받으려 하지 않는다는 사실을 깨닫고 결국 아테네로 돌아왔지만, 361년에 다시 디오니소스 2세와 디온을 화해시키려는 목적으로 세 번째로 시칠리아로 갔다. 하지만 그는 또다시 실패했고, 357년에는 디온이 직접 나서서 시칠리아를 공격하고 도시를 장악했다. 비록 디온은 플라톤 이론의 진정한 제자였지만, 아쉽게도 시라쿠사의 헌법을 개정하지 못하고 결국 354년에 살해당했다.

디온이 죽은 후 그의 추종자들은 플라톤에게 조언을 구하는 편지를 보냈고, 플라톤은 388년에 시작된 시칠리아 사건 전체를 자신의 관점에서 자신의 말로 다시 서술하는 장문의 편지를 답장으로 보냈다. 이 편지는 플라톤이 쓴 것으로 알려진 열세 통의 편지 중 일곱 번째 편지에 해당한다. 비록 대부분의 편지가 위작으로 판명되었지만, 대다수 학자들은 다른 열두 편지를 합친 것만큼이나 길고 풍부한 자서전적 정보를 제공하는 이 일곱 번째 편지의 진정성은 인정하고 있다. 이 편지에서 우리는 플라톤이 시칠리아의 쾌락주의를 싫어하고 디온과의 손님-주인 관계를 존중하려 했던 그의 결심을 알게 된다. 이 편지를 통해 우리는 디오니소스 2세가 어떤 식으로든 자신의 행동을 바꾸기를 거부하면서도 플라톤의 지혜와 연관되기를 원하는 자기중심적인 청년이라는 예리한 심리적 초상도 엿볼 수 있다(330b). 디오니소스 2세가 플라톤을 "다루는" 모습은 철학자로 하여금 "너희의 진주를 돼지 앞에 던지지 말라. 그들이 그것을 발로 밟고 돌이켜 너희를 찢어 상하게 할까 염려하라"는 예수의 현명한 조언(마 7:6)마저 예상하게 만든다. 디오니소스 2세와의 실패를 통해 플라톤은 소크라테스가 『변명』에서 정직한 사람은 정치가가 되면 살아 남지 못한다고 했던 주장이 옳았음을 온전히 깨닫게 된다. 현명한 사람은 "[자기] 정부에 잘못된 점이 있다고 생각되면 자신의 말이 허사가 되거나 자신을 죽음에 이르게 하지 않는 한, 이를 말할 것일세"(331d).[2]

---

2 Benjamin Jowett가 7번 편지를 번역하지 않았기 때문에 이 편지의 인용문은 Penguin Classics edition of *Phaedrus and the Seventh and Eighth Letters*, trans. Walter Hamilton(London: Penguin, 1973)서 발췌한 것이다. Hamilton은 7번과 8번 편지에 대한 간략하지만 예리한 개론(105-8쪽)에서 플라톤과 디온과 디오니소스 2세의 교류에 대한 전체 역사를 소개한다.

그러나 시칠리아에서의 실패를 통해 플라톤은 그가 디온의 친구들에게 전수하려 했으나 실패하고 그의 『법률』에서 구현하는 데 성공한, 훨씬 더 중요한 교훈을 배웠다. 플라톤은 일곱 번째 편지의 수신자들에게 국가에 좋은 정부를 세울 수 있는 유일한 지속적인 수단을 가르치려 한다. "시칠리아도 다른 국가와 마찬가지로 사람의 참주정이 아니라 법의 지배를 받아야 합니다"(334d). 실제로 플라톤은 디온이 국가의 지배자가 되었다면 다음과 같은 형태를 취했을 것이라고 확신한다.

우선 그는 자신의 조국인 시라쿠사를 노예의 멍에에서 해방시켜 그 오명을 씻어내고 자유의 옷을 입힌 다음, 시민들에게 최고의 원칙에 입각해 적합한 법체계를 제공하기 위한 노력을 아끼지 않았을 것일세(335e-336a).

플라톤은 디온의 쿠데타뿐만 아니라 기원전 404년에서 399년 사이에 아테네를 분열시키고 소크라테스의 처형으로 절정에 달했던 계파 분쟁을 회고하면서 도시국가가 내전에서 정의롭고 안정적인 정부로 나아가는 유일한 방법을 이렇게 설명한다.

전쟁의 승자가 스스로 절제하고, 공동선을 위해 정복당한 자들에게도 자신들만큼이나 유리한 법체계를 확립하고, 이전의 적들이 두려움과 수치심으로 법을 준수하도록 강요해야 하네. 두려움은 승자들이 힘의 우위를 보여주었기 때문이고, 수치심은 그들이 자신의 욕망을 더 잘 통제하고 법에 더 잘 복종할 수 있을 뿐만 아니라 더 기꺼이 복종할 수 있다는 것을 보여주었기 때문일세 (337a).

도덕적 미덕과 미적 취향

내가 처음으로 플라톤의 『법률』을 읽기 위해 앉았을 때 나는 지루하고 딱딱한 법전일 것이라고 예상했다. 그러나 나의 생각은 완전히 빗나갔다. 비록 초기 대화편에 비해 『법률』에는 극적인 요소가 적고, 등장인물이 적게 나오며, 소크라테스라는 카리스마 있는 인물이 아닌 플라톤의 입장을 단순히 대변하는 익명의 아테네인이 등장하지만, 그럼에도 대화는 날카롭고 도발적이며, 재미있고 심지어 유쾌하기까지 하다. 『국가』에서 보여주는 천재성이 여기에도 드러나며, 플라톤의 아테네인이 제시하는 법률은 『국가』에서보다 더 실용적인 면이 있다. 철학자-왕이 되고자 하는 이들이 디오니소스 2세처럼 지혜의 길을 떠날 수도 있지만, 만약 법이 절대적이고 영원한 정의의 원리에 기초해 있다면 도시국가는 살아남을 수 있다. 『법률』에서 유토피아의 실현은 도덕적 수호자를 훈련하는 것보다 시민들에게 주입될 수 있는 고정된 도덕적 기준을 고립시키는 데 더 많은 비중을 둔다. 실제로 『국가』의 현대 독자들이 겪는 검열의 문제가 『법률』에도 등장하지만, 이번에는 특정 주제와 장르를 젊은이들에게서 멀리해야 한다는 플라톤의 이유가 훨씬 더 미묘하고 정당화될 수 있다.

크레타섬을 배경으로 한 이 대화편은 익명의 아테네인(이후로는 플라톤이라고 부름)이 두 친구, 클레이니아스라는 크레타인과 메길로스라는 스파르타인에게 그들의 법전을 만든 사람이 누구인지를 묻는 것으로 곧바로 시작한다. 두 사람은 그들의 법은 인간이 아닌 제우스(크레타의 경우)와 아폴론(스파르타의 경우)에 의해 주어졌다고 주장한다. 플라톤은 소크라테스처럼 법체계의 신적 기원에 대해 논쟁하기보다는 천천히 그러나 의도적으로 미덕이라는 주제로 대화를 이끌어간다. 그는 먼저 국가에 최악의 위험이 될 수 있는 것은 내전이라고 주장한 다음, 내전에서 승리하는 유일한 방법은 시민 개개인의 영혼 내면에서 벌어지는 무수한 내전에서 승리하는 것이라고 주장한다. 하지만 그러기 위해서는 국가에 좋은 교육과 확고한 법이 모두 필요하다.

그리고 이것은 플라톤의 대화편에서 언제나 그렇듯, 결국 네 가지 고전적 미덕으로 이어진다. 여기서 플라톤은 이 미덕들을 중요도 순으로 지혜, 절제, 정의, 용기로 나열한다(631c-d). 초기 대화편부터 『국가』에 이르기까지 일관되게 이어지는 주제를 계속 이어가며 플라톤은 미덕들의 본질적인 통일성을 강조하면서 용병이 용기를 가질 수는 있어도 다른 세 가지 미덕이 없으면 결코 선하거나 고결할 수 없다고 말한다. 실제로 플라톤은 스승 소크라테스처럼 스파르타의 명예정치(timocracy)를 아테네의 민주주의보다 더 높이 평가했는데, 이런 성향은 소크라테스의 처형에 어느 정도 영향을 미쳤다. 그럼에도 플라톤은 스파르타 친구에게 국가의 초점을 네 가지 미덕 중 가장 하위에 있는 용기에만 두는 것의 한계와 위험을 명확히 경고한다.

물론 스파르타인들은 고통 앞에서 용기를 보이도록 젊은이들을 훈련한다. 하지만 쾌락 앞에서의 용기는 어떻게 할 것인가?(634a-b) 두 번째 유형의 용기를 얻으려면 젊은이는 절제를 길러 육체적 욕망을 경계해야 한다. 비록 플라톤은 『향연』에서 선에 대한 사랑으로 나아가는 디딤돌로서 동성애 관계를 허용하지만(물론 그러한 관계는 비육체적일 때 가장 좋다는 점을 분명히 밝히지만), 『법률』에서는 동성애를 부자연스러운 것으로 명백히 정죄한다. 『향연』에서는 플라톤이 선에 대한 사랑으로 나아가는 디딤돌로서 동성 간의 관계를 허용하면서도 그런 관계가 육체적이지 않을 때 가장 바람직하다고 명확히 밝힌 반면, 법률의 플라톤은 동성애를 단호히 부자연스러운 것으로 규정한다. 그는 "남녀 간의 관계에서 나오는 쾌락은 자연스러운 것으로 여겨져야 하지만, 남자와 남자, 여자와 여자의 관계는 자연에 어긋나며, 그런 대담한 시도는 처음부터 무절제한 욕망에 의해 비롯된 것이다"라고 말한다(636c). 플라톤은 동성애를 왜곡된 욕망의 한 형태로 보는 전통적 기독교의 관점을 예견하며, 절제라는 주요 덕목을 고통과 쾌락이라는 두 가지 유혹 사이에서 균형을 잡는 행위로 제시한다. 젊은이들에게 이 둘을 제대로 다룰 수 있는 훈련을 시키지 않는 국가는 결국 스스로 파멸할 것이라고 경고한다(636d-e).

플라톤이 잘못된 성적 욕망을 억제하라고 요구하더라도 그것이 부정적인 의미에서 금욕주의적인 접근을 옹호한다는 뜻은 아니다. 제1권과 이후의 여러 권에서 플라톤은 절제하는 스파르타인들이 경멸하고 거부했던 아테네의 향연(또는 술자리)을 강력하게 옹호한다. 플라톤은 도덕적으로 정당한 음주와 방탕한 술 취함을 신중하게 구분하면서 감독 아래 열리는 향연에 참여한 젊은이들이 안전한 환경에서 절제를 배우고 실천할 기회를 얻는다고 설명한다. 전쟁터에서 용기가 흔들린 젊은 스파르타인은 목숨을 잃을 가능성이 높지만, 향연에서 과음한 젊은 아테네인은 정신을 차리고 다음에는 더 강한 의지를 발휘하도록 배울 수 있다.

플라톤은 한 가지 강력한 비유에서 우리 각자를 "신들의 꼭두각시"에 비유하고, 우리의 다양한 감정과 충동을 "서로 다른 반대 방향으로 우리를 끌어당기는 줄과 끈"에 비유한다(644d-e). 이 여러 줄 사이에 숨겨진 것은 바로 "신성한 황금색 이성의 줄"이다(645a). 우리가 황금색 줄에 끌리는 것을 허락하는 한, 우리는 절제 있는 미덕의 삶을 살 수 있지만, 쾌락과 고통의 줄을 마음껏 풀어놓는다면 수치와 조롱의 대상이 될 것이다. 그런데 술은 우리의 줄에 대한 당김을 강화하기 때문에 우리가 내려야 할 선택의 본질 또한 강화한다. 오늘날에도 술에 취했을 때 본성이 드러난다(*in vino veritas*, 술 안에 진리가 있다)고 말하지만, 플라톤이 이 속담에 추가하는 것은 누군가 스스로 부끄러움을 경험함으로써 다시는 그런 불명예를 반복하지 않으려는 결심을 키우는 교육적 가치다. 플라톤은 이렇게 설명한다. "우리는 본래 특정한 때와 상황에서 평소보다 더 용감하고 대담해지기 마련이다. 따라서 이런 때에 스스로를 훈련하여 가능한 한 무례함과 뻔뻔함에서 벗어나고, 비열한 말이나 행동을 하는 것을 두려워하도록 해야 한다"(649c-d). 군국주의적인 스파르타인들은 이러한 시험장을 전쟁에서 발견했고, 아테네인인 플라톤은 그것을 향연에서 발견했다.

플라톤은 미덕을 추상적인 개념으로 배우는 것만으로는 충분하지 않다고 강조한다. 아이들은 미덕에 어떻게 반응해야 하는지도 배워야 한다. 진정한 교육은 학생들에게 쾌락과 고통에 어떻게 반응할지를 가르칠 뿐만 아니라 그 반응에 수반되어야 할 적절한 감정—사랑과 증오, 기쁨과 슬픔, 자부심과 수치심, 희열과 혐오—도 함께 가르친다. 이러한 감정을 형성하고 강화하는 데는 적절하게 규제된 예술이 중요한 역할을 한다. 플라톤은 "모든 생명체의 어린 개체들은 몸과 목소리를 조용히 할 수 없다"라고 지적한다(653e). 이러한 과도한 에너지는 신중하게 선택된 춤과 노래의 교육 과정을 통해 발산되어야 한다. 동물과 달리 인간은 리듬과 조화에 민감하며, 교육자는 학생들에게 문자 그대로든 은유적으로든 합창에 어떻게 참여할지를 가르칠 책임이 있다.

시인과 입법자

그럼에도 『법률』에서 플라톤이 예술에 대해 엄격한 제한을 두기는 하지만, 적어도 시인들은 『국가』에서보다 더 나은 대우를 받는다. 시인들은 도시국가에서 추방되는 대신, 젊은이들의 교육과 공공 종교 축제의 기획에서 중요한 역할을 부여받는다. 이러한 차이의 일부 이유는 초기 대화편에서 시인들이 철학자와 대립하는 존재로 설정된 반면, 후기 대화편에서는 입법자와 비교된다는 점에 있다. 첫 번째 비교에서는 시인들이 시민들의 관심을 현실에서 환상으로 돌리는 진리를 왜곡하는 자들로 부정적으로 묘사되지만, 두 번째 비교에서는 비록 낮은 형태이기는 해도 입법자와 유사한 직업 또는 테크네(*technē*)에 종사하는 자로 보다 긍정적으로 평가된다.

『법률』 제7권에서 플라톤이 상정한 입법자와 비극작가 간의 대화에서ㅡ그는 비극작가가 시인 중에서 가장 진지하다고 생각했다ㅡ전자는 자신의 기술과 목적이 후자의 그것과 얼마나 유사한지 설명한다.

> 훌륭하신 분들이여, 우리 자신도 비극 시인이며, 우리의 비극은 우리가 창작할 수 있는 가장 아름답고 가장 훌륭한 작품입니다. 왜냐하면 우리는 우리의 정체 전체가 가장 훌륭하고 고귀한 삶의 모방이며, 진실로 그것이야말로 가장 참된 비극이라고 확신하기 때문입니다. 당신들도 시인이고 우리도 시인이며, 우리의 희망처럼 우리 모두 참된 법만이 완성할 수 있는 가장 고귀한 드라마에서 똑같이 예술가이자 경쟁자이며 적대자입니다(817b-c).

입법자와 비극 시인은 모두 인간과 사회에서 가장 훌륭하고 고귀한 것을 모방하려는 창작자들이다. 그리고 그들은 자신들의 모방물을 대중 앞에 선보이기를 열망한다.

하지만 목표와 방법의 유사성 때문에 그들은 사람들의 마음과 정신을 놓고 경쟁하는 라이벌이 된다. 따라서 플라톤의 가상 입법자들은 비극 작가들에게 그들의 능력을 넘어서고 국가의 안정을 해칠 수 있는 일에 간섭하지 말라고 경고한다.

> 그러니 우리가 당장 당신들에게 광장에 무대를 세우고, 배우들의 고운 목소리
> 로 우리 목소리보다 높은 자리에서 말하게 하며, 우리의 제도에 대해 여자와
> 아이들과 평민들에게 우리와 다른 언어로, 때로는 우리와 정반대되는 언어로
> 연설하도록 허락할 것이라고 생각하지 마십시오. 관료들이 당신들의 시가 낭
> 송될 수 있는지, 출판할 만한 가치가 있는지를 판단하기 전까지 이런 것을 허
> 용하는 국가는 미친 것입니다. 그러므로 부드러운 뮤즈의 아들들이여, 우선 당
> 신들의 노래를 관료들에게 보여주시오. 그들이 우리의 노래와 비교하여 같거
> 나 더 나은 것이라 판단하면 당신들에게 합창대를 내어줄 것입니다. 하지만 그
> 렇지 않다면 친구들이여, 우리는 허락할 수 없습니다(817c-d).

입법자의 "노래"는 시인의 "노래"보다 우선시되어야 한다. 그렇지 않으면
시민들이 도시국가의 법과 일치하지 않는 아름다운 연설에 의해 길을 잃을
수 있기 때문이다. 플라톤에게 있어 언론의 자유는 국가의 제도에 도전하
거나 교육 제도를 통해 시민들에게 주입된 원칙을 약화해서는 안 된다. 『법
률』제4권의 앞 구절에서 플라톤은 법 제정의 기술(technē)이 왜 시인의 그
것보다 우선시되어야 하는지에 대해 더 명확한 통찰을 제시한다.

> 우리 사이에서 언제나 통용되어 온 전통에 따르면, 그리고 모든 사람이 받아들
> 이는 바에 의하면 시인은 뮤즈의 삼각대에 앉을 때 제정신이 아닙니다. 마치

샘물처럼 그는 들어오는 대로 자유롭게 흘러나오게 하고, 그의 예술은 모방적인 것이기 때문에 종종 상반된 성향을 가진 사람들을 묘사해야 하며, 그로 인해 자기모순에 빠지기도 합니다. 또한 그가 한 말 중 어느 것이 더 진리인지 구별할 수 없습니다. 하지만 법의 경우에는 그렇지 않습니다. 입법자는 같은 것에 대해 두 가지 규칙을 제시하는 것이 아니라 하나의 규칙만을 제시해야 합니다(719c-d).

입법자는 진리 외에는 아무것도 따르지 않을 의무가 있다. 그러나 시인은 그렇지 않다. 그의 예술은 종종 불의하거나 악한 인물에게 위대하고 아름다우며 강력한 연설을 입에 담게 해야 하기 때문이다. 또한 플라톤이 『이온』에서 주장하듯이 시인이 영감에 사로잡히면 그는 너무나 휩쓸려서 그가 만든 구절이 국가와 시민들에게 해를 끼칠 수 있더라도 그것을 막을 수 없다. 『국가』에서 플라톤은 이성에 의해 지배되는 사람이 열정에 의해 지배되는 사람보다 항상 더 큰 존경을 받아야 한다고 주장하는데, 여기서는 그 구별에 또 다른 차원을 추가하여 국가 내의 조화는 열정에 기반한 시가 아니라 이성에 기반한 법률에 대한 충성에 달려 있다고 주장한다. 적절하게 구성된 법률의 도덕적 기준이 없다면 시인은 미적인 측면에서도 잘못된 길로 갈 위험이 있다.

따라서 『법률』 제9권에서 플라톤은 시인과 입법자 사이의 구별로 다시 돌아간다. "국가에서 발견되는 모든 글 중에서 법에 관한 글이 펼쳐서 읽었을 때 가장 고귀하고 최고의 글이어야 하지 않겠습니까? 그리고 다른 글들은 그것과 일치해야 하며, 만약 그것들과 다르다면 우스꽝스럽게 여겨져야 하지 않겠습니까?"(858e-859a) 우리는 나치 독일, 소련, 마오주의 중국의 참상은 시민들이 법에 순응해야 한다는 국가의 주장 때문이 아니라 그들이 강제로 순응해야 했던 법이 정의의 고정된 기준과 연결되지 않고 독재자의 변덕에 따라 바뀌었기 때문에 발생했다는 것을 결코 잊어서는 안 된다. 플라톤은 여기서 시인(또는 시민)이 자의적인 기준에 순응해야 한다고 주장하는 것이 아니라 선과 진리와 아름다움의 이미지에 의해 형성된 고귀하고 우아한 규범에 따르라고 말한다.

이러한 패턴은 사회 전체를 위한 법 제정뿐만 아니라 아이들이 성인이 되어 사회에 참여할 수 있도록 훈련받는 동시에 고귀한 덕을 추구하도록 교육받는 과정에서도 발견할 수 있다. 이를 염두에 둔다면 플라톤의 홈스쿨 교육에 대한 단호한 거부는 다소 놀라울 수 있다. "아이들은 부모가 원할 때만이 아니라 원하지 않을 때에도 학교에 가야 합니다. 가능한 한 모든 사람이 의무 교육을 받아야 합니다. 그리고 학생들은 부모가 아니라 국가에 속하는 것으로 간주되어야 합니다"(804d). 하지만 플라톤이 의무 공교육을 찬성한 이유는 그것이 시민들의 도덕성을 향상하는 미덕에 관한 교육이기 때문이다. 그래서 그는 의무 공교육을 명시한 몇 페이지 뒤에 규율을 어지럽히는 아이를 훈육하지 않고 그냥 지나치는 시민에게 불명예를 안기는 법을 제정한다(809a).

플라톤의 유토피아주의는 그를 프랑스, 러시아, 중국 혁명의 후기에 등장한 사회 공학자들과 같은 진영에 놓이게 할 수 있지만, 그는 이상적인 국가의 비전을 실현하기 위해 고정된 초월적 윤리적, 철학적, 미학적 기준을 버리려는 로베스피에르, 레닌, 마오쩌둥과는 구별될 수 있다. 반대로 그는 가장 지혜로운 선조들로부터 물려받은 지혜의 유산에 충실하며, 법률 곳곳에서 시민들에게 일반적으로는 노인을, 특히 부모를 존경하라고 여러 번 강조하는 충실함을 보여준다. 그는 심지어 "모든 사람은 말과 행동으로 연장자를 존경해야 하며, 자신보다 스무 살이나 많은 사람을 성별에 관계없이 아버지나 어머니처럼 여기며 존경해야 한다"고 명시한다(879c).

원죄 확증하기

앞서 언급한 플라톤과 로베스피에르, 레닌, 마오쩌둥 간의 차이점에도 불구하고 플라톤이 이 혁명적인 사회 공학자들과 공통된 핵심 원칙을 공유한다는 점은 인정되어야 한다. 그는 인간의 문제를 죄가 아니라 무지로 규정한다. 바로 이 때문에 플라톤은 처벌이 아닌 교정과 개혁을 바탕으로 한 형벌 제도를 설계하며, 치료 불가능한 범죄자들에게만 사형을 선고하고, 그들을 국가에서 제거해야 한다고 본다. 플라톤은 『법률』 제5권에서 이렇게 기록한다. "악을 행하는 자의 행동에 대해, 그러나 그 악이 치료 가능한 경우에 대해 우리는 우선 불의한 자가 자발적으로 불의하지 않다는 것을 기억해야 합니다.…불의하고 악한 자는 항상 동정을 받아야 하며, 치료 가능한 자에 대해서는 용서와 동정을 베풀 수 있습니다.…그러나 개혁이 불가능하고 전적으로 악한 자에게는 우리의 분노가 부어져야 합니다"(731c-d).

앞서 언급한 바와 같이 소크라테스와 플라톤은 아무도 자발적으로 악하지 않다고 가르쳤다. 이 가르침은 루소(Rousseau)가 원죄를 거부하고 인간의 자연적인 선함에 대한 "낙관적인" 신념을 채택하게 만드는 데 영향을 미쳤을 가능성이 크다.[3] 이러한 거부는 프랑스, 러시아, 중국 혁명에서 중요한 역할을 했으며, 혁명들은 "구원 불가능한" 요소를 제거하고 개혁이 가능한 덜 계몽된 사람들을 재교육시킴으로써 인간을 완벽하게 만드는 것을 목표로 했다. 그런 의미에서 플라톤은 이와 관련하여 책임져야 할 부분이 많다.

물론 플라톤이 악의 원천을 인간의 자유 의지의 남용으로 인식하지 못한 것이 판도라의 상자를 열었다고 주장할 수 있지만, 『법률』에 흩어져 있는 구절들을 자세히 읽어보면 그가 인간의 본질적인 죄의 성격을 완전히 인식하지 못한 것은 아님을 알 수 있다. 고의적이고 계획적인 범죄에 대한 논의에서 플라톤은 이렇게 주장한다.

이러한 범죄의 가장 큰 원인은 욕망에 사로잡힌 영혼을 지배하는 정욕이며, 이것은 인류 집단 사이에서 가장 강하고 널리 퍼져 있는 정욕이 지배하는 곳, 즉

---

3 비록 루소는 *The Social Contract*(1762)에서 인간은 자유인으로 태어났지만 어디에서나 사슬에 묶여 있다고 선언하면서 시작했지만, 원시적 인간이 사회적, 정치적, 경제적 힘에 의해 타락하기 전까지는 순수하고 고결했다는 잘못된 이미지를 전파한 것은 그 이전의 *Discourse on the Origin and Basis of Inequality Among Men*(1754)에서였다.

부가 지닌 힘이 인간의 타고난 기질과 처참한 교육의 결핍으로 인해 결코 채워질 수 없는 끝없는 소유욕을 낳는 곳에서 가장 흔히 발견됩니다(870a).

여기서 플라톤은 원죄(또는 전적 부패)에 대한 성경의 가르침과 인간은 본래 선하지만 사회에 의해 부패한다는 루소의 신념이 혼합된 "타고난 기질"과 교육의 결핍을 모두 그 원인으로 지목한다는 점에 주목하기 바란다. 실제로 플라톤의 "정욕"이라는 단어는 성경이 모든 악의 뿌리라고 규정한 **쿠피디타스**(탐욕, 과욕, 돈 사랑)와 매우 유사하다(딤전 6:10).

궁극적으로 실용적이고 전통적인 방식으로 법을 구성하는 플라톤은 사람들이 천사가 아님을 이해하고 있으며, 따라서 우리의 타락을 억제하기 위한 법적 안전장치가 필요하다는 것을 인식하고 있는 듯하다(853c). 따라서 『법률』 제4권에서는 『고르기아스』에서처럼 인간이 자연과 신들과 조화를 이루며 살았던 크로노스의 황금시대를 떠올리며 플라톤은 크로노스가 사람들 대신 반신반인들을 통치자로 임명했다고 언급한다. 그는 "모든 인간의 본성이 최고 권력을 부여받으면 인간의 일을 정리할 수 없고, 오만과 잘못으로 넘쳐난다는 것을 알고 있었기 때문"이라고 말한다(713c). 이후 『법률』 제5권에서, 우리가 악을 자발적으로 행할 수 없다고 말했던 바로 그 플라톤은 자신의 잘못을 남에게 돌리는 악당들에 대해 진정한 단테적 격정으로 격렬히 분노한다.

어떤 사람이 자신이 저지른 여러 가지 잘못과 그로 인해 발생한 많은 큰 악행에 대해 다른 사람을 탓하고, 항상 자신은 면죄되고 무죄하다고 생각한다면 그는 자신의 영혼을 존중하고 있다고 착각하는 것입니다. 그러나 사실 그 반대가 진실입니다. 실제로는 자신의 영혼을 해치고 있는 것이기 때문입니다(727b-c).

우리는 본질적으로 악에 대한 우리의 성향과 관련하여 자기기만에 빠지기 쉬운데, 이러한 성향은 권력이 우리 손에 쥐어질 때 재빠르게 표면으로 드러난다. 타고난 선함보다는 원죄에 더 잘 부합하는 이러한 통찰은 플라톤이 나르시시즘을 죄의 근본 원인으로 규명함으로써 더욱 강조된다. "지나친 자기애는 실제로 각 사람에게 모든 범죄의 원인입니다. 왜냐하면 사랑하는 사람은 사랑하는 상대에 대해 눈이 멀어서 정의롭고 선하고 명예로운 것을 잘못 판단하고 항상 진리보다 자신을 더 존중해야 한다고 생각하기 때문입니다"(731e-732a). 이 구절과 앞의 두 단락에서 인용한 구절의 근간에는 인간의 행동을 시시각각 변하는 인위적 기준이 아니라 확고한 신적 기준에 따라 판단하는 정신이 깔려 있다.

플라톤은 서양 인문주의의 창시자 중 한 명이지만, 그는 『법률』 제4권에서 르네상스 인문주의의 구호 중 하나가 된 "인간은 만물의 척도"[4]라는 프로타고라스의 유명한 주장에 동의하지 않는다는 점을 분명히 밝힌다. 이러한 관념은 극단으로 치달아 신과 자연법에 대한 경외심과 균형을 이루지 못하면 사회적 혼란과 개인적 불행을 초래할 수 있다.

4　Reginald E. Allen, ed., *Greek Philosophy: Thales to Aristotle* (New York: Free Press, 1966), 18.

신이 기뻐하시는 삶은 무엇이며, 그분을 따르는 삶은 무엇일까요? 옛 속담에 "비슷한 것은 비슷한 것끼리 뜻을 같이하고, 척도는 비슷한 척도끼리 뜻을 같이한다"고 표현되어 있지만, 척도가 없는 것들은 자기 자신과도, 척도를 지닌 것과도 뜻을 같이하지 못합니다. 이제는 사람들이 흔히 말하는 것처럼 인간이 아닌 신이 우리에게 만물의 척도가 되어야 할 것이니, 이 말은 그에 대한 훨씬 더 참된 말입니다. 그리고 신에게 귀히 여김을 받고자 하는 자는 가능한 한 신을 닮아야 하고 그분과 같은 존재가 되어야 합니다. 그러므로 절제하는 사람은 신을 닮았기 때문에 신의 친구이고, 절제하지 못하는 사람은 신을 닮지 않고 신과 다르기 때문에 불의한 사람입니다(716c-d).

호메로스가 올림포스 신들을 질투심 많고 음탕하며 잔인한 존재로 묘사했기 때문에 플라톤은 (『국가』에서) 그가 사랑하는 『일리아스』와 『오디세이아』를 수호자들이 읽기에는 부적절한 자료로 여겨 거부할 수밖에 없었지만, 호메로스는 자신의 신들이 선이나 진리에 대한 올바른 기준을 제시하거나 구현할 수 없기 때문에 위에서 인용한 것과 같은 주장을 할 수 없었을 것이다. 거룩한 하나님에 대한 성경의 계시 없이는 죄라는 개념이 실제로 생겨날 수 없는데, 죄는 거룩한 하나님의 본성에 어긋나는 것이기 때문이다. 나는 플라톤이 단 한 분의 선하신 신을 가정하는 데 큰 진보를 이루어냈기 때문에 위에 인용한 것과 같은 진술을 할 수 있었다고 생각한다.

실제로 제8권에서는 플라톤이 십계명에 상응하는 그리스 버전을 찾아 헤매는 듯한 구절이 나온다. 플라톤은 시민들이 올바른 성행위를 규제하는 법을 지키도록 하는 것이 매우 어렵다는 것을 논하는 과정에서 다소 당황스러운 어조로 다음과 같이 역설한다.

> 시민들이 자신의 정욕을 조절하도록 설득하는 것은 매우 중요하고 어려운 문제이며, 만약 신으로부터 이에 대한 법령을 얻을 수 있다면 신이 그것을 입법해야 합니다. 그러나 신의 도움을 받을 수 없는 것을 보면, 특히 명료한 말을 존중하고 도시와 시민을 위해 가장 좋다고 생각하는 것을 솔직하게 말할 담대한 사람, 즉 인간의 영혼이 타락한 가운데서도 국가 전체에 선하고 유익한 것을 규정하고, 가장 강한 정욕에 반대하며, 조력자 없이 홀로 서서 오직 이성만을 따르는 사람이 필요한 것 같습니다(835b-c).

아브라함, 모세, 다윗, 예언자들에게 주어진 직접계시를 받지 못한 플라톤은 망가지고 그림자 같은 우리의 생성의 세계에서는 그런 일이 불가능하다고 생각하며 절망했다. 그러나 플라톤은 신의 손에서 그러한 계시를 새로이 받는 것이 가능하다면 법은 시민들의 순종을 강제할 수 있는 힘을 가진 안전한 근거를 갖게 될 것이라고 암시한다. 그러한 신의 말씀이 없다면 가장 좋은 차선책은 타고난 시인의 섬세한 감각으로 군중의 함성을 뚫고 이성과 상식, 그리고 플라톤이 『국가』에서 그토록 아름다움과 강렬함으로 묘사한 정의의 이데아에 부합하는 법적 기준에 도달할 수 있는 입법자를 임명하는 것이다.

신 달래기

방금 인용한 제8권의 구절은 법의 최종 시금석 역할을 할 수 있는 신을 요구한다. 플라톤은 자신의 요구에 스스로 응답하듯 제10권에서 신과 그가 창조한 우주, 그리고 신과 우리의 관계에 대해 기독교 이전에 펼쳐졌던 가장 강력한 논의를 이어간다. 나는 우리가 다음 장에서 살펴볼 『티마이오스』만이 신의 본성에 관해 한층 더 높은 수준의 통찰에 도달했다고 생각한다.

흥미롭게도 신에 대한 플라톤의 심오한 명상의 출발점은 그가 악은 비자발적이라는 자신의 신념을 재차 강조한 지점이었다.

> 신이 있다고 믿으면서 법을 준수하는 사람은 고의로 부정한 행위를 하거나 위법한 말을 한 적이 없습니다. 하지만 그렇게 한 사람은 세 가지 중 하나, 즉 첫째로 신들이 존재하지 않거나, 둘째로 존재하더라도 인간을 돌보지 않거나, 셋째로 제사와 기도로 그들을 쉽게 달래고 그들의 의도에서 벗어났다고 생각했을 것입니다(885b).

비록 플라톤은 지식이 많은 사람은 항상 고결한 사람이 될 것이라는 그의 (근거 없는) 신념에서 벗어나지 못하는 것처럼 보이지만, 죄("불경한 행위")는 우리가 신을 받아들이고 이해하는 데서 발생하는 어떤 종류의 위반과 관련이 있음을 인식하고 있다. 고결한 행동은 지식뿐만이 아니라 구체적으로 하나님이 어떤 분이신지에 대한 올바른 지식에 달려 있다.

여기서 플라톤은 무신론(신이 존재하지 않는다는 믿음)과 이신론(신이 존재하더라도 그가 창조한 세계의 일상적인 일에 관여하지 않는다는 믿음)을 동일시한다. 시내산 정상에서 모세에게 율법을 전달한 하나님(출 20:1-17; 신 5:1-21), 즉 플라톤이 찾아 헤매는 바로 그 신은 이신론자들이 생각하는 것처럼 부재지주(不在地主)가 아니라 역사적 시간과 물리적 공간에 참여하고 심지어 침입하는 능동적이고 역동적이며 인격적인 신이다. 플라톤에게 이러한 신의 존재는 철학적으로나 신학적으로 의미가 있을 뿐만 아니라 사회적·정치적 영역에서도 매우 실용적이다. "어떤 식으로든 신들이 존재하고, 그들이 선하며, 인간보다 정의를 더 중시한다는 것을 증명하는 것은 결코 작은 일이 아닙니다. 이를 증명하는 것은 우리의 모든 법 중 가장 훌륭하고 고귀한 서곡이 될 것입니다"(887b). 플라톤이 시민의 법률 준수와 신에 대한 존경 사이의 실용적인 연관성을 신약성경의 잘 알려진 구절을 예시하는 신에 대한 보다 신학적으로 풍부한 정의와 얼마나 미묘하게 엮어내고 있는지 주목하라. "믿음이 없이는 하나님을 기쁘시게 하지 못하나니 하나님께 나아가는 자는 반드시 그가 계신 것과 또한 그가 자기를 찾는 자들에게 상 주시는 이심을 믿어야 할지니라"(히 11:6).

플라톤이 지적한 세 번째 오류(합리주의와 과학주의보다 미신을 더 신봉하는 자들의 오류)와 관련하여 하나님은 회개하지 않는 마음을 감추는 제사나 기타 공허한 의식으로 매수되는 분이 아니라는 점을 이해해야 한다. 비록 어떤 사람들은 이러한 진술을 이용해서 자기 백성에게 속죄를 위한 제사를 요구했던 구약의 하나님을 비방할 수 있지만, 이스라엘의 하나님은 "입으로는 나를 가까이 하며 입술로는 나를 공경하나 그들의 마음은 내게서 멀리 떠난"(사 29:13) 자들에게 플라톤보다 훨씬 더 큰 분노를 표하신다는 사실을 기억해야 한다.

하나님께서 그의 백성에게 원하시는 것은 제사가 아니라 순종이다(삼상 15:22; 참조. 시 51:16-17; 사 1:11-17; 호 6:6; 미 6:6-8). 호메로스와 비극작가들이 시에서 음식, 포도주, 귀금속 등 풍성한 제물로 신을 "매수"할 수 있다고 거듭 주장하는 것과는 달리―플라톤이 『국가』에서 시인들을 비난하는 또 다른 이유―플라톤과 성경은 하나님은 경건의 외형적 과시에 속을 수 없는 분임을 분명히 밝히고 있다. "스스로 속이지 말라. 하나님은 업신여김을 받지 아니하시나니 사람이 무엇으로 심든지 그대로 거두리라"(갈 6:7).

안타깝게도 플라톤은 신을 매수할 수 있다는 신념이 시인들과 사제들 사이에서 널리 퍼져 있다고 한탄한다. 이러한 사실은 도시국가에 큰 위험을 초래할 수 있는데, "이는 우리가 시인, 웅변가, 예언자, 사제, 무수히 많은 다른 사람들 중에서 최고의 존경을 받는 사람들이 [신들에 대해] 그렇게 말하는 것을 들을 때 우리의 생각은 대부분 불의한 행동을 삼가는 것보다는 불의한 행동을 하고 속죄받는 데 더 맞추어지기 때문입니다"(885d-e). 지금은 죄를 짓고, 나중에 전능하신 분과 문제를 해결하자는 것이다. 이것이 바로 제의적 주문과 주술로 신을 통제하고 조종할 수 있다는 신념과 자기 백성의 진지하고 겸손한 부르짖음을 원하고 귀 기울이시는 주권적이고 인격적인 하나님에 대한 믿음을 확신하는 기도를 혼동하는 자들이 전하는 메시지다. 플라톤이 제10권 말미에 공공 신전의 건축 및 사용을 금지하는 법안을 마련한 배경에는 전자의 부패한 영향력을 종식시키려는 플라톤의 의지가 깔려 있는데, 이는 그러한 신전은 "제사와 기도로 신을 은밀히 달랠 수 있다"(910b)고 생각하게 만들기 때문이다.

『법률』 결말 부분에 이르러 플라톤은 신은 자신이 만든 세계에 밀접하게 관여하지만 공허한 제사와 기도로는 매수될 수 없는 존재라는 성경적 이해에 상당히 가까이 다가간다. 그러나 그가 『법률』 이전에 쓴 주요 대화편에서는 우주를 창조한 창조주의 온전한 본성을 탐구하는 데 가장 가까이 다가갔다.

6장

◆

『티마이오스』

비록 바티칸 시국에는 그리스-로마 인문주의와 유대-기독교 계시의 위대한 융합을 증명하는 수많은 미술품이 있지만, 그중 두 가지는 철학적·신학적·미학적 천재성을 한껏 끌어올려 준다. 첫 번째 작품은 미켈란젤로가 시스티나 경당의 천장에 그린 프레스코화다. 천장 중앙을 따라 창세기 1-9장의 기본 이야기가 창조의 영광과 타락의 참상을 말없이 증언하고 있으며, 그 주변을 광대한 원으로 둘러싼 히브리 예언자들과 그리스와 로마의 여자 예언자들은 장차 도래할 하나님의 구원 사역을 증언하고 있다. 앞의 예언자들은 성경의 하나님과의 직접적인 접촉을 통해 영감을 얻었고, 후자의 비밀스러운 말들은 전능자의 그림자만을 포착했지만, 이 둘은 모두 그리스도의 삶과 죽음과 부활에서 궁극적인 성취를 발견한다.

두 번째 작품은 교회나 다른 성지가 아닌 교황의 방에서 찾아볼 수 있다. 일반적으로 "라파엘로의 방"이라고 불리는 스탄자 델라 세그나투라(Stanza della Segnatura)에서 라파엘로는 아테네와 예루살렘의 결혼에 관한 기념비적인 프레스코화를 그렸다. 한쪽 벽에는 미사와 교회의 승리와 신조에 담긴 신학적 진리를 표현하는 그림인 "성체 논쟁"(Dispute on the Blessed Sacrament)이 관람객을 맞이한다. 마주 보는 벽면에는 그리스와 로마의 위대한 기독교 이전 철학자들을 그린 "아테네의 학당"(The School of Athens)이 있다. 양쪽을 연결하는 벽면에는 고전적·신학적 미덕과 예술에 영감을 주는 아홉 명의 여신을 묘사한 프레스코 벽화가 그려져 있어 신앙과 이성을 잇는 다리 역할을 한다.

"아테네 학당"의 중앙에, 짧은 계단 위로 솟아 있는 우아한 아치 꼭대기에는 모든 서양 철학의 시초가 된 플라톤과 아리스토텔레스가 서 있다. 존재의 세계를 바라보는 눈을 키우라고 가르친 플라톤은 오른쪽 검지로 위를 가리키고 있다. 이와는 대조적으로 철학을 "지상으로 다시 끌어내린" 아리스토텔레스는 오른손 손바닥으로 아래를 가리킨다. 아리스토텔레스는 왼손에 윤리라는 단어가 새겨진 책을 들고 있는데, 이는 아퀴나스, 단테, 가톨릭교회에 깊은 영향을 끼친 미덕에 대해 실용적 접근법을 제시한 그의 『니코마코스 윤리학』(Nicomachean Ethics)이다. 플라톤의 왼손에는 『티마이오스』라는 글귀가 새겨진 책도 들려 있다. 라파엘로가 플라톤의 대표적인 대화편으로 『국가』나 『법률』이나 『파이드로스』나 『향연』이 아닌 『티마이오스』를 선택한 이유는 그것이 지난 천 년 동안 서양의 중세 학자들에게 남아 있는 유일한 대화편이기 때문이었다. 비록 플라톤의 사상과 가르침이 아리스토텔레스, 키케로, 베르길리우스, 오비디우스, 아우구스티누스, 보에티우스 등을 통해 중세에 전해졌지만, 철학자와 신학자들에게 플라톤과의 직접적인 연결고리를 제공해준 것은 오직 『티마이오스』뿐이었다.

계시로부터 이성을 분리한 계몽주의 이후의 학계에서는 비학문적으로 들릴지 모르지만, 나는 『티마이오스』가 중세인들에게 플라톤을 대표하는 작품으로 "선택"된 데에는 성경의 하나님의 개입이 있었다고 제안하지 않을 수 없다. 내가 이렇게 대담하게 제안하는 이유는 플라톤의 모든 대화편 중에서 신, 창조, 지복직관에 대한 『티마이오스』의 관점이 가장 성경에 가깝기 때문이다. 실제로 플라톤이 히브리어 성경을 접했을 가능성은 거의 없지만, 『티마이오스』의 일부는 마치 창세기 1장에 대한 주석처럼 읽힌다. 초기 및 중세 그리스도인들이 거듭 주목했던 『티마이오스』와 성경 간의 이러한 놀라운 일치 때문에 나는 비록 『티마이오스』가 『국가』와 『법률』 중간에 집필되었음에도 이 책에 대한 논의를 마지막까지 미루어두었다.

아틀란티스의 몰락

『티마이오스』는 연대기적으로 『국가』와 『법률』 사이에 위치할 뿐만 아니라 전자의 이상적인 도시국가에서 후자의 보다 현실적인 국가로의 전환을 의미하며, 이는 중기 대화편의 환상적인 비유에서 후기 대화편의 보다 냉정하고 강의 같은 성격으로의 전환을 구현하기도 하기 때문이다. 『티마이오스』가 『국가』에서 논의한 완벽한 국가를 요약하는 것으로 시작하여 역사적 진실이 뒷받침하는 신화로 이어가는 것은 결코 우연이 아니다. 나는 미덕을 저버리고 거대한 파도에 의해 멸망한 선진 문명 아틀란티스의 위대한 신화, 플라톤이『티마이오스』와『크리티아스』에서 묘사한 이후 2,400년이 지난 오늘날에도 바다 밑의 마지막 안식처를 찾아 인디아나 존스 같은 모험가를 보내는 신화에 대해 이야기하고 있는 것이다. 플라톤은 잃어버린 도시 아틀란티스를 트로이 전쟁이 일어나기 훨씬 전의 먼 과거에 배치함으로써 호메로스보다 더 서사적이고『국가』의 도시보다 더 현실적으로 보이도록 만드는 데 성공했다.

『티마이오스』와『크리티아스』에서 플라톤은 자신의 실제 아틀란티스 신화를 아테네 역시 고대 문명의 중심지였다는 주장과 나란히 배치한다. 플라톤은『일리아스』제15권에서 제우스, 포세이돈, 하데스가 바다, 땅, 하늘의 영역을 나눴다는 호메로스의 이야기를 재구성하여 "옛날에는 신들이 온 땅을 그들 사이에 할당하여 분배했다"는 아름다운 이야기를 들려준다(『크리티아스』109b). 그 축복받은 새벽에 신들은 선한 목자가 양 떼를 돌보듯 우리를 따뜻하게 돌보았고, 조종사가 방향타를 돌려 배를 인도하듯 우리의 영혼을 인도함으로써 우리의 뜻과 의지를 직접 움직였다(109c). 헤파이스토스와 아테나는 그리스를 할당받는다. 플라톤은 아테네인의 자부심을 담아 "지혜와 미덕을 함양하기에 적합한 최적의 땅에서…그들은 그 땅의 용감한 아이들을 심었고, 그들의 마음속에 정부의 질서를 심었다"(109d)고 말한다. 아쉽게도 고대의 이 에덴 같은 국가는 노아의 홍수 같은 대홍수로 파괴되었고(비슷한 이야기가『법률』제3권 677a-b에도 나옴), 그 이후로 문명이 다시 발전하여 고대에 대한 탐구심이 왕성해질 만큼 여유가 생길 때까지 그 영광스러운 과거를 전혀 모르는 사람들에 의해 다시 채워졌다(110a).

고대 문명 아테네는 이렇게 몰락했지만, 희미하게 기억되는 이 그리스 국가의 몰락은 거대한 기후의 주기에 따라 자연적으로 일어난 반면, 그 라이벌인 아틀란티스의 몰락은 교만과 탐욕에 의해 초래된 것이었다. 플라톤이 아테네인과 아틀란티스인을 대조적으로 묘사한 것은 창세기에서 바벨탑을 쌓아 아틀란티스인들과 마찬가지로 하나님의 진노를 자초한 셋의 혈통과 가인의 후손의 대조를 떠올리게 한다(창 11:1-9). 『크리티아스』에 따르면 아틀란티스 왕의 종족은 포세이돈과 필멸의 여인의 결혼으로 시작되었다. 아틀라스라는 이름을 가진 최초의 왕은 호메로스의 서사시에서 아가멤논이 다른 미케네의 왕들 위에 군림한 것처럼 하위 왕들 위에 군림했다. 플라톤이 묘사한 것처럼 아틀란티스는 바다와 육지가 번갈아 나타나는 복잡한 동심원 모양이었다. 아틀란티스의 힘은 해상 강국으로서 바다에서 나왔고(따라서 포세이돈과 연결됨), 그 수도는 고도로 발달한 운하 시스템을 자랑했다.

플라톤은 "바로 이것이 사라진 아틀란티스 섬에 [포세이돈이] 정착하게 만든 광대한 힘이었으며, 그 후 그[포세이돈]는 그 힘을 우리 땅을 공격하는 데 사용했습니다"(120d)라고 기록한다. 아틀란티스가 고대 아테네를 공격한 것에 대해 이렇게 언급하면서 플라톤은 한때 강대국이었던 아테네의 몰락에 대한 이야기로 넘어간다.

여러 세대에 걸쳐 신적 본성이 그들 안에 남아 있는 한, 그들은 법에 순종하고 신의 자손으로서 신에 대한 깊은 애정을 가지고 있었습니다. 왜냐하면 그들은 참되고 모든 면에서 위대한 영을 소유하고 있었으며, 삶의 다양한 기회와 서로 간의 성관계에서 온유함과 지혜를 겸비했기 때문입니다. 그들은 미덕 이외의 모든 것을 경멸하고, 현재의 삶의 상태를 거의 신경 쓰지 않았으며, 금과 다른 재산의 소유를 대수롭지 않게 생각하여 그것이 그들에게는 짐으로만 보였고, 사치하지도 않았으며, 재물 때문에 자제력을 잃지도 않았습니다.…그러나 신성한 부분이 사라지기 시작하고, 필멸의 혼합물로 너무 자주, 그리고 너무 많이 희석되어 인간의 본성이 우위를 점하게 되자 그들은 재산을 제대로 감당하지 못하고 보기 흉한 행동을 했습니다.…법에 따라 통치하며 이러한 일을 다 볼 수 있는 신들의 신인 제우스는 명예로운 혈통의 자손들이 비참한 곤경에 처해 있음을 인식하고, 그들이 징계를 받아 개선되기를 바라는 마음으로 모든 신들을 세상의 중심에 있는 가장 거룩한 처소로 모은 후 모든 피조물을 주시하도록 했습니다(120e-121c).

여기서 『크리티아스』의 본문은 갑작스럽게 중단된다. 비록 플라톤이 왜 이 대화편을 미완성으로 남겼는지는 아무도 확신할 수 없지만, 『티마이오스』가 『국가』와 『법률』 사이의 다리 역할을 하는 것처럼 『크리티아스』도 『티마이오스』와 『법률』 사이에서 일종의 교량 역할을 한다고 보는 것이 타당하다고 나는 생각한다. 『티마이오스』의 아틀란티스 신화를 『크리티아스』에서 더 자세히 설명하기로 결정하고 나서 플라톤은 호메로스 서사시의 역사-신화적 과거를 배경으로 한 악한 국가의 몰락을 분석하는 것보다 미래의 덕스러운 국가를 만드는 데 자신의 시간을 쓰는 것(『법률』)이 더 낫다는 판단을 하게 된 것 같다.

어쨌든 『크리티아스』를 마무리하는 구절은 고귀한 행동과 올바르게 운영되는 국가 간의 연결 고리를 형성하면서 한편으로는 『국가』를 되돌아보고, 다른 한편으로는 『법률』을 내다본다. 신성한 불씨가 아틀란티스인들 안에 남아 있는 한, 그들은 권력과 번영을 관리하고, 탐욕을 경멸하며, 자신의 지배권을 대수롭지 않게 여기고, 부(富)보다 지혜를 우선시하는 데 필요한 미덕을 지니게 된다. 그러나 신과의 연결 고리가 끊어지면 그들은 진실성과 균형감을 잃고, 미덕은 악덕에 자리를 내주며, 영혼은 망가지고 국가를 멸망으로 이끄는 길이 열린다. 성경의 니므롯처럼(창 10:8-9) 거만하고 탐욕스러운 아틀란티스인들은 몰락하고, 그들이 세상에 남겼을 법한 그들의 자랑스러운 흔적은 대홍수에 의해 영원히 덮이고 만다.

동과 서의 충돌

플라톤은 우리가 아틀란티스를 역사적 사실로 받아들여야 한다고 말하는 것일까? 아마도 그렇지는 않겠지만, 나는 플라톤이 아틀란티스를 묘사할 때 무역에 기반을 두고 복잡한 운하 시스템을 갖춘 실제 문명을 모델로 삼았을 가능성은 매우 높다고 생각한다. 『티마이오스』에 따르면 아틀란티스 이야기는 이집트 사제들에 의해 솔론에게 전해졌고, 그들은 이 도시가 9,000년 전에 전성기를 맞았던 도시라고 솔론에게 말했다(23e). 한편으로 이렇게 큰 숫자를 사용한 것은 아틀란티스 문명, 즉 아테네 문명이 이집트와 바빌로니아 문명보다 앞섰다고 주장하려는 플라톤의 열망을 나타낼 수 있다. 다른 한편으로 만약 우리가 9,000년을 900년을 과장한 것으로 해석하여 600년(솔론이 아테네의 권력을 장악한 시기)부터 거꾸로 계산하면 1,500년이라는 날짜가 나오는데, 이는 항해술이 발달한 크레타의 미노스 문명이 전성기를 누렸던 시기이며, 역사상 최악의 자연재해 중 하나인 테라 화산의 폭발과 그로 인한 대규모 쓰나미로 인해 지중해 세계의 주요 경제, 정치, 문화의 중심지로서 몰락하기 전이다. 미케네 청동기 시대의 펠로폰네소스 도시국가들은 제우스와 에우로파라는 필멸의 여인 사이에서 태어난 건국왕 미노스가 세운 크레타섬이 함락된 후 전성기를 맞이하여 트로이를 상대로 유명한 원정대를 파견했다.

또한 아테네의 전설적인 왕 테세우스가 미노스 왕에 의해 인신 공양물이 된 아테네의 젊은이들과 처녀들을 잡아먹던 크레타의 괴물 미노타우로스를 죽인 것으로 유명하다는 사실을 기억한다면 플라톤이 언급한 아틀란티스와 아테네 사이의 경쟁 관계는 부분적으로 크레타와 아테네 사이의 유명한 경쟁 관계를 의미한다고 보는 것이 타당하다. 그 당시나 지금이나 크레타섬이 그리스 본토와는 다른, 유럽만큼이나 아프리카 또는 동양에 가까운 문화를 가지고 있다는 점을 고려하면 아틀란티스/크레타와 아테네의 경쟁 관계는 그리스와 트로이 사이의 전설적인 갈등과 그리스와 페르시아 사이의 역사적 전쟁을 반영하는 서양과 동양 간의 문화 전쟁으로 이해할 수도 있다. 그런 의미에서 플라톤은 호메로스뿐만 아니라 헤로도토스의 전통을 이어받아 페르시아 전쟁의 서사시를 자유를 사랑하는 고결한 그리스인과 교만하고 노예근성을 가진 페르시아인 사이의 문명 충돌이라는 관점에서 서술하고 있다.[1]

물론 이를 아틀란티스 문명이라고 부르는 이유는 플라톤이 말한 것처럼 그것이 지브롤터 해협 너머에 있는 대서양의 거대한 섬(고대 그리스인들은 헤라클레스의 기둥이라고 부름)에 위치했기 때문임을 인정해야 한다. 실제로 아틀란티스의 멸망으로 인해 바다가 너무 혼탁해져 선원들은 더 이상 해협 밖의 바다를 항해할 수 없게 되었다고 한다(25d). 따라서 현대 탐험가들은 아틀란티스에 대한 탐구를 신세계(아메리카 대륙)로 확장했으며, 일부는 대서양 해안의 바닥을 따라 이어지는 거대한 능선이 한때 유럽과 아메리카 대륙을 연결하는 고대의 육교였다고 주장하기도 했다. 하지만 아틀란티스의 전설적인 건국자가 아틀라스이고, 북아프리카의 아틀라스산맥이 유럽의 지브롤터 바위와 마주 보고 있다는 점—서양(유럽) 대 동양(아프리카/아시아)의 또 다른 이미지—을 상기한다면 신비로운 대서양을 지중해를 상징하는 것으로 읽는 것은 신화적으로 큰 문제가 되지 않는다. 또한 디오니소스 2세(플라톤의 실패한 철학자-왕)의 시칠리아가 해상 강국이었고, 이탈리아 본토와의 관계가 크레타섬과 그리스 본토의 관계와 유사하다는 점도 기억해두자.

---

[1] 헤로도토스는 그의 『역사』(기원전 440년) 1권 30-33장에서 아테네의 현자 솔론과 리디아 왕국의 폭군 크로이소스의 만남에 관한 이야기에서 냉정하고 개인주의적인 서방과 과시적이고 아첨하는 동양 간의 이분법을 확립한다.

창조와 우주

마라톤 선수가 경기를 앞둔 전날 8킬로미터의 시골길을 달리며 몸을 푸는 것처럼 플라톤도 9천 년 전의 이야기를 느긋하게 들려주면서 태초로 거슬러 올라가는 철학적-신학적-우주론적 비약을 시도한다. 결국 아틀란티스 신화는 위대한 문명의 흥망성쇠를 이해하는 데 도움을 주지만, 우리와 지구가 어떻게 처음 생겨났는지에 대해서는 아무것도 알려주지 않는다. 플라톤은 『프로타고라스』의 신화(320d-322d)에서 모든 생명체가 어떻게 흙과 불에서 형성되었는지, 그리고 프로메테우스의 어리석은 동생인 에피메테우스가 어떻게 자신에게 주어진 테크네(*technē*)를 동물들에게 하나씩 나눠주고 프로메테우스에게는 인간에게 줄 단 두 가지 선물—즉 인간이 도시에서 함께 살며 정치에 참여할 수 있게 해주는 경건과 정의—만 남겨주었는지에 대해 이야기하지만, 이 이야기는 제아무리 아름답다 하더라도 우리와 우주의 창조 과정 및 그 텔로스를 설명하기에는 충분하지 않다. 모든 이야기 중 가장 위대한 이 이야기는 나중에 『국가』, 『고르기아스』, 『파이돈』의 신화가 우리 영혼의 심판을 고대하는 것만큼이나 열정적으로 우리 영혼의 형성 과정을 추적하는 『티마이오스』의 창조 신화에서 재등장할 것이다.

프리소크라테스 물리학자들에 따르면 우리 자신을 포함하여 우리 주변에서 볼 수 있는 모든 것은 네 가지 원소 간의 끊임없는 전쟁에서 진화했으며, 시인 헤시오도스에 따르면 우리가 속한 우주의 이야기를 촉발한 것은 원소 간의 전쟁이 아니라 서로 싸우는 신들 간의 투쟁이었다.[2] 『티마이오스』에서 우리가 작지만 의미 있는 삶을 살기 위한 배경을 형성한 것은 기계적인 힘이나 질투심 많은 신들이 아니었다. 그것은 하나님이었다. 그것은 비인격적인 신적 정신이나 우주 전체에 퍼져 있는 범신론적 힘이 아니라 놀랍게도 플라톤이 아버지(37c)이자 창조주라는 칭호를 부여한 인격적인 신이었다.

플라톤은 창조적이고 아버지 같은 신을 기존의 모델에 따라 세상을 만든 신적 장인(또는 데미우르고스)으로 묘사한다. 플라톤은 원인(데미우르고스)에서 결과(우리의 실제 세계)로 이어지는 연역적(선험적) 논증을 하는 대신, 우리 세계에서 관찰된 물리적·도덕적 복잡성에서 그러한 복잡한 질서와 목적을 만들어낼 수 있는 유일한 원인으로 거슬러 올라가는 귀납적(후천적) 논증을 한다. 플라톤의 창조 신화가 얼마나 혁명적인지 깨닫기 위해서는 창세기("태초에 하나님이")를 제외하면 『티마이오스』가 물질 이전의 창조주를 가정한 고대의 유일한 책이라는 사실을 기억해야 한다. 헤시오도스의 『신통기』(Theogony)에서도 땅과 하늘의 최초 신(가이아와 우라노스)을 포함하여 신들은 그리스인들이 카오스(혼돈)라고 부르는 원초적 물질에서 진화한 존재들이다.[3] 바빌로니아, 이집트, 북유럽의 창조 신화도 이와 마찬가지다. 비록 플라톤은 데미우르고스가 무에서(ex nihilo) 세상을 창조했다고 구체적

---

2 Hesiod, *Theogony*, in *Hesiod and Theognis*, trans. Dorothea Wender (London: Penguin, 1973).

3 Hesiod, *Theogony*, 27.

으로 말하지는 않지만, 『티마이오스』는 신약성경의 한 구절에 가장 명확하게 표현되어 있는 성경의 핵심 주장에 가장 근접한 유일한 책이다. "믿음으로 모든 세계가 하나님의 말씀으로 지어진 줄을 우리가 아나니 보이는 것은 나타난 것으로 말미암아 된 것이 아니니라"(히 11:3). 아리스토텔레스는 플라톤을 따라 물질과 정신이 영원히 공존한다고 가르쳤지만, 이 점에 있어서는 제자가 스승보다 덜 급진적이었다. 왜냐하면 플라톤은 비록 하나님이 육체적이든 영적이든, 일시적이든 영원하든 모든 만물의 절대적인 기원이라고 명확히 밝히지는 않았어도 그렇게 제안한 유일한 비유대인 고대 작가였기 때문이다.

조금 전에 언급했듯이 플라톤의 『티마이오스』는 데미우르고스가 세상을 창조했을 뿐만 아니라 기존의 모델에 따라 그것을 만들었다고 가르친다. 플라톤은 창조주의 선하심과 우리 세계의 아름다움을 고려할 때 그 모델(또는 패턴, 본)은 완벽하고 변하지 않는 것이어야 한다고 이론화한다. 그는 우리 세계는 "이성과 사고로 파악할 수 있는 불변의 것과 비슷한 형태로 형성되었고, 따라서 이것이 사실로 인정된다면 필연적으로 어떤 것의 복사본일 수밖에 없다"(29a-b)라고 결론 내린다. 놀랍게도 히브리서 11장이 무로부터의(ex nihilo) 창조론을 증언한다면 히브리서 8장은 우리 세상의 사물들이 육신의 눈과 귀로는 인식할 수 없는 더 높고 완전한 모델의 복사본(또는 모조품)이라는 플라톤의 가르침을 뒷받침한다. 히브리서 저자는 제사장들이 섬기는 지상의 성전은 "하늘에 있는 것들의 그림자"에 불과하며, 시내산에서 모세에게 보여주신 "본"(히 8:5)을 모방하여 지은 그림자에 불과하다는 점을 분명히 밝히고 있다(참조. 히 9:23-24). 이 서신에 따르면 예루살렘 성전은 그 모든 상징적 요소와 함께 하나님의 영원한 보좌가 있는 성소의 지상 모형이다.

그러나 플라톤은 『티마이오스』에서 신약성경의 맥락에 비추어볼 때 훨씬 더 놀라운 주장을 펼친다. 『국가』, 『향연』, 『파이드로스』에서 플라톤은 지상의 모든 사물과 개념 뒤에 있는 각 이데아를 인식하는 것 그 너머로 나아간다. 그는 각각의 이데아 너머에 있는 이데아들의 이데아인 선을 인식하기 위해 높이 날아오르는 상승의 여정을 갈망하고, 자신의 철학자-왕들도 그렇게 갈망하도록 독려한다. 따라서 여기서 플라톤은 데미우르고스가 형성한 창조 모델을 모든 이데아의 대수합(algebraic sum) 이상의 것으로 규정한다. 창조의 패턴 또는 본(本)은 그 안에 다른 모든 생명체를 담고 있는 가시적인 생명체다. "이 세계가 우리와 다른 모든 가시적 생명체를 포함하고 있는 것처럼 우주의 원형은 그 안에 모든 가지적(可知的)인 생명체를 포함하고 있습니다. 신은 이 세상을 가장 공정하고 가장 완벽한 가지적(可知的)인 생명체들처럼 만들려고 유사한 본성을 가진 다른 모든 생명체를 그 안에 포함한 하나의 가시적인 생명체를 만들었습니다"(30e). 플라톤의 주장은 참으로 기이한 주장이지만, 요한복음은 "만물이 그[그리스도, 로고스 또는 말씀]로 말미암아 지은 바 되었으니 지은 것이 하나도 그가 없이는 된 것이 없느니라"(요 1:3)라고 말한다. 또한 사도 바울은 이 그리스도에 대해 다음과 같이 말한다. "그가 만물보다 먼저 계시고 만물이 그 안에 함께 섰느니라. 그는 몸인 교회의 머리시라. 그가 근본[archē]이시요 죽은 자들 가운데서 먼저 나신 이시니 이는 친히 만물의 으뜸이 되려 하심이요”(골 1:17-18). 삼위일체의 제2위이신 그리스도는 아버지의 아들이실 뿐만 아니라 하나님의 영광을 물리적 영역에 계시하고 드러내시는 분이시다. 자신이 길이요 진리요 생명이라는 예수의 주장(요 14:6)은 하나님께로 가는 길은 사물을 통해서가 아니라 신적 인격을 통해서이며, 진리는 “그것”이 아니라 “그분”이며, 참 생명은 한 번에 한 호흡씩 축적되는 것이 아니라 신적 성품에 참여함으로써 얻을 수 있다고 단언한다. 우리는 이러한 강력한 기독교의 가르침 중에서 우리의 세계와 인간이 “같은 본성을 가진 다른 모든 생명체를 자신 안에 포함하는 가시적인 한 생명체”를 모델로 삼았다는 플라톤의 놀라운 제안을 흥미롭게 엿볼 수 있다.

하지만 독자들은 플라톤이 앞으로 다가올 기독교 진리를 미리 엿보았다는 나의 이 주장이 정확히 무엇을 의미하느냐고 물을 수 있다. 분명히 말씀드리지만 내가 말하려는 것은 요한이나 바울 또는 히브리서 저자가 플라톤의 영향을 받아 각자의 글을 썼다는 것이 아니다. 나는 하나님께서 성경 저자들에게 진리를 계시하셨기 때문에 그들이 자신의 글을 썼다고 믿는다. 그들이 실제로 사용한 단어(아르케, 로고스)는 플라톤의 간접적인 영향을 반영할 수 있지만(대다수 그리스도인들이 바울이 하나님의 영감을 받았다고 말할 때 그것은 그가 하나님으로부터 받아 적는 서기가 아니라 성령의 인도를 받아 그 과정에서 자신의 개성이 무시되거나 사라지지 않고 참된 것을 기록했다는 의미), 성경 저자들이 사용한 그리스어에 구현된 진리는 우주를 창조하신 하나님으로부터 직접 나온 것이기 때문이다. 이를테면 내가 『티마이오스』와 히브리서 간의 연관성을 강조할 때 나는 전자가 후자에게 영향을 미쳤다는 것이 아니라 성경의 직접 영감을 받아들이는 이들에게 이 둘의 유사성은 특별 계시가 아닌 일반 계시를 통해 플라톤이 사후 400년이 지나서야 완전히 밝혀질 진리를 발견하는 데 근접했음을 암시한다는 것을 강조하는 것이다.

나는 플라톤의 글을 사용하여 그리스-로마 세계가 장차 도래할 더 큰 계시를 준비하도록 하여 그 계시가 도래했을 때 그들이 그것을 이미 플라톤에게서 배운 것의 성취로 **인식**하도록 하는 것이 하나님의 계획이자 하나님의 은혜였다고 믿는다. 바울이 아테네의 아레오바고에서 스토아 철학자들과 에피쿠로스 철학자들에게 전한 설교의 논제가 바로 이것이다. "그러므로 너희가 무지하게 숭배하는 그를 내가 너희에게 선포한다"(행 17:23).

사랑의 행위. 이러한 점을 염두에 두고 고대 세계에서 독특할 뿐만 아니라 이후 그리스도와 신약성경의 계시를 예고하는 『티마이오스』의 창조 신화의 또 다른 본문으로 돌아가 보자.

그렇다면 창조주께서 이 세상을 만드신 이유를 말씀드리겠습니다. 그분은 선하셨고, 선하신 분은 그 어떤 것도 질투할 수 없는 분이십니다. 그리고 그는 질투심이 없으셨기 때문에 만물이 가능한 한 자신처럼 되기를 원하셨습니다. 이것이 진정한 의미에서 창조와 이 세상의 기원이며, 우리는 지혜로운 자들의 증언을 잘 믿어야 합니다. 신은 모든 만물이 선하고 악한 것이 없기를 바라셨고, 이것이 가능한 한 이루어지기를 원하셨습니다(29d-30a).

비록 『티마이오스』가 유일하게 신을 이렇게 인격적인 용어로 표현한 플라톤의 대화편이고, 비록 『티마이오스』의 신조차도 성경의 신과 비교하면 거의 비인격적으로 보이지만, 플라톤이 여기서 우리에게 제시하는 분은 단순히 존재하는 것을 넘어 우주를 움직이는 신이라는 사실은 여전히 변함이 없다. 위의 본문에 묘사된 비이신론적인 신은 그 자체로 선하고 그 선함을 널리 전파할 의지와 수단을 가진 신, 즉 계획을 세우고 그 계획을 실행에 옮기는 신이다. 무엇보다도 그는 성경의 하나님처럼 자신의 피조물을 시기하지 않고 축복하기를 원하는 신이다.

물론 오늘날에도 구약의 하나님은 시기하거나 편애하지 않는 하나님이라는 주장에 이의를 제기하는 이들이 있다. 실제로 야웨를 이스라엘에만 관심이 있는 이기적이고 편협한 부족의 신으로 치부하는 것이 대중의 사고 속에 뿌리박혀 있다. 그러나 이러한 주장은 하나님이 아브라함에게 주신 사명을 통해 사실이 아닌 것으로 드러난다.

> 여호와께서 아브람에게 이르시되 "너는 너의 고향과 친척과 아버지의 집을 떠나 내가 네게 보여 줄 땅으로 가라. 내가 너로 큰 민족을 이루고 네게 복을 주어 네 이름을 창대하게 하리니 너는 복이 될지라. 너를 축복하는 자에게는 내가 복을 내리고 너를 저주하는 자에게는 내가 저주하리니 땅의 모든 족속이 너로 말미암아 복을 얻을 것이라" 하신지라(창 12:1-2).

하나님은 처음부터 이스라엘을 축복하실 뿐만 아니라 이스라엘을 모든 민족을 축복하는 통로로 사용하시겠다는 의지를 분명히 밝히셨다. 하나님이 이스라엘을 축복하여 이스라엘이 "땅의 모든 족속"을 축복하게 하겠다"는 이 부르심의 중요한 측면은 아브라함의 아들 이삭(창 26:4)과 그의 손자 야곱(창 28:14)에게 주신 말씀에도 포함되어 있다. 또한 베드로(행 3:25)와 바울(갈 3:8)이 복음의 보편성을 선포할 때 그들은 그 보편성을 아브라함을 통해 모든 민족을 축복하시겠다는 하나님의 원래 약속의 성취로 소개한다. 내가 이 점을 언급하는 것은 구약성경의 부족 신관을 반박할 뿐만 아니라 앞서 언급한 요점—즉 플라톤과 신약성경 사이의 연관성은 베드로, 요한 또는 바울이 플라톤을 인용한 것이 아니라 플라톤이 하나님의 본성에 대한 예언적 진리를 엿본 결과라는 점—을 다시 한번 강조하기 위해서다.

모든 사람을 향한 하나님의 사랑은 모든 민족을 축복하시려는 열망에서 드러나지만, 창조 행위에서 가장 먼저 드러난다. 기독교에서 창조 행위는 사랑의 행위다. 이는 세상을 창조할 때 그 자체로 완전하고 완벽하신 하나님이 자기 자신으로부터 벗어나기로 선택하셨기 때문이다. 플라톤이 『국가』와 『법률』에서 강하게 거부한 호메로스와 헤시오도스의 옹졸하고 이기적이며 자기애에 사로잡힌 신들과는 달리 성경의 하나님(그리고 『티마이오스』의 신)은 자신이 지은 세상과 피조물에 선함을 부어주기를 갈망한다. 그런 의미에서 성육신은 모든 사랑의 행위 중에서 가장 위대한 행위다. 왜냐하면 하나님은 성육신을 통해 플라톤의 존재의 세계에서 살과 피를 가진 사람이 되기 위해 플라톤의 생성의 세계로 이동하셨기 때문이다. 이러한 신적 사랑은 『티마이오스』의 저자조차도 이해할 수 없는 것이었지만, 신에 대한 플라톤의 묘사는 이러한 측량할 수 없는 사랑의 행위를 거의 측량할 수 있는 것처럼 보이게 한다. 신이 자신의 피조물을 시기하지 않고, 파괴하기보다는 축복하기를 원하며, 우리가 자신의 형상을 지니기를 원한다는 이야기를 비유대인 세계의 다른 어느 곳에서 또 들려주고 있는가?

2세기 후반에 서서히 태동하여 3세기와 4세기에 급속도로 성장한 초기 교회는 이 세상이 하급 신이 창조한 실패작이며, 그 결과 육체와 물질은 본질적으로 악하다고 주장하는 영지주의, 신플라톤주의 집단에 의해 어려움을 겪었다. 아우구스티누스 자신도 일찍이 이러한 집단(마니교도)의 일원이었으며, 기독교로 개종한 후에야 비로소 육체는 악한 목적으로 사용될 수 있지만, 선하며 구원받을 수 있는 것으로 이해할 수 있게 되었다(『고백록』 제7장과 본서 제10장을 보라). 물론 영지주의자들은 플라톤이 존재의 세계와 생성의 세계를 구분하고 전자를 실재하는 것으로 높이 평가하고, 후자를 구원할 수 없는 것으로 격하하는 경향에 영향을 받았지만, 물질세계의 창조 자체가 타락이라는 그들의 신념은 플라톤의 글에는 나타나 있지 않다. 실제로 플라톤은 『티마이오스』에서 이 세상은 선한 신에 의해 선한 목적을 따라 창조되었으며, 완벽한 원형을 따라 만들어졌다는 점을 분명히 밝히고 있다. 게다가 성경은 천국을 이 세상보다 더 실재적이고 충만하고 완전한 것으로 일관되게 제시하면서도 플라톤의 통찰을 초월하는 최종적 약속, 즉 우리의 육체가 부활하신 그리스도가 현재 입고 있는 영광스러운 부활의 몸으로 변화되듯이 이 땅이 구속받아 천국으로 변화되리라는 약속도 제시한다.

질서정연한 사랑. 플라톤은 그 이전의 피타고라스처럼 자신이 질서정연한 우주에 살고 있다고 믿었다. 사실 "질서정연한 우주"라는 표현은 다소 중복된 표현이다. 플라톤은 피타고라스와 마찬가지로 **코스모스**(*cosmos*)라는 단어를 우리 주변의 우주를 지칭하는 데 사용했는데, 그리스어로 이 단어는 질서, 균형, 아름다움, 조화를 의미하기 때문이다. 『티마이오스』는 하늘이 코스모스인 이유는 하늘을 만든 창조주의 장신구, 즉 장식품이기 때문이라고 말한다. 우주 안에는 낭비나 중복이 없다. "창조주는 이 세계가 완벽한 생명체[기존 원형]처럼 단독으로 존재하게 하기 위해 두 개의 세계나 무한한 수의 세계를 만들지 않으셨습니다. 유일하게 생성되고 창조된 단 하나의 하늘만이 존재하고 앞으로도 그럴 것입니다"(31b). 플라톤은 우리 세계가 하나밖에 없는 이유는 신이 "편협한" 창조주가 아니라 경제적인 창조주이기 때문이라고 주장한다. 우주를 창조할 때 신은 말 그대로 사용 가능한 모든 물질, 즉 프리소크라테스 철학자들이 우주의 물리적 구성 요소로 상정했던 흙, 공기, 불, 물을 모두 사용했다.

하나님의 창조세계에는 일종의 신적 효율성이 존재한다. 그는 자신이 가진 모든 것으로 자신이 만들 수 있는 모든 것을 만드셨다. 그리고 그가 만든 것 중 하나가 바로 시간 그 자체였다.

> 아버지이신 창조주는 자신이 만든 우주가 살아 움직이는 것을 보았을 때, 즉 영원한 신들의 창조된 형상을 보았을 때 그는 기뻐하셨고, 그 기쁨 속에서 그 복사본을 원형과 더욱 비슷하게 만들기로 결심하셨습니다. 그리고 이 원형은

영원하기 때문에 그는 가능한 한 우주를 영원하게 만들고자 하셨습니다. 이제 이 이상적인 존재의 본질은 영원하지만, 이 속성을 피조물에 온전히 부여하는 것은 불가능했습니다. 따라서 그는 영원이라는 움직이는 이미지를 만들기로 결심하셨고, 그가 하늘에 질서를 세울 때 이 이미지를 영원하지만 숫자에 따라 움직이고, 그 영원성 자체는 단일성 안에 머물도록 만드셨는데, 우리는 이 이미지를 시간이라고 부릅니다. 왜냐하면 하늘이 창조되기 전에는 낮과 밤과 달과 해가 없었지만, 그가 하늘을 지으실 때에는 그것들도 함께 창조하셨기 때문입니다(37c-e).

생성의 세계가 존재의 세계를 모방한 것인 것처럼 시간은 영원의 모방이다. 그러나 그것은 부패하거나 환상에 불과한 모방이 아니라 창조자가 물질세계가 영원에 어느 정도 참여할 수 있도록 하기 위한 시도이다. 다시 말하지만 우리와 이 세상이 죄에 빠진 것이 아니라 육체적인 것에 빠졌다는 후기 영지주의의 개념은 신이 창조세계를 보고 기뻐하는 것으로 묘사하는 플라톤의 『티마이오스』에서 크게 벗어나는데, 이는 창세기 1장에서 하나님이 창조세계를 선하다고 선언하신 것과 유사하다. 실제로 플라톤은 시간을 숫자와 매우 밀접하게 연관시켰기 때문에 시간을 선한 것으로 보았음에 틀림없다. 그리고 대화편(특히 『국가』)에서도 수학은 지상의 근사치가 아니라 직삼각형의 형상 또는 이데아에 관한 것이므로 철학 다음으로 높은 수준의 지적 탐구로 칭송받는다.

그러므로 시간은 우리 세계에 부여된 자연스럽고 적절한 조건이지만,

우리는 시간에 대한 우리의 경험을 신에게 투사하지 않도록 주의해야 한다. 따라서 플라톤은 "낮과 밤, 달(months)과 해(years)"에 대한 논의를 계속하면서 그것들을 하늘의 창조주와 대조한다.

> 이것들은 모두 시간의 일부이며, 과거와 미래는 시간 속에서 창조된 유형들입니다. 그러나 우리는 무의식적으로 그것들을 영원한 본질에 잘못 투사합니다. 우리는 신에 대해 "있었다", "있다", "있을 것이다"라고 말하지만, 진실은 "있다"만이 적절하게 그에게 귀속될 수 있으며, "있었다"와 "있을 것이다"는 오직 시간 속에서 생성되는 것에 대해 말할 수 있는 것이며, 그것들은 움직이기 때문입니다. 그러나 언제나 변함없이 동일한 것은 시간에 의해 더 늙거나 더 젊어질 수 없으며, 이전에도 늙거나 젊어지지 않았고, 앞으로도 그렇게 될 수 없습니다. 또한 생성이 원인이 되는, 움직이는 감각적 사물에 영향을 미치는 어떤 상태에도 전혀 종속되지 않습니다. 이것들이 시간의 형식이며, 시간은 영원을 모방하고 수의 법칙에 따라 회전합니다(37e-38a)..

성경과 아우구스티누스 이후에 사는 우리는 신이 영원이라는 영원한 현재에 거한다는 플라톤의 혁명적인 주장의 본질을 간과하기 쉽다. 호메로스와 헤시오도스의 신들은 죽지 않는다는 의미에서 불멸의 존재일지 모르지만, 영원한 존재는 분명 아니다. 위에서 살펴본 바와 같이 이 신들은 원초적인 물질에서 탄생했기 때문에 (시인들이 그랬던 것처럼) 영적인 본성을 부여하든, (프리소크라테스, 스토아학파, 에피쿠로스학파가 그랬던 것처럼) 물질적인 본성을 부여하든 그들에게는 여전히 시작이 있고, 따라서 그들은 시간의 흐름 속에서 살아간다. 오직 성경과 『티마이오스』그리고 아마도 피타고라스의 일부 가르침에서만 우리는 스스로 존재하는 신을 만나게 된다. 따라서 야웨는 모세에게 "나는 스스로 있는 자"(출 3:14)라고 자신을 계시하시는데, 사실 히브리어로 야웨는 "나는 존재한다"라는 동사와 밀접하게 연관되어 있다.

또한 현대 과학이 우리 세계에 대해 최근 들어 발견한 위대한 진리, 즉 우주는 시초가 있었고, 빅뱅으로 알려진 그 최초의 사건이 단 한 순간에 물질, 공간, 시간을 창조했다는 사실을 철학적·신학적 관점에서 표현한 것은 오직 성경과 『티마이오스』뿐이다. 또는 『티마이오스』의 말을 인용하자면 "그러므로 시간과 하늘은 동시에 생겼는데, 이는 만일 그것들이 해체될 일이 생긴다면 함께 창조된 관계로 함께 해체될 수 있도록 하기 위함입니다"(38b).

천사와 짐승 사이에

성경적 세계관에 따르면 하나님은 자신의 우주에 세 종류의 살아 있는 피조물을 창조하셨다. 순수하게 영적인 존재인 천사들, 순수하게 물리적인 존재인 짐승들, 그리고 몸은 짐승처럼 아래로 끌어내리지만 영혼은 천사처럼 위로 끌어올리는 인간들이 그것이다. 우리는 인간의 이중적 본성에 대한 기독교의 관점을 육체를 영혼의 감옥으로 간주하는 영지주의(마니교) 이원론과 혼동해서는 안 된다. 기독교 신학은 인간을 복합적인 피조물로 정의하며, 그 몸은 본질적으로 선하지만 지금은 타락했으며, 마지막 날에 구속받고 온전해질 것이라고 말한다. 플라톤의 관점은 기독교보다는 영지주의에 더 가깝다. 특히 『티마이오스』에서 드러나는 환생에 대한 그의 믿음은 육체와 영혼의 융합을 부정한다. 그럼에도 플라톤의 이원론은 결국 육화된 영혼으로서의 인간에 대한 기독교적 관점과 양립할 수 없지만, 『티마이오스』에서만큼은 천사-인간-짐승이라는 성경적 삼분법의 암시가 보이며, 인간은 그 중간 위치를 차지한다.

그리스-로마 신화와 유대-기독교의 가르침 사이에 다리를 놓으려는 인문주의적 그리스도인들의 노력에도 불구하고 호메로스, 헤시오도스, 베르길리우스, 오비디우스 등의 올림픽 신들은—제우스(유피테르)의 신적 말씀을 전하는 헤르메스(메르쿠리우스)만을 제외하고. 참고로 그의 이름은 해석학(hermeneutics)을 의미하는 단어의 기원이 됨—성경의 천사들과 조화를 이룰 수 없다. 그러나 하나님이 태초에 인간이나 짐승을 지상에 살게 하시기 전에 창조하신 불멸의 영적 존재들과 놀라울 만큼 유사한 신들이 있다. 신들은 『티마이오스』에서 『일리아스』와 『오디세이아』에 활기를 불어넣는 다른 신들과는 확연히 구분되는 방식으로 묘사된다. 이 신들은 두 유형으로 이루어져 있다. (1) 헤시오도스와 호메로스의 의인화된 신들로, 시인들이 묘사한 부도덕한 행동이 제거된 형태다. (2) 행성, 별, 그리고 플라톤이 "신적이고 영원한 동물로서 동일한 방식으로 동일한 위치에서 계속해서 순환하는 존재"라고 묘사한 천체들이다(40b).

플라톤은 서사시에 가까운 웅장한 본문에서 신적 아버지가 새로 창조된 영적 피조물에게 처음으로 하신 말씀을 엿듣게 해준다.

이제 그들 모두—그들의 궤도에서 눈에 보이게 나타나는 신들[별들]과 보다 은밀한 본성을 지닌 다른 신들[신화 속 신들]—가 창조되었을 때 우주의 창조자는 그들에게 다음과 같이 말씀하셨습니다. "신들아, 신들의 자녀들아, 너희는 나의 작품이며 나는 너희를 만든 창조주이자 아버지다. 내가 원치 않는 한, 나의 창조물은 결코 소멸하지 않고 영원불변할 것이다. 결속되어 있는 모든 것은 되돌릴 수 있지만, 오직 악한 존재만이 조화와 행복을 되돌리려 할 것이다. 따라서 너희는 피조물에 불과하므로 전적으로 불멸하고 영원불변할 순 없지만, 너희가 태어날 때 결속되어 있던 것보다 더 크고 강력하게 너희를 결속시키는 것이 내 뜻이므로 너희는 결코 소멸하지 않을 것이며 죽을 운명에 처하지도 않을 것이다"(41a-b).

플라톤의 신들은 성경에서 "하나님의 아들들"(욥 1:6)로 불리는 천사들처럼 유일하게 "스스로 존재하는 자"이신 창조주와 같은 절대적이고 영원한 실존을 공유하지 않는다는 점에 유의하라. 불멸하지만 여전히 조건부적인 그들의 생명은 스스로 존재하는 불멸의 하나님의 생명에 묶여 있다. 그럼에도 플라톤은 신들의 영적 생명은 우주의 다른 어떤 유형의 생명보다 더 높은 차원의 것임을 분명히 한다. 비록 하나님의 생명보다 덜 강렬하지만, 그들의 본성은 짐승과 인간이 공유하는 동물적 생명보다 훨씬 더 순수하다.

실제로 하나님의 말씀은 계속해서 신들에게 짐승과 인간의 생명을 형성하는 일을 돕도록 명령한다. 이들 짐승과 인간의 생명은 신들의 생명이 하나님께 속하듯 신들에게 속할 것이다.

이제 나의 지시를 들으라. 아직 창조되지 않은 세 종류의 필멸의 존재들이 남아 있다. 이들이 없으면 우주는 완전하지 못할 것이니, 온전한 우주가 되려면 모든 종류의 동물을 포함해야 하기 때문이다. 그러나 만약 그들이 내 손으로 창조되고 나에게 생명을 부여받는다면 그들은 신들과 동등한 위치에 서게 될 것이다. 그러므로 그들이 필멸의 존재가 되고 이 우주가 참으로 보편적인 우주가 되기 위해 너희는 너희 본성에 따라 동물들을 형성하되, 내가 너희를 창조할 때 보여준 힘을 본받아 이를 행하라. 그들 중 불멸이라는 이름을 받을 가치가 있는 부분, 곧 신성하며 정의를 따르려는 자들의 지침이 되는 그 신적 부분은 내가 직접 씨를 뿌릴 것이다. 내가 그 일을 시작하고 나서는 그 일을 너희에게 넘기겠다. 그러니 너희는 필멸의 것과 불멸의 것을 엮어 살아 있는 피조물을 만들고, 그들에게 음식을 주고 자라게 하며, 다시 죽음 속에서 그들을 받아들이라(41b-d).

플라톤에서 르네상스에 이르기까지 서양의 위대한 사상가들 대부분은 충만(또는 완전성)의 원리를 믿었다. 하나님의 우주는 생명으로 가득 차 있으며, 각기 다른 피조물들이 적절한 영역에 거주하는 것으로 여겨졌다. 실제로 『국가』에서의 정의처럼 완전성 자체는 모든 부분이 특정한 기능을 수

행하는 일종의 완성과 전체성에 기반을 두고 있었다. 『티마이오스』의 신은 피조물을 가볍게 또는 놀이 삼아 창조하지 않고, 충만에 대한 그의 인식이 모든 공간을 적절한 형태의 생명으로 채울 것을 요구하기 때문에 그들을 창조한다.

물론 창세기에서는 하나님이 홀로 아담을 지으시고 그에게 생기를 불어넣으신다(창 2:7). 그러나 성경의 하나님은 우리와 지구를 위한 그분의 계획을 실행하는 데 있어 천사들을 중재자로 사용하신다. 기독교와 『티마이오스』 모두에서 하나님은 이 세상의 일에 적극적으로 개입하시면서도, 자신의 피조물에게 권한을 위임할 의지를 보이신다. 주권은 여전히 창조주에게 남아 있지만, 그분은 천사들이나 그들보다 조금 못한 인간(시 8:5)을 끈에 매달린 꼭두각시처럼 취급하지 않으신다. 스데반은 자신의 설교에서 유대인 청중들에게 "너희는 천사가 전한 율법을 받고도 지키지 아니하였도다"(행 7:53; 참조. 갈 3:19)라고 비난한다. 『티마이오스』에서 플라톤의 신은 천사들에게 인간을 정의와 의의 길로 이끄는 임무를 부여한다. 현대 세계에서 "수호천사"라는 개념은 종종 조롱의 대상이 되지만, 이에 대한 성경적 근거가 어느 정도 존재한다(시 34:7; 91:11; 마 18:10). 무엇보다도 성경은 영적 전쟁은 현실임을 분명히 하며, 우리의 싸움, 더 나아가 우리의 구원은 "혈과 육을 상대하는 것이 아니요 통치자들과 권세들과 이 어둠의 세상 주관자들과 하늘에 있는 악의 영들을 상대"하는 것이라고 가르친다(엡 6:12).

플라톤은 『티마이오스』에서 신들의 역할을 이렇게 묘사한다. "그[신]가 그들[인간]을 창조한 후 젊은 신들에게 필멸의 육체를 형성하는 일을 맡기고, 인간의 영혼에 아직 부족한 부분을 채우도록 하였으며, 모든 적절한 보완을 마친 후 그들을 다스리고, 필멸의 동물을 가장 훌륭하고 지혜로운 방식으로 인도하며, 스스로 초래한 악을 제외한 모든 악을 막아주도록 하였습니다"(42d-e). 히브리서에서도 천사들에게 유사한 역할이 부여된다. "모든 천사들은 섬기는 영으로서 구원받을 상속자들을 위하여 섬기라고 보내심이 아니냐?"(1:14) 두 경우 모두 순수한 영을 소유한 불멸의 존재로, 타락할 가능성은 있지만 드물게만 타락하는 불멸의 존재들에게 몸과 영혼을 함께 가진 피조물들을 섬기는 임무가 부여되며, 이 피조물들은 타락에 맞서 끊임없이 치열하게 싸워야 한다.

남자와 여자

지금까지는 성경에서 분명히 가르치고 있는 천사-인간-짐승의 삼분법 중 천사 부분에 대해 살펴보았다. 이는 플라톤이 『티마이오스』에서 간접적으로 암시한 부분이지만, 나머지 두 부분은 어떻게 설명될까? 위에서 인용한 긴 본문에서 하나님은 신들에게 다음과 같은 지시를 내리신다. "아직 창조되지 않은 세 종류의 필멸의 존재들이 남아 있다. 이들이 없으면 우주는 완전하지 못할 것이니, 온전한 우주가 되려면 모든 종류의 동물을 포함해야 하기 때문이다." 신이 "세 종류의 필멸의 존재들"을 창조하기 위해 신들에게 도움을 청하는 것은 처음에는 내가 앞서 『티마이오스』에서 희미하게나마 나타난다고 제안한 성경적 삼분법과 모순되는 것처럼 보일 수 있다. 그러나 그렇지 않다. 여기서 언급된 세 종류는 인간, 짐승, 그리고 어떤 제3의 종이 아니라 인간 남성, 인간 여성, 그리고 짐승이다.

플라톤은 『국가』와 『법률』에서 여자 수호자들이 남자 수호자들과 동일한 훈련을 받을 수 있도록 허락하지만, 안타깝게도 플라톤의 대화편 전체에서 여자에게 부여된 위치는 결국 부차적이다. 플라톤이 남자를 여자보다 우선시하는 이유는 감정보다 이성을 우선시하는 이유와 동일하다. 플라톤에게 대부분의 여자들은 철학의 상승 경로를 오르기에는 감정과 욕망에 너무 깊이 얽혀 있다. 그 상승은 그의 관점에서 순수한 이성과 추상적 논리에 대한 남성적인 헌신을 요구한다고 본다. 이러한 남성-여성, 이성-감정, 이성-욕망의 이분법 때문에 플라톤은 여자를 이성에 의해 이끌리는 남자들과 욕망에 의해 이끌리는 짐승들 사이에 놓는다. 실제로 그는 기본적인 욕망에 굴복하고 미덕 있는 삶의 좁은 길을 버린 남자는 여성의 몸으로 다시 태어날 것이며, "그 상태에서 악을 멈추지 않으면 그가 취한 악한 성격과 비슷한 짐승으로 계속 변화될 것"이라고 설명한다(42c).

플라톤은 『티마이오스』 말미에 남자에서 여자, 그리고 동물로 내려가는 존재의 사다리를 다시 언급하며, 이번에는 남자가 먼저 창조되었고 "비겁한 삶이나 불의한 삶을 살았던 자들"(90e)이 다음 세대에는 여성으로 다시 태어났다는 점을 분명히 한다. 이후 세대에는 어리석거나 악한 남자와 여자는 육지와 바다와 공중의 비이성적인 동물로 전락하게 된다(91d-92c). 여기서 플라톤은 여자가 남자에게서 태어났다는 성경의 이야기(창 2:21-

22)와 일치한다는 점에 주목하라. 그러나 성경은 하와를 아담의 이성적·정서적·영적 능력을 온전히 공유하는 "돕는 배필"로 묘사하는 반면, 플라톤은 여자를 남자들이 진리, 미덕, 이성을 추구하는 철학의 길에서 벗어나게 만드는 존재로 본다. 그럼에도 플라톤은 여자가 동물보다는 남자에 훨씬 더 가까운 존재라고 묘사하며, 여자에서 동물로 내려가는 두 번째 하강은 당연하게 일어나는 것이 아니라 오직 여자가 영혼의 욕망을 이성의 지도 및 통제하에 두는 인간의 책임을 완전히 저버릴 때만 발생한다고 암시한다.

어쨌든 여자는 그들의 남자 동료들과 마찬가지로 동일한 육체적 형태를 공유하며, 플라톤은 이 형태를 비유적으로 해석한다.

우리는 신께서 인간 영혼의 주권적인 부분을 각자의 신성으로 주셨다고 고려해야 합니다. 이 부분은 우리가 말하는 대로 몸의 가장 높은 곳에 거주하는 부분이며, 우리는 지상에서가 아니라 하늘에서 자라는 식물과 같아서 우리를 땅으로부터 하늘에 있는 우리의 친족에게로 올려줍니다. 우리는 이것을 진실로 말합니다. 왜냐하면 신성한 능력이 우리의 머리와 뿌리를 영혼의 생성이 처음 시작된 그곳에서부터 매달아 두어 전체 몸을 똑바로 세운 것이기 때문입니다. 사람이 항상 욕망과 야망의 갈망에 몰두하고 그것들을 만족시키기 위해 열심히 노력할 때 그의 모든 생각은 필멸적이어야 하며, 그것이 가능하다면 그는 모든 면에서 필멸적이어야 합니다. 왜냐하면 그는 자신의 필멸적인 부분을 소중히 여겼기 때문입니다. 그러나 지식과 진정한 지혜에 대한 사랑에 열심을 낸 사람은, 그리고 그 어떤 부분보다도 자신의 지성을 발휘한 사람은 진리를 얻으면 불멸의 생각과 신성한 생각을 가질 것입니다. 그리고 인간 본성이 불멸의 일부를 공유할 수 있는 한, 그는 전적으로 불멸의 존재가 되어야 합니다. 그는 항상 신적 능력을 소중히 여기며, 신성을 자신의 내면에서 완전한 질서로 간직하고 있기 때문에 완전한 행복을 누릴 것입니다.

플라톤은 『국가』에서 고결하고 이성적이며 철학적인 행동과 진정한 행복 사이의 연결 고리를 형성한다. 여기서 그는 정치나 도덕이나 미학이 아니라 인간의 몸의 형태와 목적에 대해서도 유사한 연결 고리를 형성하는데, 인간의 몸은 우리의 영혼을 담기 위해 만들어졌다고 설명한다. 남자이든 여자이든 인간은 똑바로 서 있으며, 우리의 머리는 하늘을 향해 솟아 있다. (플라톤에게 있어 머리는 이성과 영혼의 중심부이며, 배는 욕망의 중심부다). 반면 짐승은 머리를 땅에 가까이 위치하여, 그들의 삶이 완전히 배(욕망)와 육체의 충동에 의해 지배된다는 것을 잘 나타내는 상징이 된다.

인간과 동물을 구분하는 데 있어 플라톤이 성경의 이야기(창 1:24-28)와는 정반대로 남자가 동물보다 먼저 창조되었다고 주장하는 것은 중요하다. 플라톤은 이를 통해 우리가 지상의 모든 생명의 본보기가 된다고 주장한다. 이는 마치 신들(천사들)이 우리의 창조의 본보기가 된 것과 같다. 그러나 플라톤은 우리가 천사들보다 덜 순수하게 혼합되어 있기 때문에 결국 해체와 부패의 대상이 된다고 설명한다.

다시 말하지만 플라톤은 기독교에서 말하는 것처럼 천사와 짐승 사이에 인간을 분명히 배치하지 않는다. 그러나 『티마이오스』는 『국가』에서 발전된 삼분법적 영혼을 아래의 짐승(욕망적)과 위의 천사(이성적) 사이의 투쟁과 함께 읽을 수 있는 여지를 남긴다. 오직 영혼의 기개적 부분의 도움을 받을 때에만 이성적 부분이 욕망적 부분의 짐승 같은 충동을 제어할 수 있다.

이 플라톤적 영혼의 전쟁(*psychomachia*), 즉 우리 본성의 짐승적인 측면을 억제하기 위한 영혼 내의 내적 전쟁은 초기 및 중세 신학자들에게 깊은 영향을 미쳤다. 그것은 바울이 그의 서신에서 설명한 육체와 영 사이의 싸움(예. 롬 7:18-25)과 모순을 일으키기보다는 보완할 수 있는 언어와 이미지를 제공했다. 실제로 이 책의 두 번째 부분은 플라톤 사상이 기독교 신앙에 미친 영향뿐만 아니라, 다른 다양한 영향을 추적하는 것을 목표로 할 것이다.

FROM

PLATO

2부

플라톤의 기독교 유산

TO

CHRIST

7장

◆

상승의 길

나는 이 책의 1부에서 플라톤의 기념비적인 철학적 유산을 그의 가장 잘 알려진 몇몇 작품에 비추어 조사하고 설명하고 평가했을 뿐만 아니라 종교적 독자와 세속적 독자 모두가 공감할 수 있는 방식으로 그 가르침을 제시하고자 노력했다. 2부로 넘어가면서 나는 그리스도, 성경, (삼위일체, 성육신, 속죄, 부활에 초점을 맞춘) 교회의 신조를 인정하는 기독교 독자들이 플라톤의 가르침을 어떻게 세상이 지금까지 받은 가장 완전하고 직접적인 형태의 신적 계시를 구현하는 것으로 받아들일 수 있을지를 고려하는 데 초점을 맞추고자 한다. 그런 것을 상상하려고 할 때 다행히도 나는 혼자의 힘으로 그것을 너무 밀어붙일 필요가 없다. 본 장 다음에 이어지는 다섯 장에서 살펴보겠지만, 위대한 기독교 사상가들—특히 오리게네스, 나지안조스의 그레고리오스, 니사의 그레고리오스, 그레고리오스 팔라마스, 아우구스티누스, 보에티우스, 단테, 에라스무스, 데카르트, 콜리지, C. S. 루이스 등. 비록 전체 명단에는 아퀴나스, 던, 밀턴, 뉴먼, 체스터턴 등도 포함되어 있지만—가운데 다수가 플라톤의 영향을 많이 받았으며, 플라톤의 대화편을 기독교와 조화시킬 뿐만 아니라 성경의 하나님이 그리스도의 도래를 위해 그리스-로마 세계를 준비시키는 데 사용하신 지혜의 원천으로 받아들이는 데도 거의 어려움이 없었다.

이 사상가들은 일반적으로 기독교 인문주의자 또는 더 정확하게는 인문주의적 그리스도인으로 불리는데, 이는 그들이 예수 그리스도가 주님이라는 고백을 소크라테스와 플라톤이 델포이 신전의 비문을 통해 알게 된 "너 자신을 알라"라는 명령과 결합하기를 열망하기 때문이다. 이들은 하나님의 주권과 인간의 타락을 인정하면서도 법과 제도와 윤리 규범의 제정과 예술과 과학의 발전을 통해 인간 사회에 질서를 부여하는 인간의 이성과 창의성의 힘을 믿었다.

위에서 열거한 11명의 사상가들에게 플라톤이 미친 영향을 고려하기 전에 나는 먼저 인문주의적 기독교의 관점에서 플라톤의 윤리 체계와 그 안에 담긴 육체-영혼 이원론, 그리고 적어도 신화적으로나마 환생에 대한 믿음이 하나님과 영혼과 구원에 대한 기독교적 관점과 조화를 이룰 수 있는지를 살펴보고자 한다. 다시 말해 인간이 진리를 향해 상승할 수 있다는 플라톤의 인문주의적 믿음이 인간을 구속받을 수 없는 타락한 존재로 상정하고 구원을 믿음을 통해 은혜로 의롭다 함을 받는 것으로 정의하는 기독교 체계에 어느 정도까지 통합될 수 있는지를 살펴보고자 한다.

길 예비하기

플라톤적 사고를 지닌 인문주의적 기독교 심성의 중심에는 길이라는 이미지가 자리 잡고 있다. 이는 이 세상의 환상과 오류에서 벗어나 더 높은 빛과 진리의 영역으로 나아가는 입문자의 여정을 상징하는 황금 계단의 이미지다. 이 상승의 길은 노예에서 자유로, 무지에서 지식으로, 어둠에서 빛으로, 동굴 벽의 그림자에서 모든 것을 관통하여 드러내는 태양의 빛으로 나아가는 탈출의 길이기도 하다. 이 길은 우리가 창조된 목적(텔로스)을 향해 위로 올라가기 위해 야만적인 동물적 본능을 버리는 것을 상징한다(테니슨[*In Memoriam* 118.28]은 이를 "원숭이와 호랑이"로 불렀지만, 많은 현대인들은 이를 "인간 본성"으로 받아들인다). 물론 이것은 일종의 진화이지만, 다윈주의의 자연주의적 진화도 아니고, 프로이트주의의 유물론적 진화도 아니며, 마르크스주의의 사회경제적 진화도 아니다. 즉 이것은 결정론적이지 않으면서도 종말론적이다. 이 길은 개별적이면서도 역사적인 목적을 지니고 있으며, 그 목적은 선하고, 의미 있으며, 개인적인 것이다. 그러나 길 위의 다양한 단계들—잘못과 승리, 꿈과 희망과 두려움, 천사 같은 이타적 행동, 짐승 같은 욕망과 탐욕, 악마 같은 교만과 속임수—즉 이 모든 길고 지친 걸음들은 내가 선택의 길이라고 부르고 싶은 것을 형성한다. 이것들은 무관심한 본성이 아래에서 임의로 강요한 것도 아니며, 무감정한 꼭두각시 조종자 같은 신이 위에서 강요한 것도 아니다.

르네상스의 여명기에 인간의 오르내리는 다양한 길을 따라 짧지만 의미 있는 삶을 보내는 이 "카멜레온 같은" 존재들의 본질에 대해 오랫동안 깊이 사색하던 조반니 피코 델라 미란돌라(Giovanni Pico della Mirandola) 백작은 인간에 대한 인문주의적 기독교적 관점을 옹호하는 유명한 연설을 썼다. 이 연설은 오늘날 "인간 존엄성에 관한 연설"(Oration on the Dignity of Man)로 알려져 있다. 피코에게 그리고 모든 인문주의적 기독교인들에게 인간은 천사와 짐승 사이 어딘가에 위치한다. 위대한 인문주의적 기독교 작가 토머스 브라운(Thomas Browne)의 표현에 따르면 인간은 "물질적 본질과 영적 본질 사이에 놓인 양서류 같은 존재로, 이 두 본질을 연결하는 중간 형태"이며,[1] 육체와 영혼이 결합된 독특한 존재로서 다른 모든 피조물과 구별될 뿐만 아니라 모든 창조의 최고 업적(그리고 목적)을 나타낸다.

피코는 그의 연설 초반에 창세기와 플라톤의 『티마이오스』가 귓전에 울려 퍼지는 가운데 삼위일체 주님께서 새롭게 창조한 아담에게 다음과 같이 말씀하시는 모습을 상상한다.

아담아, 우리가 너에게 어울리는 모습이나 너에게 적합한 재능을 주지 않은 것은 네가 어떤 지위, 어떤 모습, 어떤 재능을 선택하든 네 자신의 판단과 결정에 따라 네가 그것을 소유하고 가질 수 있도록 하기 위함이다. 다른 모든 피조물의 본성은 우리가 정한 법 테두리에서 정해지고 제한된다. 반면에 그러한 제한

---

1   Sir Thomas Browne, *Religio Medici*, in *The Major Works*, ed. C. A. Patrides (New York: Penguin, 1977), 103.

이 없는 너는 우리가 너에게 부여한 자유의지에 따라 너 자신의 본성의 계보를 스스로 추적할 수 있다. 나는 너를 세상의 중심에 두어 그 유리한 지점에서 세상에 존재하는 모든 것을 더 쉽게 한 눈에 둘러 볼 수 있도록 했다. 우리가 너를 하늘이나 땅에 속하지 않고, 필멸자도 불멸자도 아닌 피조물로 만든 것은 네가 자유롭고 자랑스러운 존재로서 네가 원하는 모습으로 너 자신을 스스로 만들어나갈 수 있도록 하기 위함이다. 너는 네 자신의 결정에 따라 더 저급하고 야만적인 형태의 삶으로 내려갈 수도 있고, 신적인 삶을 사는 더 높은 단계로 다시 올라갈 수도 있을 것이다.[2]

피코에게 있어 인간은 진행 중인 존재다. 우리의 머리 위에는 항상 하나의 영원한 물음표가 떠 있다. "나는 도대체 무엇인가? 나는 무엇이 될 것인가?" 짐승과 천사와 달리 각각의 고정된 영역에 속하지 않은 우리는 땅에도 하늘에도 완전히 속하지 않는다. 우리는 진정한 양서동물로, 두 세계에 각각 한 발씩을 딛고 있다. 따라서 우리의 가슴속에는 끊임없는 투쟁, 곧 아곤(agon, 미국의 문학비평가인 해럴드 블룸이 처음으로 사용한 용어로 후발 시인이 강력한 선배 시인의 작품에서 느끼는 갈등을 이르는 말—편집자주)이 존재한다. 내려갈 것인가, 올라갈 것인가? 더 낮은 곳으로 떨어질 것인가, 더 높은 곳으로 올라갈 것인가? 추락할 것인가, 상승할 것인가?

---

2 Giovanni Pico Della Mirandola, *Oration on the Dignity of Man*, trans. A. Robert Caponigri (South Bend, IN: Gateway Editions, 1956), 7-8. 『피코 델라 미란돌라: 인간 존엄성에 관한 연설』(경세원 역간).

밀턴이 위대한 그리스 극작가인 소포클레스의 방식을 따라 성경적 비극을 쓰기 시작했을 때, 즉 진정한 인본주의적 기독교의 목표를 추구했을 때 그는 이 비극을 『투사 삼손』(*Samson Agonistes*), 즉 씨름하는 삼손이라고 부르기로 결정했다. 이를 통해 그는 소포클레스의 비극에 등장하는 오이디푸스와 안티고네, 아이아스와 헤라클레스, 엘렉트라와 네오프톨레모스 등 수많은 투사들과 함께 삼손을 고전적 범주에 넣었다. 그러나 이와 동시에 밀턴은 성경의 기록을 충실히 따랐는데, 이는 단 지파의 일원인 삼손이 모든 히브리 지파의 조상이자 하나님의 백성을 지칭하는 성스러운 이름을 하나님으로부터 받은 자의 후손이기 때문이다. 그가 바로 야곱이고, 그에게 주어진 이름은 이스라엘, 곧 "하나님과 씨름하는[또는 투쟁하는] 자"(참조. 창 32:28)다. 성경 본문에는 천사가 야곱에게 새로운 이름을 부여할 때 천사의 어조(천사가 칭찬으로 말했는지, 경멸조로 말했는지, 비꼬아 말했는지)에 대한 설명이 없지만, 천사는 계속해서 새롭게 "세례받은" 이스라엘을 축복하고 있으므로 우리는 이 이름이 적어도 어느 정도는 칭찬의 의미가 담겨 있었다는 것을 받아들여야 한다.

하지만 이후 이스라엘 지파들, 즉 야곱의 자손들의 역사를 고려할 때 이 이름은 칭찬(또는 모욕)이 아니라 소명, 즉 자신이 선택한 민족이 자기가 원하는 민족으로 발전하고 성장하고 변화하리라는 예언적 도전이라고 할 수 있다. 구약성경을 대충 읽어보기만 해도 그들의 아곤(갈등, 투쟁)이 더 자주 아래로 내려가는 방향으로 이끌렸음을 알 수 있다. 이는 대지(어머니)와의 접촉을 통해 힘을 얻었던 거인 안타이오스와는 극명한 대조를 이룬다.

그들의 패배는 하늘을 향해 팔을 뻗기보다는 완고하고 고집스러운 태도로 스스로를 땅속으로 내던지려 한 데에 있었다. 그럼에도 그들의 투쟁은 진정한 것이었으며, 그 투쟁은 그들을 하나의 민족으로 규정지었다. 마찬가지로 우리의 투쟁 또한 우리 각자를 하나의 개별적 존재로 규정짓는다.

피코는 다시 성경의 계시와 플라톤의 신화를 결합하여 다음과 같이 선포한다.

> 가장 높은 영적 존재들은 창조의 순간부터 혹은 그 직후 곧바로 그들의 존재 방식이 고정되어 무한한 영원 속에서 변치 않게 되었다. 그러나 인간에게는 창조의 순간에 신이 모든 가능성을 품은 씨앗과 모든 형태의 생명을 잉태할 수 있는 싹을 부여하였다. 인간이 그중 어떤 것을 가꾸느냐에 따라 그것이 그의 내면에서 성장하여 열매를 맺게 될 것이다.[3]

일반적으로 말해 인문주의적 그리스도인들은 인간과 인간의 역사를 시간의 시작 이전에 미리 모든 세부사항까지 정해진 철저한 계획으로 보지 않고, 종말론적 가능성으로 바라보는 것을 선호한다. 즉 이것은 우리가 하나님의 은총에 마음을 열고, 우리를 하나님께로 나아가게 하는 내면의 열망에 귀 기울이며, 동시에 우리를 땅으로 끌어내리려는 또 다른 어두운 충동과 싸울 때 우리가 어떤 존재가 될 수 있는가에 대한 비전으로 이해하는 것

3　Pico, *Oration on the Dignity of Man*, 8.

이다.

　피코는 우리가 정해진 운명―혹은 내가 덧붙이자면 현대적 의미의 운명이라 할 수 있는 자연 선택, 무의식, 변증법적 유물론―에 의해 미리 만들어진 조립식 산물이 아니라고 주장한다. 오히려 우리는 귀하고 경이로운 씨앗이며, 풍요롭고 다산하며, 열매와 수많은 가능성으로 가득 차 있다. 물론 그 씨앗들 중 많은 것이 신체적, 정신적, 영적 결함을 지닌 채 세상에 들어오지만, 이러한 결함은 위로부터 정해진 것이 아니다. 오히려 그것들은 우리처럼 타락한 상태에 있는 대자연의 부산물로, 우리처럼 이 세상의 불확실성(엔트로피)과 궁극적 허무에 종속되어 있다. 요컨대 그것들은 하나님이 주시는 신적 선물에 대응하는 세속적 요소로서, 선물이 우리를 위로 끌어올리는 만큼 결함은 우리를 아래로 끌어내리는 힘을 지닌다. 그러나 당연히 이 투쟁의 본성상, 신뢰 속에서 하나님께 내어 맡겨진 결함은 우리를 위로 끌어올릴 수 있으며, 남용되고 타락한 선물은 우리를 아래로 끌어내릴 수 있다.

　그리고 자연이 부여한 결함과 하나님이 주신 선물 사이의 이 줄다리기와 함께 우리는 다시금 야곱의 이미지로 돌아온다. 이는 우리 존재의 양서적 특성에서 비롯된, 우리 본성 속 고귀한 천사와 비천한 동물 사이에서 평생 동안 이어지는 투쟁이다. 피코가 말한 "모든 가능성을 품은 씨앗"으로서 우리는 정지해 있을 수 없다. 우리는 반드시, 그리고 결국 상승하거나 하강하게 된다. 하강한다는 것은 비천한 본능에 자신을 내맡기고, 짐승 같은 존재로 전락하며, 태어날 때 우리 안에 불붙었던 이성과 은총이라는 두 빛을 저버리는 것을 의미한다. 반면 상승한다는 것은 하늘의 빛을 추구하는 것을 의미하며, 피코에게 있어 이 추구는 일종의 열망, 즉 "더 높은 것을 향한 갈망"이다. 단순히 신적 형태를 학문적으로 탐구하는 것만으로는 충분하지 않다. 우리는 그것을 사랑하고 갈망해야 한다. 진정한 지혜의 연인이 되어 철학의 신비 속에 열정적으로 입문해야 한다. 물론 이러한 사상은 피코만의 독창적인 것은 아니다. 사실 이러한 사상은 많은 신플라톤주의 학파의 핵심 신념이자 존재 이유를 특징짓는다. 이 학파들은 모두 플라톤의 대화편과 신화에서 공통된 근원을 찾는다.

그렇다면 다시 플라톤으로 돌아가 그의 가르침이 기독교적 지혜의 기준에 어떤 흔적을 남겼는지 살펴보자.

거울로 보는 것 같이 희미하나

정통 기독교의 관점에서 보면 플라톤 철학 체계의 본질적인 결함은 영적인 것을 육체적인 것보다 끊임없이 우위에 둔다는 점에 있다. 플라톤의 우주론적 체계를 엄격히 따르게 되면 예수가 완전한 신이자 완전한 사람—100% 하나님이면서 100% 사람—이었다는 성육신 신앙은 형이상학적으로 바람직하지 않을 뿐 아니라 논리적으로도 불가능해진다. 오늘날 많은 사람들이 초기 교회의 이단 중 하나인 아리우스주의에 대해 알고 있다. 아리우스주의는 예수가 가장 뛰어난 피조물이기는 하지만 성자 하나님(삼위일체의 제2위)이 아니라고 가르쳤다. 그러나 오늘날 덜 알려진 가현설이라는 또 다른 이단도 있었다. 가현설은 예수가 단지 인간처럼 보였을 뿐 실제로 인간이 된 것이 아니라 신적 존재가 인간의 몸을 마치 사람이 옷을 입듯이 "입고" 나타난 것이라고 주장했다. 가현설은 영지주의의 한 형태로, 플라톤주의의 강한 영향을 받아 신성이 본질적으로 타락한 물질과 육체와 결합할 수 있다는 것을 도저히 이해할 수 없었다.

또 다른 문제는 플라톤이 신을 초월적이고, 불변하며, 끊임없이 변화하는 우리의 물질적 세계와 전혀 접촉하지 않는 존재로 개념화한 것이다. 이는 결국, 인류를 너무나 사랑하여 기꺼이 존재의 세계를 떠나 인간의 육체라는 "감옥"을 짊어지고 매우 육체적이고 피로 물든 고통스러운 죽음을 겪으신 자비로운 구세주-하나님이라는 성경적 계시와 화해할 수 없다. 플라톤주의자에게는 전능하고, 전지하며, 편재하신 하나님이 인간의 모습을 취한다는 생각 자체가 터무니없게 여겨졌을 것이다. 마찬가지로 그리스도가 죽은 자 가운데서 육체적으로 부활하셨고, 우리도 언젠가 그 부활에 동참할 것이라는 기독교적 가르침(고전 15:20) 또한 플라톤주의자에게는 비합리적이며 혐오감을 불러일으킬 만한 내용이었을 것이다. 실제로 바울이 아테네에서 플라톤적 사고를 지닌 스토아학파와 에피쿠로스학파 앞에서 연설할 때 그들은 잘 듣다가 바울이 부활을 언급하자 대부분 비웃으며 더 이상 그의 말을 듣지 않았다(행 17:32). 오늘날 기독교인들은 성경이 바라보는 미래가 비물질적인 영혼들이 떠도는 비현실적인 영적 영역이 아니라 새 하늘과 새 땅이라는 사실을 자주 잊곤 한다. 몸과 일반적인 물질성은 사라지는 것이 아니라 구속되고 완전하게 변화될 것이다. 이는 플라톤을 기쁘게 할 만한 전망이 아니었을 것이다.

나는 플라톤의 대화편과 성경 사이의 간극은 심오하며, 일견 그리스도인이 자신의 본성, 목적, 그리고 우주 속에서의 위치를 이해하는 데 플라톤이 궁극적으로 아무런 도움도 줄 수 없을 것처럼 보일 수 있다는 점을 인정한다. 그러나 우리는 그리스도와 신약성경 이전의 시대를 기억해야 한다. 그 어떤 유대인도, 상상력이 가장 풍부한 이조차도, 신이 육체와 결합하는 실제 성육신을 상상할 수는 없었을 것이다. 나는 구약성경을 가득 채우고 있는 메시아에 관한 예언들이 십자가와 부활 이후를 사는 우리에게 현재 의미하는 바를 당시 사람들에게도 똑같이 의미했으리라고는 생각하지 않는다. 그 예언들은 그들에게 하나님이 그들을 버리지 않으셨고 버리지 않으실 것이며, 그들을 계속 인도하고 이끄실 것이라는 것, 그의 언약적 사랑이 영원하다는 것을 의미했을 것이다. 그러나 그들이 하나님이 실제로 육신을 입고 우리 가운데 거하시며, 우리를 위해 고통스러운 죽음을 맞이하실 것이라고는 꿈에도 상상할 수 없었을 것이다. 마치 오늘날 그 어떤 무슬림도 그러한 것을 상상할 수 없는 것처럼 말이다.

내 견해로는 "내가 이스라엘 집과 유다 집에 새 언약을 맺으리라"(렘 31:31)에서 "이 잔은 내 피로 세우는 새 언약이다"(눅 22:20)로, 새 마음에 대한 약속(겔 36장)에서 성령의 내주하심(고전 6:6)으로, "순종이 제사보다 낫다"(삼상 15:26)에서 믿음을 통해 은혜로 얻는 구원으로의 도약은 아무리 위대한 예언자에게라도 자신의 영적 분별력을 훨씬 뛰어넘는 일이었을 것이 분명하다. 그들은 적어도 어떤 바리새인처럼 하나님을 온 마음과 영혼과 생각과 힘을 다하여 사랑하고 이웃을 자신처럼 사랑하는 것이 율법의 핵심임을 알았을지도 모른다(막 12:32-33). 또한 성모 마리아처럼 하나님이 겸손한 자를 높이시고 교만한 자를 낮추신다는 사실을 알았을지도 모른다(눅 1:52). 심지어 시므온처럼 아기 예수를 바라보는 것이 어떤 이상하리만큼 찬란한 방식으로 그들의 구원을 보는 일이라는 것을 알았을지도 모른다(눅 2:30). 그러나 이러한 지식만으로는 기독교 신앙의 진리들을 완전히 이해할 수는 없었을 것이다.

그럼에도 여기서 중요한 점은, 하나님에 대해 이러한 것들을 알고 있던 사람들은 이 기독교의 진리들이 실제로 그들에게 계시되었을 때 그 진리들이 자신들이 가진 한정된 지식의 성취이자 완성이라는 것을 대부분의 경우 인식하게 된다는 것이다. 예수는 제자들에게 아무리 설명해도 그들이 자신의 십자가 처형의 의미를 이해하지 못할 것임을 잘 알고 계셨다. 실제로 부활과 승천 이후까지 그들의 무지는—때때로 웃음거리가 될 정도로—진정한 깨달음으로 바뀔 수 없었다. 마찬가지로 성 바울은 성경을 연구하는 데 평생을 바쳤고, 그래서 율법의 모든 측면을 알았지만, 그리스도의 충만함이 그에게 계시되기 전까지는 구약성경의 참되고 온전한 의미를 이해하지 못했다. 그러다가 마치 성경에 창문이 열리듯 그는 자신과 그 이후의 모든 그리스도인들이 알게 된 것처럼 구약성경의 모든 책에서 그리스도를 발견하고 알게 되었고, 그 모든 내용이 어느 방식으로든 그리스도 예수 안에서 하나님에 대한 계시를 가리킨다는 것을 깨닫게 된 것이다.

C. S. 루이스는 『시편사색』(*Reflections on the Psalms*)에서 시편을 가득 메우고 있는 메시아적 예언을 직접 다루며, 이 예언적이고 정경적인 "두 번째 의미들"과 이교 시인들과 철학자들이 어떤 독특한 메시아적 울림을 갖게 된 순간들 사이의 유사성을 비유를 들어 설명한다. 이러한 순간들 중 하나는 플라톤이 『국가』에서 묘사한 완전한 정의의 사람에 관한 설명이다. 이 정의로운 사람은 자신의 의로움에도 불구하고, 아니 그것 때문에 대중에게 붙잡혀 구타당하고 죽임을 당하는 인물로 묘사된다. 이는 우리가 2장에서 보았듯이 그리스도의 고난을 예언하는 시편 22편과도 놀라울 정도로 닮아 있다. 루이스는 이에 관해 이렇게 쓴다. "플라톤은 악하고 오해받는 세상에서 선의 운명에 대해 말하고 있다. 그는 그가 무슨 말을 하는지 잘 알고 있다. 하지만 이것은 단순히 그리스도의 수난과 다르지 않다. 그것은 바로 그 수난을 가장 잘 설명하는 최고의 예시라고 할 수 있다."[4]

독자들의 이해를 돕기 위해 루이스는 좀 더 친숙한 비유를 들어 설명한다.

만약 영국에 대해서만 알고 있고, 산이 높을수록 이른 봄에는 눈이 오랫동안 남아 있다는 것을 관찰한 사람이 눈이 일 년 내내 남아 있는 산을 상상하게 되었다면 그가 상상한 산과 실제 알프스 사이의 유사성은 단순한 우연의 일치가 아

---

4   C. S. Lewis, *Reflections on the Psalms*, in *The Inspirational Writings of C. S. Lewis* (New York: Inspirational Press, 1991), 184. 『시편사색』(홍성사 역간).

닐 것이다. 그는 실제로 그런 산이 존재한다는 것을 몰랐을 수도 있다. 마치 플라톤이 자신이 묘사한 십자가에 못 박힌 선의 완벽한 사례가 실제로 역사적으로 일어날 것이라고는 전혀 몰랐을 것처럼 말이다. 그러나 만약 그 사람이 알프스를 보게 된다면 그는 "이게 정말 우연의 일치군"이라고 말하지 않을 것이다. 그는 더 가능성이 높은 말로 이렇게 말할 것이다. "거봐, 내가 뭐라고 했지!"[5]

20세기의 가장 위대한 기독교 인문주의자로 여겨지는 루이스는 플라톤이 하나님의 형상으로 창조되었으며, 타락했을지라도 그의 이성은 여전히 신적 숨결의 한 조각을 간직하고 있다는 것을 잘 알고 있었다. 또한 그는 플라톤이 절대 선을 인식하고 교감하려 했던 그 열망의 뿌리가 하나님께 있었음을 알고 있었다. 비록 그 열망의 실현이 그리스도 안에서 주어지는 하나님의 은혜의 부재로 인해 궁극적으로는 헛되게 끝났을지라도 말이다.

인간의 본성 이해하기

그러므로 이제 내가, 또는 루이스가 플라톤을 구약성경과 동등하게 두거나, 플라톤의 지혜가 모세, 다니엘, 이사야의 지혜처럼 성령의 직접적인 영감에서 비롯되었다고 말하는 것으로 생각하지는 말기 바란다. 하지만 나는

---

5   Lewis, *Reflections on the Psalms*, 185.

플라톤이 거울로 보는 것처럼 희미하게나마 기독교와 양립할 수 있을 뿐만 아니라 그리스도인의 영적 여정에서 가르침과 지침이 될 수 있는 많은 진리를 엿보았다고는 점을 제기하고자 한다. 물론 위에서 본 것처럼 그의 육체에 대한 관점은 확실히 가현설적이다. 그럼에도 나는 플라톤의 사상 안에는 겉으로 드러나는 "육체 혐오" 윤리보다 더 깊이 자리한 진리들이 많다고 주장하고 싶다. 예를 들어 그는 인간 안에는 신과의 연합에 대한 열망을 둔화시키고 그를 아래로 끌어내리는 무언가가 있다는 것을 이해했고, 그것이 그를 신에게로 이끌어 올리려는 또 다른 무언가와 끊임없이 싸운다는 것도 깨달았다. 이 플라톤적인 내적 갈등, 즉 욕구하는 말이 아래로 끌어당기고, 기개 있는 말이 위로 끌어올리며, 그것을 이성적인 마부가 조절해야 하는 갈등이 바로 바울 서신에서 죽이는 육신(조문, 율법)과 생명을 주는 영 사이의 끊임없는 전쟁이라는 거대한 알프스에 해당하는 영국의 산이 아닐 수 있을까?(고후 3:6)

개인적으로 말하자면 나 자신의 영적 여정에서 육신의 무거움과 억압적인 부분, 즉 우리를 땅으로 끌어당기는 육신의 성가신 끌어당김을 인식하도록 나를 도운 사람은 그 누구보다도 플라톤이었다. 또한 육신의 욕망을 초월하라고 나에게 도전하고 심지어 깨우쳐준 사람도 플라톤이었다. 그것은 단지 훈련을 위한 것이나 타인의 칭찬을 얻기 위한 것이 아니라 내가 더 고귀한 삶을 위해 창조되었기 때문이었다. 철학적으로 보자면 플라톤의 육신에 대한 폄하는 아마도 영지주의적일 수 있겠지만, 더 실질적인 측면에서 그것은 언제나 나에게 바울이 말한 육신, 곧 영에 반대되는 것을 의미했다. 반대로 1세기부터 오늘날까지 율법주의적 그리스도인들은 바울의 육신에 대한 비판을 플라톤이 상상할 수 있었던 것보다도 더 금욕적이고 반육체적인 관점에서 해석했다.

결국 플라톤이 묘사한 소크라테스는 확실히 반금욕적이다. 예를 들어 『향연』에서 소크라테스는 문자 그대로 젊은이들을 모두 술로 이기고 나서 집으로 돌아간다(223b-d). 소크라테스는 자신의 육신을 학대하거나 자기 부정의 목적으로 금식하는 모습을 결코 보이지 않는다. 실제로 소크라테스가 식사를 건너뛸 때가 있다면 그것은 친구들과 철학적 대화를 나누느라 바빴기 때문이다. 물론 과도하게 탐닉하는 것은 옳지 않지만, 플라톤이 말하는 절제의 이유는 음식이나 육체가 본질적으로 악하다는 믿음에서 비롯된 것이 아니라 그러한 탐닉이 우리의 영혼, 곧 인간성을 돼지나 당나귀의 수준으로 격하시킨다는 믿음에서 비롯된다. 플라톤의 주된 사상 중 하나이자 내가 믿기로는 성경의 주요 메시지 중 하나는 인간이 동물처럼 살기 위해 만들어지지 않았다는 것이다. 이 주장의 진정한 의미는 "청결은 경건에 가깝다"와 같은 진부한 표현에 한정되지 않는다. 그 진정한 의미는 우리가 동물에게 허락되지 않은 종류의 자유, 즉 우리의 이성과 양심의 명령을 따를 자유를 위해 만들어졌다는 것이다. 이러한 자유란, 본능이나 충동이나 타락한 인간 본성에 의해 지배당하지 않을 자유를 의미한다.

나는 항상 인간 본성에 대해 다소 간단하고 단순화된 정의를 선호해왔다. 이는 인문주의적 기독교 심리학자인 M. 스캇 펙(M. Scott Peck)이 제시한 것으로, 그는 "인간 본성이란 바지에다 배변하는 것이다"[6]라고 말했다. 아이가 배변 훈련을 통해 고군분투하며 나아가는 과정은 처음에는 지극히 부자연스러운 일처럼 보인다. 그러나 자신의 내장을 제어하는 존엄성을 획득한 후에야 비로소 충동을 억제하는 과정이 자연스럽게 느껴질 것이다.

몸과 영혼

플라톤의 사상 중 많은 부분은 기독교가 가르치는 하나님의 형상으로 변화하고 성장하라는 부름과 조화를 이루며, 실제로 그것에 대한 지지와 동력을 제공할 수 있다. 그러나 플라톤의 사상 중 영혼의 환생에 대한 믿음은 기독교적 인간 이해와 공존할 수 없는 한 가지 측면이다. 기독교가 성육신하신 그리스도가 완전한 하나님이자 완전한 인간이었다고 가르치듯이 우리 인간 또한 육화된 존재라고 가르친다. 즉 플라톤과 그의 후계자들이 생각했던 것처럼 몸에 갇힌 영혼이 아니라 육체를 입은 영혼인 것이다. 환생이나 죽은 후에 우리의 영혼이 하나의 우주적 혼과 합쳐져 소멸한다는 믿음은 결국 우리가 육화된 존재로서 지닌 온전한 정체성과 각자가 부여받은 고유한 창조 목적에 어긋난다.

그렇다면 우리가 물어야 할 것은 이것이다. 우리가 지향해야 할 목적

---

6   M. Scott Peck, *Further Along the Road Less Traveled* (New York: Touchstone, 1998), 115.

을 그토록 잘 이해했던 플라톤이 어떻게 이처럼 중요한 부분에서 오류를 범할 수 있었을까? 내가 주장하건대 주요 문제는 플라톤이 창세기 1-3장을 접할 기회가 없었다는 점이다. 만약 그가 인간의 창조와 타락에 관한 이 신적 영감을 받은 기록을 읽을 특권을 가졌다면 그 역시 타락의 본질이 육체성이 아니라 오히려 육체성이 창조의 핵심적 측면 중 하나라는 것을 알았을 것이다. 타락을 초래한 것은 반역과 불순종, 즉 죄이며, 이것이 우리가 온전한 잠재력을 실현하는 것을 방해하는 요소다. 나는 곧 죄와 구속에 대해 다시 살펴볼 것이다. 지금은 몸과 영혼의 관계에 대한 기독교적 이해에 집중해보자.

창세기 2:7에 따르면 하나님은 아담에게 자신의 영을 불어넣으셨고, 아담은 살아 있는 영혼이 되었다. 이상적인 상태에서 우리의 몸은 영혼을 가두는 감옥이 아니었으며, 원래부터 그렇게 의도된 것도 아니었다. 더욱 중요한 것은 영혼과 몸이 서로 적대하는 관계가 아니라 서로에게 특별히 맞춰진 배우자와 같은 존재라는 점이다. 몸은 단순한 옷 이상의 것이며, 영혼과 본질적으로 연결되어 인간의 본성을 정의하는 요소다. 실제로 고린도전서 15장에 따르면 천국에서도 우리의 영혼은 부활의 몸을 입거나 소유하게 된다. 우리가 죽을 때 이 땅의 몸을 이루는 살과 피와 뼈를 벗어던진다 할지라도 우리는 영원히 신적 육체성을 지닌 채로 계속 존재할 것이다. 지금은 상상할 수 없는 그런 신적 육체로 말이다. 마찬가지로 삼위일체의 제2위이신 그리스도께서 아버지께로 승천하셨을 때 순전히 영적인 상태로 되돌아가신 것이 아니라 완전한 하나님이자 완전한 인간으로 영원토록 성육신하신 그리스도로 남아 계셨고 앞으로도 계속 그러실 것이다.

플라톤은 성육신과 부활에 대해 알지 못했다. 그러나 이 두 가지가 창조 이야기보다도 더 몸과 영혼에 대한 모든 기독교적 이해의 토대를 이루거나 최소한 이루어야 한다. 따라서 이러한 지식이 없었던 플라톤이 몸과 영혼 사이에 존재하는 특별한, 영원한 결합을 생각해낼 수 없었던 것은 당연하다. 이러한 부재 속에서 환생 이론은 단지 논리적일 뿐만 아니라 오히려 가능성 높은 결론으로 여겨졌을 것이다. 보이지 않으며 파괴되지 않는 영혼과 보이고 끊임없이 변하는 물질이라는 관점에서 볼 때 플라톤이 하나님께서 두 존재를 독특하게 결합하셨다는 사실을 알지 못한 채 에너지 보존 법칙에 해당하는 자신의 영적 이론에 도달한 것은 전혀 놀라운 일이 아니다. 즉 영혼은 결코 죽지 않으며, 단지 하나의 형태에서 또 다른 형태로 옮겨 다닌다는 것이다.

그럼에도 불구하고 플라톤의 대화편을 몸과 영혼에 대한 더 성경적인 이해에 맞도록 "조정"하려는 의지가 있다면 나는 그의 이론이 여전히 은혜로 구원받은 인문주의적 그리스도인들이 성화라는 상승의 길을 따라 지복직관에 도달하는 데 매우 유익한 도움을 줄 수 있다고 믿는다. 더 나아가 우리가 중세 스콜라 철학자들이 구약을 "읽었던" 방식으로, 즉 비유적 의미로 플라톤을 "읽는다면" 우리는 심지어 이러한 조정 없이도 플라톤을 읽을 수 있을 것이다.

나는 지금 농담을 하는 것이 아니다. 플라톤의 환생에 대한 고찰은 항상 그의 신화에 한정되어 있으며, 내가 그의 신화에 대해 설명한 것처럼 이러한 신화는 단순한 거짓으로 치부해서는 안 되지만, 또한 순수하게 문자적으로 읽어서도 안 된다. 플라톤의 신화는 과학적 진술이 아니라 철학적 시(詩)로 기능하며, 그의 윤리적 주장을 밝히고 뒷받침하는 비유적 설명을 제공하기 위한 것이다. 콜리지가 『문학 평전』(Biographia Literaria)에서 워즈워스의 "불멸에 대한 암시: 어린 시절의 회상"(Ode: Intimations of Immortality from Recollections of Early Childhood)을 주의 깊게 읽은 독자는 "워즈워스가 플라톤의 선재(先在) 개념을 일반적인 해석대로 믿었다고 비난할 가능성이 낮으며, 나 또한 플라톤 자신이 이를 문자적으로 의미하거나 가르쳤다고 믿지 않는다"라고 주장했을 때 그의 주장은 매우 타당했을 것이다.[7]

플라톤의 신화를 비유적으로 해석하려는 시도를 한다면 상승하거나 하강하는 과정에서 내적으로 발생하는 심오한 심리적 진실이 곧 드러나는 것을 발견하게 될 것이다. 여기서 나는 "심리적"이라는 표현을 현대의 프로이트적 의미가 아니라 단테의 『신곡: 지옥편』에서처럼 죄인들이 스스로 지옥에서의 고통을 창조한다고 여기는 더 높고 더 영적인 의미로 사용하고 있다. 영혼이 세대를 거듭하며 상승과 하강을 반복하는 여정에 대한 플라톤의 신화는 나중에 철학자들이 "존재의 대사슬"(Great Chain of Being)[8]이라고 부르게 된 개념을 통해 감각적 욕망에 점진적으로 굴복할 때 영혼이 처음에는 거칠어지고, 그다음에는 인간성을 잃으며, 마침내 죽어가는 방식에

---

7   Samuel Taylor Coleridge, *Biographia Literaria*, ed. James Engell and W. Jackson Bate (Princeton: Princeton University Press), 2:147. 『콜리지 문학 평전』(옴니북스 역간).

8   다음을 보라. Arthur O. Lovejoy, *The Great Chain of Being* (New York: Harper & Row, 1936).

대한 통찰을 제공한다. 한때 도덕적이었던 사람이 심각한 죄악으로 빠져드는 과정은 영적 온전성, 자율성, 분별력을 점진적으로 포기하는 일련의 단계로 이루어지며, 플라톤이 신화를 통해 묘사한 영혼의 "퇴보" 과정—새에서 포유류, 파충류, 물고기로 이어지는 일련의 환생—과 많은 유사점을 지닌다. 마찬가지로 같은 사람이 큰 노력을 기울여 다시 생산적인 시민으로서 공동체에 재진입하는 과정 역시 영혼이 더 고귀한 동물들을 거쳐 마침내 도덕적 결단과 윤리적 책임의 인간 세계로 진입하는 돌파구에 이르는 과정과 비슷하다.

플라톤이 묘사한 우주의 사다리를 오르기 위한 투쟁은 거대한 과업으로서 연속적으로 여러 속박에서 해방되는 과정을 수반하며, 이를 동물들과 "덜 계발된" 인간들이 거치는 상승의 다양한 본성과 연결하는 것이 지나친 억측은 아닐 것이다. 하나님께서 하늘 사다리를 통해 천사들이 오르내리는 환상을 보여주신 자가 바로 이스라엘이라 불리는 인물이었다는 사실은 결코 우연이 아니다(창 28:10-17).

남성과 여성

죄와 구원의 쌍둥이 문제로 넘어가기 전에 나는 플라톤의 영혼 윤회설에 관한 어려운 측면을 먼저 논의할 필요가 있다고 생각한다. 이 문제는 그의 철학자 교육 이론에서 더욱 심각한 측면과 연결되어 있다. 『티마이오스』의 마지막 부분(90e)에 따르면 "비겁하거나 불의한 삶을 산" 남자는 항상 동물의 몸으로 곧바로 떨어지는 것이 아니라 때로는 먼저 여자의 몸으로 내려간다고 한다. 이는 여자를 남자와 상호적 관계를 맺기 위해 창조된 특별하고 독립적인 존재로 보는 성경적 관점(창 2:20-24)과 대조된다. 플라톤은 여성을 열등한 남성으로 보았고, 여성 전체를 자궁의 육체적 욕구에 거의 종속된 존재로 간주한다.

안타깝게도 플라톤은 영혼과 육체에 대한 부정적인 관점 때문에 여성이 철학자 교육에서 어떤 역할도 할 수 있다고 상상하지 못한다. 결과적으로—여기서 다소 비정형적인 결론에 도달하게 됨을 인정하지만, 플라톤이 『국가』와 『법률』에서 여성 수호자들을 어느 정도 인정했다는 사실에도 불구하고—철학자가 상승의 길을 따라가는 과정은 남성 중심적이다. 이로 인해 내가 지금까지 플라톤의 대화편 분석에서 간과했던 또 다른 주제, 즉 동성애로 이어진다. 『향연』에서 연인의 교육에 대한 플라톤의 설명에 따르면 연인과 사랑의 대상은 모두 남성이다. 철학자가 되려는 연인이 처음으로 사랑하게 되는 아름다운 사람은 항상 소년이며, 철학자의 상승 여정을 시작하고 종종 지속시키는 관계는 동성애적 관계다(211b-c).

잘 알려진 바와 같이 실제로 플라톤은 당시의 모든 교양 있는 그리스인들과 마찬가지로 나이든 남자가 더 어린 남자를 자신의 피후견인으로 삼는 것을 용인할 수 있다고 생각했다. 그리스인들에게 동성애는 거의 항상 남색의 형태로 나타났다. 그리고 플라톤은 그의 대화편에서 나이든 남자와 더 어린 남자 사이의 이상적인("플라톤적") 사랑은 성적인 것이 아니어야 한다고 거듭 주장했지만—소크라테스는 『향연』(219b-d)에서 잘생기고 늠름한 알키비아데스의 성적 접근을 계속 거부했다—동성애 행위는 분명히 이러한 관계를 구성하는 흔한 요소였다. 여기서 나의 요점은 고대 그리스의 이러한 삶의 측면을 조사하는 것이 아니라 연인과 사랑하는 사람 간의 남성적 유대가 과연 플라톤의 철학자 교육에서 필수적이고 불가분의 요소인지에 대해 생각해보자는 것이다. 신구약 성경에서 똑같이 동성애를 명백히 정죄하고 있기 때문에(레 18:22; 롬 1:26-27) 플라톤과 기독교를 조화시키려는 노력은 적어도 어느 정도는 이 주제를 다루려는 시도를 해야만 한다.

이러한 조화를 위한 가장 간단한 방법은 "지혜를 구하는" 기독교 남성 공동체의 지향이 동성애일 필요는 없다는 증거로 기독교 세계의 위대한 수도원을 예로 드는 것이다. 물론 그렇다고 해서 때때로 남색이 존재했다는 것을 부정하는 것은 아니지만 말이다. 여기서 남녀의 분리는 수도사들이 아내나 가족에 대한 의무에 얽매이지 않음으로써 이 세상의 일상적인 문제에 얽매이지 않고 자신의 "교육"에 전념할 수 있도록 하기 위한 의도를 가지고 있었다. 인문주의적 그리스도인으로서 나는 인문주의적 기독교 신조의 핵심인 고전 문학의 대부분을 보존하고 있는 곳이 수도원이라는 사실에 찬사를 보내는 것은 말할 것도 없고, 수도사들이 상승의 길에 오르려는 열망을 긍정할 수밖에 없지만, 수도원이 종종 조장하는 율법주의적이고 금욕적이며 반육체적인 풍조 및 세상과 분리하려는 청교도적인 성향에 대해서는 여전히 고민하고 있다. 따라서 나는 동성애에 대한 플라톤의 견해를 대안적인 방식으로 다루고자 한다.

플라톤이 여성에 대해 좀 더 긍정적인 시각을 가지고 있었다면, 그리고 아테네의 여성들에게 더 많은 교육의 기회가 주어졌다면 철학적 사고의 발전에 있어 여성에게 더 중요한 위치와 역할을 부여했을지도 모른다고 나는 제안하고 싶다. 실제로 플라톤이 『국가』에서 제시한 여성 교육을 위한 진보적인 정책은 그가 개인과 집단의 정의와 지혜 추구와 관련하여 여성의 본질과 지위에 대해 다시 생각해보려는 시도라고 볼 수 있다. 플라톤은 역사상 대부분 그러했듯이 여성을 오로지 성적인 면으로만 파악하는 경향이 있었고, 그런 관점에서 보면 여성은 남성을 지상으로 끌어내리고 상승 욕구를 둔화시키는 역할만 하는 것처럼 보였을 것이다. 플라톤이 여성이 지닌 영성의 온전함을 받아들일 수 있었다면, 그가 여성의 육체적 아름다움 속에서 영혼과 신을 연결하는 더 깊은 아름다움을 볼 수 있었다면, 그가 여성에 대한 남자의 사랑이 육체의 정욕과 타고난 번식 충동을 초월할 수 있다는 것을 인정할 수 있었다면 그는 『향연』에 등장하는 철학자–연인의 "커리큘럼"에 이성애적 사랑을 포함하도록 수정했을 것이라고 나는 믿는다.[9] 물론 이것은 인문주의적 기독교가 "야생 귀리의 씨뿌리기(결혼 전에 성적으로 방탕하게 사는 것을 가리킴—역자주)"를 선호한다고 말하는 것은 아니지만 (성경적 관점에서 혼외 이성애는 동성애와 마찬가지로 죄다), 적어도 우리를 올바른 방향으로 이끈다.

---

9 가능한 비유로 플라톤은 『국가』 제10권에서 시가 유쾌하고 유용하며 잘 정돈된 상태에서 정당한 위치와 기능을 갖는다는 것을 보여줄 수 있다면 그는 자신이 추방했던 시인들을 국가로 돌려보낼 수 있다고 주장한다(607d).

내가 제안하는 것은 플라톤이 여성에 대해 더 높은 관점을 가지고 있었다면 그는 결혼 관계에서 소크라테스가 진리를 추구할 때 사용한 것과 다르지 않은 일종의 변증법의 가능성을 발견했을지도 모른다는 것이다. 플라톤의 변증법은 생각의 충돌에서 지식이 출현하는 것을 포함한다. 이 충돌, 즉 마치 작업대 위에서 거친 목재를 다듬는 것처럼 생각과 생각의 마찰은 모든 진정한 결혼에서 일어나는 일이다. 하나님께서 남녀, 따라서 결혼을 제정하신 가장 큰 이유 중 하나는 남편과 아내가 서로를 연마하고 다듬을 수 있도록 하기 위해서였다고 나는 믿는다. 실제로 이러한 기초적인 관계가 없다면 남성 철학자는 너무 추상적으로 변하고 세상과 너무 단절되기 쉽다.

테니슨(Tennyson)은 그의 시 "로터스를 먹는 사람들"(The Lotos-Eaters)에서 인문주의적 그리스도인이 될 사람들에게 나타나는 플라톤주의의 가장 큰 위험 중 하나라고 할 수 있는 이러한 금욕적인 남성적 태도를 가장 잘 포착한다. 여기서 율리시스의 남자들은 연꽃의 달콤한 열매를 맛본 후 집으로 돌아가 가족들과 재회하려는 모든 욕구를 잃은 채 언덕에 누워 연꽃을 먹으며 세상과 인간의 소소한 삶을 잊고 사는 것을 유일한 소망으로 삼는다. 그들은 이렇게 노래한다.

> 우리가 맹세를 하고 한결같은 마음으로 그것을 지키게 해 다오
> 공허한 로터스 땅에서 살고, 기댄 채 누울 수 있게 해 다오
> 마치 산 위에 모인 신들처럼, 인류에게 관심이 없는

그들은 그들의 넥타르 옆에 누워 있고, 번개가 휘둘러지니

그들의 먼 아래의 계곡 속에서, 그리고 구름은 가볍게 구불거리며

그들의 황금 집들을 두르고, 번쩍이는 세계에 둘러싸인 채

그들은 비밀스레 웃으며 둘러본다, 황폐한 땅을

메마름과 기근, 역병과 지진, 울부짖는 심연과 활활 타오르는 모래들

싸움의 첫소리, 불타는 마을들, 그리고 가라앉는 배들, 그리고 기도하는 손들을

그러나 그들은 미소 짓는다, 구슬픈 노래의 중심에 있는 음악을 발견하고

점점 격해지는, 한탄과 잘못에 대한 오래된 옛이야기를

마치 가사는 강렬하나 아무런 의미가 없는 이야기같이(153-64).[10]

복음을 위한 준비

하지만 물론 상승의 길을 오르며 고군분투하는 것에 대한 이 모든 이야기
는 정말 기독교답지 않은가? 성경은 우리에게 값없는 은혜(롬 11:6), 이신칭
의(엡 2:8-9), 전가된 의(롬 1:17), 하나님의 뜻을 따라 살 수 없는 인간의 무
능력(롬 3:23)에 대해 이야기하고 있다. 율법의 행위는 우리를 정죄할 뿐이
다(롬 4:15). 그렇다면 플라톤의 철학자 교육 체계가 용서와 구원에 대한 절
박한 필요성 앞에서 인간의 전적인 무력함을 강조하는 기독교 세계관에 어

---

10 *Tennyson's Poetry*, ed. Robert W. Hill Jr. (New York: Norton, 1971), 51.

떻게 통합될 수 있을까?

그것은 매우 어렵다. 앞서 나는 플라톤의 타락 개념에는 죄의 개념이 포함되어 있지 않으며, 그의 타락은 불순종이 아니라 육체성에 의한 타락이라는 점을 이미 언급했다. 플라톤에 따르면 우리가 신에게 도달하지 못하는 것은 안목의 정욕이 아니라 지각의 오류 때문이며, 육체의 정욕이 아니라 육체의 무게, 삶의 교만이 아니라 자기인식의 부족 때문이다. 이와는 대조적으로 기독교는 우리가 자신의 노력과 공로로 의를 이룰 수 없는 타락한 인간이라고 주장한다. 실제로 우리가 타락하지 않았다면 하나님께서 우리를 대신해 고통스럽고 굴욕적인 죽음을 맞이하도록 아들을 이 땅에 보내실 필요도 없었을 것이다. 기독교의 본질은 은혜이며, 구원은 노력에 대한 보상이 아니라 그리스도의 삶과 죽음과 부활을 받아들이고 그를 주와 구세주로 삼는 이들에게 주어지는 공짜 선물이다. 만약 그리스도의 십자가 죽음을 하나님이 우리 죄의 형벌을 스스로 짊어지신 신적 화해(propitiation) 행위로 보기보다는 단지 우리의 삶에서 본이 되어야 할 모범적인 행위로만 본다면(고후 5:21) 기독교는 단지 많은 종교 중 하나가 되고, 예수 자신은 모세, 조로아스터, 부처, 공자, 소크라테스, 힐렐, 무함마드 등 탁월하지만 인간의 계보에 속한 또 다른 선생에 불과하고 성인(聖人)의 수준으로 축소되고 만다.

아니, 우리는 결코 플라톤에 대한 존경과 찬사가 기독교의 가장 중심적이고 본질적인 가르침, 즉 삼위일체 하나님께서 예수 그리스도의 인격과 사역을 통해 은혜로 말미암아 믿음으로 주시는 의를 단절시키도록 허용할 수 없다. 만약 그렇게 한다면 우리는 결국 소수의 선택받은 자만이 알 수 있고 이해할 수 있는 비밀스러운 가르침과 신비한 지혜를 통해 구원이 온다고 믿는 신플라톤주의적 영지주의자들의 대열에 합류하게 될 것이다.

거의 모든 그리스도인들이 받아들이듯이, 만약 우리가 하나님의 은혜를 받아들이거나 거부할 수 있는 놀라운 권리와 책임을 그분으로부터 부여받았다는 사실을 받아들인다면, 플라톤의 체계는 우리가 하나님과의 올바른 관계를 회복할 수 있는 체계로서가 아니라(이것은 십자가 없이는 불가능하다) 구원에서 성화로 나아가는 데 도움을 줄 뿐만 아니라 그리스도의 은혜가 우리에게 주어질 때 올바른 선택을 하도록 우리를 준비시킬 잠재력을 지닌 교육으로서 어느 정도 타당성이 있을 수 있다고 나는 생각한다. 에르 신화에 대한 분석에서 보았듯이 소크라테스가 『국가』에서 조심스럽게 제시한 철학자 교육은 결국 우리의 다음 생은 어떤 것이 될 것인가라는 하나의 중요한 선택을 위한 긴 준비 과정으로 드러난다.

혹은 더 높은 신비적 차원으로 나아가자면 『파이드로스』와 『향연』의 신화들은 플라톤 철학자의 길을 따르는 것이 진리와 실재를 갈망하고, 우리를 창조하신 분과 교감하기를 열망하며, 그분이 우리에게 주신 올바른 목적(telos)을 아는 것이라고 가르친다. 또한 그것은 자유를 찾는 여정이기도 하다. 플라톤의 철학자는 비록 죄를 잘못과 혼동할지라도 신적 이데아에 의해 형성되기를 거부하는 자신의 육체 속에서 한결같은 저항을 인식하고 있다. 그는 자신이 바라는 교감을 이루고 존재의 세계로 상승하기 위해서는 이 반항적 완고함을 극복해야 함을 알고 있다. 위에서 말했듯이 입문자가 추구하는 이 존재의 세계는 궁극적으로 비인격적이고 금욕적인 세계임이 사실이지만, 그럼에도 나는 온 마음과 영혼과 정신을 다해 그러한 세계에 도달하고 그러한 교감을 이루고자 노력하는 사람이라면 여정의 어느 시점에서 그 높은 세계가 사랑과 수용과 용서의 장소일 수도 있지 않을까 궁금해할 수밖에 없다고 주장하고 싶다.

실제로 이러한 의문이 조금이라도 남아 있다면 그런 구도자가 예수의 사랑에 대해 듣게 될 경우 마음속에서 기쁨과 자긍심이 생겨날 가능성이 매우 높다. 앞서 살펴본 바와 같이 플라톤은 온갖 높은 차원의 지혜는 결국 기억하는 행위를 통해 얻을 수 있다고 믿었다. 따라서 나는 그리스도인들이 환생이나 영혼의 선재성을 받아들이지 않고도 이 가르침을 받아들일 수 있다고 제안하고 싶다. 정통 기독교에 따르면 우리는 모두 아담의 타락을 공유하는데, 그렇다면 아담이 하나님과 직접 교제하며 살았던 짧은 경험도 공유할 수 있지 않을까? 우리는 모두 한 인류로서 에덴에 대한 집단적 기억을 공유하고 있지 않을까? 만약 이것이 사실이라면 나는 한 걸음 더 나아가 우리가 상승의 길을 오르는 것이 그 특별한 기억을 되찾는 데 도움이 될 수 있으며, 따라서 우리가 설교에서 듣는 그리스도가 날이 저물어 서늘할 때 아담이 동산에서 들은 그 발걸음 소리의 주인공이신 하나님(창 3:8)과 동일한 분임을 인식하는 데 도움이 될 것이라고 제안하고 싶다.

어떤 의미에서 나는 우리의 배움이 단순히 공부를 통해서가 아니라 아우구스티누스가 신적 조명이라고 언급했던 타고난 직관적 지식(*De Magistro* 12.40과 *83 Different Questions* 46)에서 나온다는 그의 믿음을 여기서 되풀이하고 있는 것이다. 비평가들은 아우구스티누스의 신적 조명 이론이 플라톤의 기억과 영혼의 선재성에 어느 정도 의존하는지에 대해 오랫동안 논쟁을 벌여왔지만, 내 주장을 뒷받침하기 위해서는 굳이 철통같은 연관성을 고집할 필요는 없다. 아우구스티누스의 신적 조명 이론은 기억 및 선재성과 조화를 이룰 수 있으며(그는 이 가능성을 구체적으로 부정한 적이 없다), 그 궁극적인 조명의 근원이 아우구스티누스가 플라톤의 이데아를 위치시킨 하나님의 생각과 성육신하신 그리스도라는 점만을 주장하는 것으로 충분하다.

나는 인문주의자이자 플라톤주의적 그리스도인으로서 이 문제에 관해 아우구스티누스의 견해에 동의하지만, 여기서 한 걸음 더 나아가 다음과 같이 제안하고자 한다. 첫째, 우리의 조명은 비인격적 이데아가 아니라 어떤 불특정한 방식으로 하나님 자신을 바라보았던 태아 이전의 동산에 대한 집합적 기억으로 거슬러 올라간다. 둘째, 플라톤적 유형의 진리와 조명에 대한 갈망―동굴의 그림자에서 벗어나려는 갈망―은 영혼이 복음을 받아들일 수 있는 성향을 갖추게 할 수 있다. 고전적이고 이교도적인 표현으로 말하자면 평생 진지하게 아도니스(그리스 신화의 "죽는 신" 중 하나)의 사랑을 알고 경험하고자 추구했던 사람은 예수 안에서 그 신화의 역사적 실현을 인식하고, 예수가 직접 알고 마음에 품을 수 있는 하나님이라는 기쁜 소식에 기뻐하지 않을 수 있을까? 나는 동방박사들의 경우가 그러했다고 믿는다(마 2:1-12). 그들은 플라톤처럼 율법과 예언서를 알지 못했으나, 아기 그리스도 앞에 섰을 때 그 아기가 그들이 오랫동안 찾던 목적(telos)임을 알아보았다. 또한 병든 종을 둔 로마 백부장과 고넬료라는 또 다른 로마 백부

장의 경우를 생각해보자. 그들은 하나님에 대한 직접적인 지식은 없었으나, 그들의 미덕을 추구하는 삶(눅 7:5; 행 10:2)이 그들에게 구원을 가져다준 것은 아니지만, 분명히 예수의 권위와 구원의 능력을 알아볼 수 있는 성향을 그들에게 심어주었다.

주의와 희망

나의 이상주의적인 희망은 플라톤적 교육이 우리 마음의 토양을 복음의 씨앗을 위한 발판으로 만들 수 있다는 데에 있으며, 에우세비오스의 의미심장한 표현을 빌리자면 그것이 복음을 위한 준비(*praeparatio evangelica*)가 될 수 있다는 것이다.[11] 그럼에도 나는 내 자신이 미덕의 길에서 벗어나지 않도록 두 가지 주의 사항을 통해 나의 열정을 조금 자제하고자 한다.

첫째, 우리는 플라톤식 교육 체계가 쉽게 치명적인 자기 의로 이어질 수 있다는 점을 인정해야 한다. 이러한 자기 의는 일반적으로 복음의 요구를 빠르게 부인하는 경향이 있다. 하나님의 지혜는 사람에게는 미련한 것이며, 지혜를 추구하는 그리스인들에게 그리스도의 십자가는 어리석음의 극치라는 사실(고전 1:18-31)을 나 자신과 독자들에게 상기시키지 않는다면 나는 정직하지 못한 사람일 것이다. 소크라테스는 플라톤의 철학자처럼

---

11 *The Preparation for the Gospel* (Aeterna Press, 2015).

진리를 사랑하는 사람으로, 그의 중심적인 욕망은 선, 진리, 아름다움에 대한 보다 명확하고 직접적인 인식을 얻기 위해 이 세상의 환상을 걷어내는 것이었다. 이런 의미에서 플라톤의 가르침은 중립적이다. 소크라테스는 플라톤의 철학자와 마찬가지로 진리를 사랑하는 자로서 이 세상의 환상을 벗겨내고 선, 진리, 아름다움을 더 명확하고 직접적으로 인식하고자 하는 것이 그의 중심적인 욕망이다. 이러한 점에서 플라톤의 가르침은 중립적이다. 그것을 어떻게 사용하고, 무엇을 발견하기 위해 사용하는지가 그것이 우리를 그리스도에게로 이끄는 영광스러운 직선이 될지, 아니면 우리 자신에게로 되돌아오는 자아 중심적 원이 될지를 결정할 것이다.

둘째, 철학의 길을 올바르게 따르는 것이 세례자 요한의 설교처럼 주님의 길을 준비하는 일이 될 수 있다는 나의 믿음에 대한 또 하나의 주의 사항은 철학에 대해 아무것도 모르는 사람도 신의 본성을 엿본 철학자만큼이나 복음을 쉽게 받아들일 수 있다는 단순한 사실에서 비롯된다. 더욱 놀라운 것은 탐욕이나 방탕이나 분노에 삶을 바친 사람들―예를 들어 십자가상의 강도―이 지혜를 사랑하는 자들보다 더 빠르게 그리스도께 반응하는 경우가 종종 있다는 것이다. 물론 이것은 당연한 일이다. 만약 그렇지 않다면 하나님은 사람을 차별하신다는 비난을 받을 수 있으며, 복음은 교양 있는 엘리트들의 소유물이 되고 말 것이다.

아니다. 철학자들이 그리스도를 받아들이기에 더 합당하거나 더 능력이 있는 것은 아니지만, 나는 철학자들이 기독교적 삶으로 더 부드럽게 전환할 수 있는 준비가 더 잘 되어 있다고 주장하고 싶다. 철학자들이 이미 육체의 욕망과 충동을 제어하는 법을 배웠다면 그들은 종종 신앙에 대해 아무런 지식이나 경험 없이도 기독교로 개종한 사람들이 "복음에 합당하게"(빌 1:27) 행하기 위해 겪는 어려운 적응 기간을 피할 수 있을 것이다. 마찬가지로 보이지 않는 것들을 탐구하는 데 익숙하고 훈련된 마음을 가지고 기독교에 들어온 사람은 기도와 말씀 묵상이라는 영적 훈련을 더 빨리 이해하고 실천할 수 있을 것이다. 내가 여기서 제안하는 바는 단순히 이것이다. 플라톤식 교육 체계가 율법처럼 일종의 가정교사로 작용하여 장차 다가올 은혜를 위한 준비를 할 수 있다는 것이다(갈 3:24).

8장
◆
오리게네스의 사색

이전 장에서 플라톤의 철학과 기독교 신앙의 관계를 폭넓게 개괄적으로 설명했으므로 이제 나는 자신들의 기독교 신앙과 플라톤의 대화편을 조명하는 기독교 이전의 심오한 진리를 서로 통합하는 독특한 방법을 각기 찾아낸 몇몇 선별된 기독교 사상가들을 통해 플라톤의 영향력을 추적하기 시작할 것이다.

나는 이레나이우스나 테르툴리아누스, 순교자 유스티누스가 아니라 플라톤을 존중하면서도 기본적인 기독교 정통 신앙을 훼손하지 않으려 했던 한 초기 교회의 이설적 교부로부터 시작하고자 한다.[1] 그는 이교도를 함

---

1   비록 오리게네스가 죽은 지 3세기가 지난 후 콘스탄티노플 제2차 공의회(553년)에서 그의 저술이 이단으로 정죄 받았음에도 그는 기독교에 지대한 영향을 끼쳤다. Henry Chadwick은 *The Early Church*(London: Penguin, 1975)에서 다음과 같이 기록한다. "교회 역사가인 카이사레아의 에우세비오스는 오리게네스를 역사상 최고의 성자이자 최고의 지성인으로 꼽았으며, 그 어떤 그리스 성경 주석가도 그의 영향에서 벗어날 수 없었다고 회고한다. 오리게네스를 그리스 문화의 독소로 기독교를 타락시킨 이단자로 간주했던 키프로스의 살라미스의 에피파니오스조차도 그의 성경 주석에 훌륭한 내용이 담겨 있음을 인정했다. 4세기에 수도원 운동이 발전하면서 오리게네스의 영성에서 개인적인 열망에 대한 신학적 근거를 발견한 많은 수도자들이 있었다"(112).

께 받아들이는 유명한 학교를 세웠으며, 고전 인문학을 성경과 복음의 더 온전한 진리를 위한 준비 과정으로 활용하고자 했다. 그의 이름은 오리게네스(185년경-253년경)였으며, 그의 대표작인 『제1원리』(*On First Principles*, 225년경)는 플라톤과 기독교의 가장 흥미로운 융합 중 하나를 제시한 작품이다.

지혜이신 하나님

일부 기독교 신학자들은 주권을 하나님의 본성의 중심 속성으로 취급한 반면, 다른 신학자들은 사랑이나 능력 또는 거룩함을 하나님의 신비를 푸는 열쇠로 간주했지만, 오리게네스는 지혜가 하나님의 본성을 정의하고 조명하는 데 있어 다른 어떤 속성보다 더 중요하다고 제안한다. 지혜에 대한 그의 칭송은 『제1원리』의 두 번째 장에서 그리스도의 여러 칭호에 대해 논의하는 중에 처음 등장한다. 오리게네스는 그리스도를 모든 피조물의 맏아들이자 하나님의 로고스로 칭송하는 것 외에도 지혜를 성자 하나님의 주요 메시아적 칭호 및 속성 중 하나로 칭송한다. 그는 잘 알려진 잠언의 한 본문에 기초하여 이 주장을 뒷받침한다.

여호와께서 그 조화의 시작
곧 태초에 일하시기 전에 나[지혜]를 가지셨으며

만세 전부터, 태초부터,

땅이 생기기 전부터 내가 세움을 받았나니

아직 바다가 생기지 아니하였고

큰 샘들이 있기 전에 내가 이미 났으며

산이 세워지기 전에, 언덕이 생기기 전에

내가 이미 났으니(잠 8:22-25).

오리게네스에 따르면 이 본문은 성육신하기 이전의 그리스도, 즉 만물이 그로 말미암아 지은 바 된 분(요 1:3)에 대해 말하고 있으며, 그는 지혜를 성자가 소유한 속성 중 하나로 꼽을 뿐만 아니라 그 지혜가 곧 하나님의 아들임을 매우 대담하게 주장한다. 실제로 오리게네스는 한 걸음 더 나아가 그리스도와 하나님이 하나이며 그리스도가 곧 지혜이기 때문에 "하나님이 전능자라 불리시는 것도 지혜 덕분이며, 지혜는 전능의 영광에 동참한다. 하나님이 만물을 다스리시는 권능은 바로 그리스도이신 지혜를 통해 이루어진다"(1.2; 24)라고 주장한다.[2]

사실 위의 결론은 조금 더 복잡하다. 지혜의 관점에서 보면 아버지와 아들을 연결하는 것은 단지 두 분의 공유된 신격이 아니라 태초에 만물이 그리스도(또는 그리스도이신 지혜)를 통해 창조되었고, 종말에는 만물이 그리

---

2 Origen, *On First Principles*, ed. and trans. G. W. Butterworth (New York: Harper & Row, 1966). 『원리론』(아카넷 역간). 나는 본문에 책의 장과 쪽수를 적어둘 것이다.

스도 아래 복종하게 되고, 그리스도 자신도 아버지께 복종하게 될 것이라는 사실이다. 따라서 오리게네스는 하나님이 통치할 대상이 없다면 진정으로 전능하실 수 없고, 만물이 그리스도(지혜)를 통해 창조되었기 때문에 지혜는 하나님의 능력 및 통치(주권)와 분리될 수 없다고 주장한다. 마찬가지로 지혜에 의해 창조된 동일한 세상이 언젠가 같은 방법으로 지배될 것이라면 하나님께서 그리스도 안에서 세상을 지배하시는 방식은 힘이 아니라 주로 지혜를 통해 이루어질 것이다.

> 이제 만약 모든 사람이 예수 앞에 무릎을 꿇는다면(빌 2:10) 의심할 여지 없이 만물이 예수께 복종하고, 만물을 다스리는 분은 예수이시며, 만물은 그를 통해 아버지께 복종하게 되는데, 이는 만물이 지혜를 통해, 즉 힘과 필연이 아니라 말씀과 이성에 의해 복종하게 되기 때문이다. 그러므로 그의 영광은 그가 만물을 소유하고 있다는 바로 그 사실에 있으며, 이것이 전능의 가장 순수하고 밝은 영광이며, 우주가 힘과 필연이 아니라 이성과 지혜에 의해 복종하게 된다는 것이다(1.2; 25).

비록 오리게네스의 지혜에 대한 논의가 처음에는 단순히 내밀한 논의로 보일지 모르지만, 위에서 인용한 결론은 사실 풍부한 함의를 내포하고 있다는 점에 주목하길 바란다.

왜냐하면 만약 우주를 복종시키는 데 있어 지혜의 역할에 대한 오리게네스의 주장이 옳다면, 그리고 악과 반역의 세력에 대한 하나님의 최종 승리가 힘과 필연이 아니라 이성과 지혜를 통해 이루어질 것이라는 그의 말이 옳다면 인간의 노력과 하나님의 뜻 사이의 진정한 시너지 효과의 가능성은 실현 가능하고 심지어 그 가능성도 높아지기 때문이다. 지혜를 우주를 다스리는 하나님의 주된 도구로 가정하는 것은 하나님이 신적 분노의 힘으로 우리를 겁주기보다는 일종의 신적 수사를 통해 우리의 이성에 호소함으로써(매우 플라톤적인 방식으로) 지상에서 자신의 계획을 성취하실 것이라고 제안하는 것과 같다.

이는 하나님의 예지가 반드시 결정론을 의미하지 않으며, 우리의 선택과 고군분투가 하나님의 계획을 성취하는 데 중요한 실제적 역할을 할 수 있음을 시사한다. 무엇보다도 이를 통해 인간의 존엄성을 지켜주는데, 우리는 전능한 힘의 게임에서 제거될 졸(卒)이 아니라 우리를 창조하고 회복시키는 지혜를 통해 우리를 교육하고 세련되게 만드는 신적 교사의 학생이자 철학자로 우리 자신을 볼 수 있게 된다. 그 지혜는 오르페우스의 음악처럼 심지어 지옥조차도 그 상금을 포기하도록 유도할 수 있는 힘을 지닌 지혜다. 혹은 플라톤의 비유를 빌리자면 그 지혜는 우리가 따를 때 동굴의 어둠에서 태양의 빛으로 우리를 이끌어 주는 지혜다.

우리가 알 수 있듯이 오리게네스에게 지혜는 플라톤에게 그랬던 것처럼 단순한 지식이나 이해 이상의 것이다. 그것은 우주(플라톤의 질서 있는 우주)와 그 안에 있는 모든 것을 완벽한 균형으로 유지하는 더 높은 형태의 조화다. 그의 책에서 오리게네스는 『티마이오스』의 창조 신화를 떠올리게 하는 대담한 추론을 통해 이러한 종말론적 지혜를 과거로 확장하여 언젠가 그리스도 안에서 하나님께 복종하게 될 모든 영혼들의 창조를 설명한다.

> 따라서 우리는 태초에 하나님께서 합리적이고 지적인 존재들[영혼들]을, 혹은 앞서 언급된 지성체라 불러야 할 것들을 필요하다고 미리 아신 만큼 충분한 수로 창조하셨다고 가정해야 한다. 하나님께서 그들을 어떤 일정한 수에 따라 창조하셨음은 확실하다. 왜냐하면 일부 사람들이 주장하듯이 창조된 존재들에게 끝이 없다고 생각해서는 안 되기 때문이다. 끝이 없다면 그것은 결코 이해되거나 한정될 수 없기 때문이다. 만약 끝이 없었다면 창조된 존재들은 분명 하나님에 의해 통제되거나 돌봄을 받을 수 없었을 것이다. 왜냐하면 본질적으로 무한한 것은 이해를 초월할 수밖에 없기 때문이다(2.9; 129).

오리게네스는 여기서 하나님이 단지 마음 내키는 대로 행하고 그것을 지혜로운 행동으로 부르지 않는다는 것을 암시한다. 우주에는 하나님의 행동을 질서 있게 조율하고 결정하는 완전한 지혜와 조화가 존재한다. 이는 지혜가 하나님보다 더 오래되었거나 더 강력하다는 뜻이 아니라 지혜가 하나님의 본성의 일부이며 하나님은 항상 그 지혜와 조화를 이루어 행동하신다는 뜻이다. 하나님 안에는 낭비도, 과잉도 없으며, 모든 것이 완벽한 균형 속에 있다. 만약 우주에 대한 하나님의 종말론적 목적을 이루기 위해 고정된 수의 영혼이 필요하다면 하나님은 그 목적을 위해 필요한 만큼만 창조하실 것이며, 더 많지도 적지도 않게 창조하실 것이다.

이러한 하나님의 관점은 전통적인 하나님의 주권에 대한 이해와 조화를 이루기 어렵다. 하지만 오리게네스를 따라 플라톤의 견해를 받아들이고 하나님의 중심적 속성을 권능이 아닌 지혜로 본다면 이러한 견해가 하나님의 영광이나 특권을 훼손할 필요는 없다. 오히려 이러한 관점은 하나님께서 자신이 창조한 우주를 다스리기에 가장 적합하신 분임을 증명하게 될 것이다. 하나님만이 우주에 최대한의 다양성을 제공하면서도 결국 모두가 하나로 회복될 수 있도록 보장할 수 있는 영혼의 정확한 수를 알고 계시기 때문이다. 이러한 관점에서 볼 때 오리게네스는 하나님의 계획을 수십억 개의 다양한 악기가 조화롭게 연주하는, 수조 개의 희망과 선택과 꿈의 음표를 담은 역동적이고 진화하는 교향곡으로 제시한다.

지혜이신 하나님은 모든 것을 보시고 모든 것을 아실 뿐만 아니라 각 부분이 전체와 어떻게 연관되어 있는지도 아시는 하나님이시다. "이 세상처럼 거대한 작품이 영혼들의 갈등으로 인해 해체되지 않도록 이 세상에는 세상의 모든 다양성을 하나로 붙잡아 묶고 다양한 움직임을 하나의 과업의 성취로 인도하는 하나의 힘이 존재한다"(2.1, 77). 이처럼 하나님은 지상의 선한 매니저 같아서 그 밑에 있는 모든 사람의 강점과 약점을 잘 연구하고 파악함으로써 수많은 직원들의 다양하고 때로는 모순되는 활동을 조율할 수 있다. 모든 직원이 최고의 효율성을 발휘하며 일하는 것은 아니며, 많은 직원은 자신이 할 수 있는 만큼만 일하고, 일부는 회사의 성공을 저해하는 일을 할 수도 있다. 하지만 훌륭한 매니저는 이러한 모든 인적 요소의 좋은 점과 나쁜 점을 모두 고려하여 신중하게 배치, 조작, 재조합함으로써 회사의 전반적인 목표를 달성할 수 있다.

오리게네스는 이 강력하고 매력적인 지혜이신 하나님에 대한 비전을 무에서 창조해낸 것이 아니다. 그는 플라톤의 대화편에서 제시된 철학적 진리를 묵상하며 이를 배웠다. 하나님의 절대적인 주권을 부정하지 않으면서도 오리게네스는 내가 『티마이오스』를 읽으며 살펴본 하나님과 우주의 차원을 탐구한다. 세상을 무에서 창조하시고 그것에 형태와 질서를 부여하신 하나님께서는 권능이 아니라 균형, 질서, 조화, 비례가 특징으로 드러난다. 하나님은 서로 대립하는 부분과 힘과 의지를 조화롭게 맞춤으로써 자신의 완전한 지혜를 보여주신다. 또한 하나님은 신적 효율성과 충만함 속에서 정확히 필요한 수의 영혼을 창조하시고, 그 영혼들을 천체의 음악에 조화를 이루는 인간 의지의 음악으로 구성하심으로써 자신의 지혜를 드러내신다.

　　이러한 하나님에 대한 비전을 고려할 때 철학자의 교육은 더 깊은 의미를 갖는다. 초기 대화편에서 플라톤은 모든 미덕이 지혜 없이 실천될 수 없다고 일관되게 주장했다. 왜냐하면 지혜 없이는 우리가 해야 할 선택의 진정한 본질과 실천해야 할 미덕을 이해할 수 없기 때문이다. 오직 지혜만이 우리와 국가를 올바른 길로 인도할 수 있으며, 오직 지혜만이 우리가 모방 뒤에 숨겨진 이데아를 인식할 수 있게 해준다. 물론 기독교에서는 믿음 없이 지혜만으로는 하나님께 우리를 이끌 수 없지만, 우리가 무엇에 믿음을 두고 있는지 알기 위해서는 지혜가 필요하다. 만약 하나님이 인간의 영혼을 구원하고 거듭나게 하실 뿐만 아니라 그 영혼을 한때 알았던 적절한 에덴의 균형으로 되돌리려 하신다면 그는 우리에게 우리의 조화를 이루지 못하는 영혼에 조화를 회복하는 데 도움이 될 수 있는 강력한 지혜를 심어 주셔야 한다.

밀랍과 진흙

마르틴 루터는 한때 이렇게 농담을 한 적이 있다. "우리는 새들이 머리 위로 날아가는 것을 막을 수는 없지만, 그들이 머리카락에 둥지를 트는 것은 막을 수 있다."[3] 오리게네스는 『제1원리』 제3권에서 본질적으로 같은 주장을 펼친다.

> 하지만 만약 어떤 사람이 외부에서 오는 자극들이 우리의 행동을 유발하고, 그것들이 우리를 선으로 이끌든 악으로 이끌든 우리가 저항할 수 없다고 말한다면 그런 생각을 하는 사람은 잠시 자신에게 집중하여 자신의 내면의 움직임을 신중하게 살펴보라고 권하고 싶다. 그가 어떤 욕망의 끌림을 받을 때 영혼의 동의가 얻어지기 전에는 아무 일도 이루어지지 않는다는 것을 발견할 것이다. 이는 마치 우리 마음의 법정에 있는 판사에게 서로 다른 양측에서 어떤 그럴듯

---

3 나는 이 어록의 실제 출처를 찾지 못했지만, 이 어록은 호주 루터교회의 웹페이지(www.lca.org.au/birds-and-nests/)와 *Christian History* 잡지(www.christianitytoday.com/history/issues/issue-34/colorful-sayings-of-colorfulluther.html)뿐만 아니라 여러 작가와 설교자들이 자주 인용한다.

한 근거를 가지고 호소하는 것과 같아서 그 근거가 먼저 제시된 후에야 이성의 판단에서 행동하라는 판결이 나오는 것과 같다(3.1; 161).

죄는 우리의 눈을 사로잡는 생각이나 이미지에 있지 않고—예수도 광야에서 세 번 시험을 받았다(마 4:1-11)—우리가 그것을 깊이 생각하고, 말하고, 행동에 옮기는 데 있다. 이 점에 대해서는 오리게네스와 루터가 동의했을 것이다. 그러나 오리게네스는 플라톤의 발자취를 따라 우리 영혼의 이성적인 부분에는 욕망과 기개와 같이 서로 비슷해 보이면서도 상반된 두 욕망 사이에서 판단할 수 있는 힘이 있다고 주장한다.

오리게네스에 따르면 우리가 선택을 요구받는 상황에 부닥칠 때마다 플라톤적인 영혼의 전쟁이 우리 안에서 벌어진다. 육체적인 것과 정신적인 것 사이에서 벌어지는 역동적인 레슬링 경기가 각 개인의 영혼에서 일어나는 것이다. 육체의 요구와 충동을 지나치게 자주 따르는 것은 플라톤의 존재의 사다리를 타고 내려가 동물과 식물 세계의 야만성과 냉담함으로 향하는 것이다. "영혼이 육체의 정욕에 종속되어 감수성이 둔해지면 그것은 죄악의 무게에 눌려 아무것도 정제되거나 정신적인 것에 민감하지 못하게 된다"(3.4; 236). 기개의 명령에 응답한다는 것은 플라톤이 말한 것처럼 무지의 동굴이든, 성경의 온전한 계시가 분명히 밝힌 것처럼 죄의 동굴이든 동굴에서 상승의 길로 올라가는 것이다.

이 싸움은 오리게네스에게 진지한 것이었으며, 그 결과는 결코 확실하지 않았다. 그리고 그것이 결코 확실하지 않았기 때문에 영혼은 지혜로운 판단을 내리는 기술을 훈련받아야 했다. 그 기술은 플라톤이 제시한 교육 체계를 어느 방식으로든 따름으로써 가장 잘 습득할 수 있다. 왜냐하면 오직 그런 교육을 통해서만 우리는 영혼의 기질적 부분이 이성적인 부분을 옹호할 수 있도록 훈련할 수 있고, 그리하여 두 가지가 함께 욕망의 요구를 이겨낼 수 있기 때문이다.

영적 투쟁에 대한 오리게네스의 분석은 성경에 충실하지만, 플라톤의 영적 전쟁과 밀접한 관계가 있다. 그러나 플라톤이 『국가』에서 제시하는 교육 체계의 유형과 관련하여 오리게네스는 기독교 고유의 요소를 고려한다.

이러한 요소 중 첫 번째는 하나님의 은혜, 능력, 지혜가 우리가 상승의 길로 나아가는 데 도움을 주려면 이것들을 반드시 받아들여야 한다는 기독교의 믿음에 초점을 맞추고 있다. 실제로 만약 우리가 그것들을 반대하거나 거부하면 오히려 그것들은 우리에게 불리하게 작용하여 우리의 여정을 방해하고 좌절시킬 것이다. 마찬가지로 태양 광선은 우리로 하여금 볼 수 있게 해주는 매개체이지만, 너무 오랫동안 태양 광선을 직접 응시하면 우리의 시력이 훼손될 수 있다. 또는 오리게네스의 비유를 빌리자면 "태양은 바로 그 열의 힘으로 밀랍을 녹이면서도 진흙을 말라붙게 한다"(3.1; 175). 오리게네스의 주장에서 이 비유는 성경의 가장 수수께끼 같은 문제를 해결하는 데 도움을 준다. 즉 어떻게 정의롭고 공정한 하나님이 파라오의 마음을 완악하게 하실 수 있었는가? 오리게네스는 플라톤적-기독교적 신념에 따라 인간의 의지의 현실을 믿었기에, 결국 하나님이 아닌 파라오 자신이 이 완악함에 책임이 있다고 답할 수밖에 없었다. 그렇다면 어떻게 그럴 수 있었을까?

오리게네스는 우리가 태양의 열이 밀랍이 녹는 것과 진흙이 굳는 것 모두의 원인이라는 데 동의할 수밖에 없지만, 만약 태양이 원인이고 태양이 하나라면 어떻게 같은 원인에서 그런 모순된 결과(녹고 굳는)가 나올 수 있느냐는 의문을 제기한다. 물론 답은 밀랍과 진흙의 성질에 있다. 비유적으로 말하자면 밀랍은 태양의 힘에 굴복하는 반면, 진흙은 태양에 저항한다는 것이다. 전자의 본질적인 유순함은 열에 의해 드러나고 방출되는 반면, 후자의 완고함은 같은 태양의 작용에 의해 노출되고 증가한다.

오리게네스는 태양, 밀랍, 진흙 사이의 이러한 역설적 관계를 간결하게 설명한 후 이를 파라오의 사례에 적용한다.

> 그러므로 모세를 통해 표적과 기사로 역사하신 하나님의 동일한 역사는 한편으로는 자신의 사악함에서 비롯된 바로의 완악함을 드러내고, 다른 한편으로는 이스라엘 백성들 가운데 섞여 살다가 함께 이집트에서 나왔다고 하는 다른 이집트인들의 순종을 선포하셨다(3.1; 175).

여기서 오리게네스의 요점은 매우 강력하며, 그리스도의 복음이 왜 똑같은 군중 속에서 기쁨과 분노를 모두 유발할 수 있는지를 설명하는 데 도움을 준다. 실제로 오리게네스가 서로 직접 연결하지는 않았지만, 나는 파라오의 마음이 완악해진 것에 대한 그의 해석을 바리새인들의 마음이 완악해진 복음서의 비슷한 상황에 직접 적용할 수 있다고 제안하고 싶다. 오리게네스에 따르면 플라톤적 사고를 지닌 인문주의적 기독교의 교육은 마음을 부드럽게 만드는, 자신의 잘못을 고백하고 하나님의 도움을 구하려는 겸손한 의지에서 시작되어야 한다.

> 먼저 자신의 병약함과 질병을 알지 못하는 사람은 의사를 찾을 수 없다.…마찬가지로 사람이 먼저 자신의 영혼의 결함과 죄의 악함을 깨닫고 자신의 입으로 공개적으로 고백하지 않으면 그는 깨끗해지고 용서받을 수 없으며, 그렇게 하지 않으면 자신이 받은 것이 은혜의 선물이라는 것을 알지 못하고 하나님의 관대함이 자신에게 속한 축복이라고 생각할 수 있다. 이것은 의심의 여지 없이 다시 오만과 마음의 교만을 불러일으키고, 다시 한번 그가 몰락하는 원인이 될 것이다. 자신이 흠 없이 살 때 누렸던 특권을 하나님이 주신 것이 아니라 자신의 것이라고 생각했던 마귀의 경우가 바로 이러했다고 우리는 생각해야만 한다(3.1; 181).

고대 그리스의 저서들, 심지어 플라톤의 저서들에서도 이런 본문을 찾으려는 것은 헛된 시도다. 그리스인들은 "교만은 패망의 선봉"(잠 16:18)이라는 사실을 잘 알고 있었지만, 하나님 앞에 벌거벗은 모습으로 나아가 죄와 필요를 고백한 다음 감사함으로 하나님의 은혜를 받아야 한다는 생각은 그들에게 이질적으로 느껴졌을 것이다. 사실 서사시와 비극은 남자 혹은 여자 주인공이 자신의 힘이나 미모 또는 행운 때문에 질투심 많은 신들의 "눈에 띄어" 파멸에 이르는 모습을 묘사하지만, 이는 오리게네스가 제안한 것처럼 사탄의 타락이 감사하는 마음 없이 자기의 충분함을 자랑하는 것에서 비롯되었다는 생각과는 다르다. 전자는 다른 것보다 더 고개를 드는 모든 줄기를 폭력적으로 제거해버리는 폭군 같은 하나님을 상정하는 반면, 후자는 은혜를 거저 부어주시되 그 은혜를 받아들이고 인정할 것을 요구하시는 자비로우시지만 거룩하신 하나님을 묘사한다(예. 마 10:32-33).

오리게네스에 따르면 우리를 하나님께로 이끄는 이 투쟁은 결국 우리가 하나님의 은혜를 받으며 동시에 그 은혜를 추구하는 시너지 효과를 내는 투쟁이다. 실제로 플라톤의 미숙한 원시적 기독교 인문주의와 오리게네스의 보다 성숙한 인문주의적 기독교 사이의 가장 큰 차이점 중 하나는 플라톤이 철학자의 상승 여정을 전적으로 스스로 주도하고 스스로 추진하는 것으로 본 반면(비록 존재의 세계에서 이전 존재에 대한 기억의 도움을 받기는 했지만), 오리게네스는 하나님의 도움이 동반되고 결합하지 않으면 인간의 노력만으로는 무력하다고 가르쳤다는 사실에 있다. "우리는 우리의 의지력으로 할 수 있는 일들은 하나님의 도움 없이도 할 수 있다고 생각하거나 하나님의 손에 있는 일들은 우리의 행위와 진지한 노력과 목적과는 별개로 완성될 수 있다고 생각해서도 안 된다"(3.1; 210).

따라서 오리게네스는 우리가 훈련을 통해 우리의 영혼을 가꾸어나가야 한다고 주장했지만—예수의 씨 뿌리는 자의 비유에 따르면 뿌려지는 씨앗은 항상 동일하며 수확의 성공을 결정하는 것은 토양의 특성이다(마 13:1-23)—그는 또한 우리를 따뜻하게 하고 우리의 여정에 힘을 보태주는 그 신성한 불의 최종 원천은 입문자의 영혼이 아니라 성육신하신 그리스도의 영혼에 있다는 것을 알고 있었다. 그 불에 가까이 있을 때 우리는 영감을 얻고 사다리를 타고 올라갈 수 있지만, 그 불에서 멀어지는 순간 우리의 영혼은 차가워지기 시작하며 오르고자 하는 열정을 잃게 된다. 마찬가지로 우리는 단테의 『신곡: 연옥편』(*Purgatorio*) 제7장에서 연옥에 있는 영혼이 낮 동안에만 언덕을 오를 수 있다는 것을 알게 된다. 해가 지면 그들의 성화와 영화에 대한 열망은 약해지고, 그들은 깊은 잠에 빠지게 되며, 오직 아침 햇살만이 그들을 다시 일으킬 수 있다.

영혼의 선재성과 보편구원론

그리스도 예수 안에 있는 하나님의 자비에 대한 깊고 열정적인 이해에도 불구하고 오리게네스는 플라톤처럼 공로 체계에 끌렸고, 이는 그가 영혼의 선재성을 받아들이게 만든 철학적이고 신학적인 방향이었다. 플라톤에게 영감을 받은 이 가르침에 따르면 하나님은 그의 창조의 시작 어느 시점에 지구나 우주에 존재할 모든 영혼을 창조했다고 한다. 이 영혼들은 그 후 그들이 육체에 들어가 이 땅에서 살게 될 때까지 하늘에서 육체가 없는 상태로 남아 있게 된다. 이 가르침은 오리게네스가 "모든 피조물의 지위는 각자의 일과 각자의 동기의 결과이며…창조의 특권 때문이 아니라 공로의 보상으로"(1.5; 47) 주어지는 것이라는 그의 확고한 믿음을 지탱하는 유일한 방법으로 그에게 강요된 것이었다.

오리게네스의 딜레마는 이렇게 설명할 수 있다. 우리의 선택과 행동이 우리가 하늘과 땅에서 살게 될 삶의 성격을 결정하는 핵심 요소라면 우리의 출생 신분과 성격을 결정하는 선택이나 행동은 무엇일까? 어떤 사람은 부유하게 태어나고, 어떤 사람은 가난하게 태어나며, 어떤 사람은 건강하고 어떤 사람은 장애를 지니고 태어난다는 것은 어떤 공로에 의한 것일까? 오리게네스는 이러한 유전적 불평등에 대한 설명으로서 맹목적인 운, 신적 선택 혹은 부모의 행동을 받아들이지 않았다. 따라서 유일한 해결책은 이 유아들이 그들의 선재 기간에 쌓은 공로를 바탕으로 판단을 받았다는 것이었다.

실제로 오리게네스는 이 설명을 한 걸음 더 나아가 천사와 악마에게까지 적용한다. 그의 견해에 따르면 미가엘과 가브리엘은 선택에 의한 것이 아니라 공로에 따라 대천사로 선택되었다고 한다(1.8; 66). 더 충격적인 것은 오리게네스가 천사, 인간, 악마의 구별 자체가 공로의 결과이며, 우리의 영혼의 여정에 따라 이 세 가지 상태를 오고 갈 수 있다고 보았다는 점이다. 오리게네스에게 있어 입문자가 사다리의 가장 높은 단계를 향해 나아가는 투쟁은 우리의 짧은 생애에만 국한되지 않으며, 창조의 시작부터 모든 것의 끝과 완성까지 양방향으로 확장된다.

오리게네스의 이 사상들이 창의적이고 경외감을 일으키는 것은 분명하지만, 이 호기심 어린 가르침의 전반적인 의미는 다소 걱정스럽다. 그럼에도 나는 많은 사람들이 그랬듯이 단지 영혼의 선재성에 대한 그의 가르침 때문에 오리게네스의 모든 사상을 저버리지는 않을 것이다. 오히려 나는 내가 플라톤에게서 깊은 진리를 찾으려 했던 것처럼 오리게네스에게서도 깊은 진리를 발견하려고 노력할 것이다. 그리고 나는 오리게네스가 구약성경을 해석한 방식처럼 비유적으로 선재성을 다룰 것이다.

바울은 로마서에서 우리가 모두 아담의 죄 본성을 공유한다고 가르친다(롬 5:12). 나는 또한 우리는 모두 에덴의 기쁨과 완전함에 대한 집단적 기억도 공유한다고 덧붙이고 싶다. 어쩌면 오리게네스가 영혼의 선재성이라고 부르는 것은 우리가 모두 에덴에 있었고, 우리의 원시적 부모의 영광과 비극을 모두 공유했다는 동일한 고등 진리를 표현하는 또 다른 방법일지도 모른다. 플라톤의 철학자가 천 년 동안 존재의 세계를 여행하면서 경험한 영광과 그가 알고 있던 지혜를 회상함으로써 지혜가 성장할 수 있었던 것처럼 오리게네스에 입문하는 사람도 에덴과 타락에 대한 그의 암시를 상기함으로써 창조된 우주에서 자신의 위치에 대해 더 완전하고 풍부한 이해를 얻을 수 있을 것이다.

시작이 이랬다면 끝은 어떨까? 오리게네스의 플라톤주의가 그를 우리의 궁극적 기원에 대한 이설적 이해로 이끈 것처럼 그것이 그를 우리의 궁극적인 목적지에 대한 이설적 이해로 이끌었다. 오리게네스는 『제1원리』 전반에 걸쳐 보편구원론, 즉 결국에는 악마까지 포함하여 모든 사람이 구원받을 것이라는 믿음을 고찰한다. 오리게네스는 그의 작품의 여러 곳에서 지옥을 영원한 저주와 형벌의 장소가 아니라 위대한 의사이신 하나님이 칼과 불을 사용하여 우리 영혼에서 죄를 제거하고 정화하는 일종의 신적 교정 시설로 묘사한다(2.10; 143 참조). 우주에 대한 하나님의 궁극적인 소망은 만물을 자신에게로 인도하여 그가 창조한 영혼의 다수가 자유 의지를 오용하여 창조주께 순종하지 않고 반항했을 때 파괴된 태초의 일치 상태로 되돌아가는 것이다. 그 이후로 우주는 다양성, 불일치, 허무로 점철되었지만, 언젠가는 잃어버린 자를 모두 되찾고, 모두가 상승의 길에 오르고 하나님이 만유의 주가 되실 때가 올 것이다.

오리게네스의 놀랍게도 낙관적인 플라톤적인 사색은 최선의 경우 이설적이고, 지나치게 밀어붙일 경우에는 이단에 빠질 수 있다. 그럼에도 나는 이것이 영혼의 선재성과 마찬가지로 전체적인 맥락에서 보면 부분적으로 설명될 수 있다고 생각한다. 우리는 오리게네스가 주목하는 보편구원이 현세의 끝에서 이루어지지 않을 것이라는 점을 이해해야 한다. 오리게네스는 요한계시록에서 묘사된 "불 못"의 존재를 부정하지 않는다(계 20:14-15). 오히려 그는 현세의 종말이 새로운 역사적 주기로 이어지며, 이는 우리의 이해를 넘어서는 것이라고 주장한다. 그리고 이 주기는 다시 다른 주기로 이어지며, 천 개의 주기의 끝에서 모든 것이 하나님과 화해될 것이라고 본다.

모든 사람이 구원받을 것이라는 오리게네스의 제안은 비록 정통에서는 벗어나 있지만, 우리가 그를 기독교 복음의 진실하고 강력한 설교자로서 거부해야 한다는 이유로 이어지지는 않는다. 사실 나는 그의 이 영역에서의 이단성이 구원과 정죄에 대한 성경의 개념을 잘못 이해한 결과라기보다는 성경의 시간 개념을 잘못 이해한 결과라고 주장할 것이다. 오리게네스는 헬레니즘을 유대주의보다 더 지지하는 경향이 있었는데, 이러한 경향은 이 경우에 그가 역사에 대한 선형적 관념보다는 순환적 관념을 받아들이게 만드는 원인이 되었다. 성경은 시간의 흐름 속에서 소주기를 형성하는 모형론적 연결들이 풍부하지만, 그럼에도 성경은 아리스토텔레스식의 뛰어난 서사처럼 시작, 중간, 끝이 있는 역사관을 제시한다.

플라톤에 대한 "고등한" 그리스적 관점은 점차적으로 더 아시아적, 특히 인도적 시간 이해로 기울어졌다. 이 관점에서 인간은 금의 시대에 시작하지만 시간이 지남에 따라 은, 청동, 철의 세 시대로 서서히 타락한다. 철기 시대(힌두교에서 칼리라고 부르는 시대[4])의 끝에서 모든 것이 파괴되고 새로운 황금시대가 불사조처럼 잿더미에서 솟아오른다. 우리 시대 이전에 얼마나 많은 주기적 시대가 있었는지(플라톤 자신이 『법률』제3권 676b-c에서 이를 암시한다) 또는 이후에 얼마나 많은 주기가 있을지는 아무도 알 수 없다. 오리게네스는 시간에 대한 히브리적 견해의 정적이고 문자적인 본질에 불편함을 느껴, 대신 헬레니즘적 관점의 역동성과 비유적 풍요로움을 받아들였다. 그렇게 함으로써 그는 에덴동산 이전과 새 예루살렘 이후의 수많은 영겁의 세월 동안 어떤 일이 있었고 있을지를 가설적으로 설명해야 하는 어려운 과제를 떠안게 되었다.

하지만 성경의 시간 개념에 대한 이러한 오해가 오리게네스의 보편구원론에 관한 사색의 유일한 원천은 아니다. 그의 사색은 또한 성경의 한 구절, 즉 고린도전서 15:28을 잘못 해석한 것에서 부분적으로 비롯된다. 이

---

4 www.britannica.com/topic/Hinduism/Cosmology#ref303701.

구절에 따르면 종말이 오면 만물이 그리스도께 복종하게 되고, 그리스도 자신도 아버지께 복종하게 될 것이다. 오리게네스는 이 복종을 매우 느슨하게 해석하여 마치 바울이 하나님 안에서 만물이 복종하게 되는 것이 만인이 하나님의 복된 구원에 참여하게 된다는 약속이라고 말하고 있는 것처럼 여긴다(1.6; 58). 그러나 물론 복종이라는 단어는 이런 의미를 전혀 내포하지 않는다. 노예는 주인에게 복종하지만, 그들이 주인의 축복에 참여하지는 않는다. 야고보서에서는 "귀신들도 [한 하나님을] 믿고 떠느니라"(약 2:19)고 말하지만, 분명히 그들이 구원받거나 하나님의 축복에 참여하지는 않는다. 이 점에서 나는 오리게네스가 지나치게 낙관적이었다고 생각한다. (지식이 최고의 미덕이기 때문에) 누구도 자신에게 해를 끼칠 것을 알면서도 의도적으로 그런 행동을 하지는 않을 것이라고 믿은 플라톤처럼 오리게네스 또한 인간의 이성에 대한 믿음이 지나치게 컸던 것 같다.

영혼의 욕망

하지만 오리게네스의 보편구원론이 시간과 인간 본성에 대한 오해에 기반하고 있음에도 그의 플라톤적 기독교 사상을 묵상하는 것은 영적 삶의 엄청난 생동감에 눈을 뜨게 할 수 있다. 영적 존재로서 우리는 끊임없이 야곱의 사다리를 오르내린다. 우리의 영혼은 끊임없이 변화하며, 때로는 육신의 욕망을 쫓아 달려가고, 때로는 영을 향해 위로 올라가려 애쓴다. 이 모든 생동감과 역동성의 궁극적인 원천은 무엇인가? 그것은 바로 욕망이다. 아버지와의 본래 일치 상태로 돌아가려는 욕망이든 그 일치에 반항하고 다른 곳에서 충족을 찾으려는 욕망이든 말이다. 바로 이 욕망이 우리를 자기 중심성에서 벗어나 육과 영이라는 두 양극 중 하나로 향하게 한다. 또한 이 욕망이야말로 우리가 완성, 성취, 희망과 꿈의 목표(telos)를 추구하도록 이끄는 원동력이다.

실제로 오리게네스는 욕망의 힘과 필연성에 대해 매우 확신하여 자신의 저서에서 다음과 같은 충격적인 진술을 하기도 한다. "가능하다면 [영혼이] 영에 결합하여 영적 존재가 되는 것이 더 낫다. 그러나 만일 이것이 불가능하다면 자신의 의지에 고정된 채 비이성적 동물의 위치에 머무는 것보다는 차라리 육신의 악함을 따르는 편이 더 유익하다"(3.4; 234). 여기서 오리게네스의 주장은 매우 심오하다. 모든 행동과 운동의 중심에는 욕망이 있다. 만일 우리의 욕망이 오직 육신의 것으로만 향한다면 그것은 우리를 하나님으로부터 멀어지게 하고 동굴 속으로 다시 몰아넣을 것이다. 그러나 만일 우리의 욕망이 더 높은 것, 영적인 것으로 향한다면 그것은 우리를 하나님께로, 영원한 존재의 세계에 있는 선의 이데아로 이끌 것이다. 물론 후자의 욕망이 전자보다 더 낫지만, 전자라도 아무 욕망이 없는 것보다는 더 낫다.

소크라테스와 플라톤의 위대한 전통에 서 있는, 오리게네스 같은 인문주의적 그리스도인들은 삶을 드라마의 관점에서 바라본다. 그러므로 그들은 율법주의자들처럼 삶을 닫아버리려는 자들, 혹은 스토아주의자들처럼 삶을 그저 멀리서 관조하는 데 만족하는 자들에게는 인내심이 거의 없다. 그들은 모든 가식과 위선을 적으로 삼고, 삶이나 생명 자체이신 하나님과 진정한 교제를 나누기에는 욕망이 충분히 강하지 못한 자들에 대해서는 거부감을 드러낸다.

욕망은 선하다. 그것은 우리의 영혼을 위한 양식과 음료에 다름 아니다. 이 욕망은—아마도 선재(先在)에서 혹은 태어날 때—하나님에 의해 우리 안에 심어졌으며, 오직 하나님만이 이를 충족시킬 수 있다. "이 그리움, 이 사랑은 분명히 하나님께서 우리 안에 심어 놓으신 것이라고 우리는 믿는다. 마치 눈이 본성적으로 빛과 시각을 요구하고 우리의 몸이 본성적으로 음식과 음료를 원하는 것처럼 우리의 마음도 본성적이고 적절한 욕망으로 하나님의 진리를 알고 사물의 원인을 배우기를 갈망한다"(2.11; 149-50). 플라톤은 부분적 지혜 속에서도 이 갈망을 알고 느꼈다. 그는 그것을 자신의 삶 속에서 따랐고, 그의 변증법 속에서 가르쳤으며, 그의 신화 속에서 구현했다. 이제 그의 후계자인 우리에게 남은 것은 이 갈망을 느끼고, 그것이 우리를 동굴 밖으로 이끌어 빛 속으로 나아가게 하도록 허용하는 것이다.

귀향의 여정

그러나 우리는 다시 한번 물어보아야 한다. 왜 은혜로 말미암아 믿음으로 구원을 얻는 그리스도인이 상승의 길을 오르는 데 이토록 많은 시간과 에너지를 쏟아야 하는가? 이 질문에 대해 오리게네스는 심오하게 플라톤적인 답변을 제시할 뿐만 아니라 인문주의적 그리스도인의 중심 목표를 정의한다. 앞서 인용한 문단에 바로 이어 오리게네스는 하나님께서 심어주신 욕망을 따르려는 이들에게 다음과 같이 말한다.

이제 우리는 이 갈망["그분의 진리를 알고 사물의 원인을 배우고자 하는 갈망"]을 결코 채워져서도 안 되고 채워질 수도 없다는 조건하에 하나님으로부터 받은 것이 아니다. 만약 그렇다면 "진리에 대한 사랑"은 결코 성취될 수 없는 것이므로 창조주 하나님께서 우리 마음속에 그것을 심어주신 목적이 없다는 결론이 나올 것이다. 그러므로 이 세상에서 상당한 노력을 기울여 경건하고 종교적인 것을 연구하는 데 헌신하는 사람들은, 헤아릴 수 없이 많은 신적 지식의 보화 가운데 비록 적은 것만 이해한다 할지라도, 이 문제들에 마음과 이해력을 집중시키고 열렬한 갈망 속에서 전진한다는 사실 자체로 거기서 큰 유익을 얻는다. 더욱이 그들은 진리에 대한 연구와 사랑으로 마음을 돌림으로써 미래에 가르침을 받을 준비가 더 잘된다는 점에서도 많은 도움을 얻는다. 이는 마치 어떤 사람이 그림을 그리려고 할 때 먼저 연필로 계획된 형상의 윤곽을 희미하게 스케치하고 나중에 추가할 특징들을 표시하는 적절한 표식을 삽입한다면 그 예비 스케치가 확실히 캔버스가 진정한 색을 받을 준비를 더 잘하도록 만드는 것과 같다. 마찬가지로 주 예수 그리스도의 연필로 "우리의 마음 판에" 그 희미한 형상과 윤곽이 그려지기만 한다면 우리도 그렇게 될 것이다. 이 것이 아마도 "무릇 있는 자는 받아 더 풍성하게 되리라"라는 말씀이 주어진 이

유일 것이다. 그러므로 지금 현세에서 진리와 지식의 일종의 윤곽을 지닌 자들에게는 장차 완전한 형상의 아름다움이 더해질 것이 명백하다(2.11; 150).

"은혜로 구원받은 그리스도인들이 왜 플라톤의 상승하는 길에 헌신해야 하는가?"라는 질문에 오리게네스가 제시한 답변은 단순 명료하면서도 수사적으로 매우 웅변적이다. 그 답은 바로 준비하기 위함이라는 것이다.

마치 걸작을 그리려는 화가가 캔버스를 준비할 때 희미하고 거친 윤곽을 먼저 그리는 것처럼 인문주의적 그리스도인은 하나님의 영광스러운 임재를 받아들일 수 있도록 자기 마음을 "가르침을 받을 수 있는 상태로" 만든다. 예를 들어 만일 내가 내년에 성지를 방문할 기회를 갖게 될 것을 안다면 나는 그 여정을 준비하기 위해 상당한 시간을 할애할 것이다. 나는 이스라엘의 지도를 살펴보고 그 땅의 역사, 문화, 고고학을 공부할 것이다. 그렇게 하면 내가 나중에 실제 여행을 할 때의 기쁨은 몇 배나 커질 것이다. 왜냐하면 나는 이전에 공부했던 그 열등한 모사본(模寫本)들의 원형을 먼저 알아보는 기쁨과, 내가 공부한 것을 넘어서는 실제적이고 친밀한 지식을 얻는 기쁨을 동시에 누릴 수 있기 때문이다.

물론 준비된 천국 여정은 이보다 훨씬 더 놀라울 것이다. 하나님 나라는 나의 기대를 **진정으로** 충족시킬 뿐 아니라 그것을 초월할 것이며, 그 기대 자체가 내가 태어나기 전에 나에게 (선천적으로) 심어진 하나님에 대한 갈망에 기초하고 있기 때문이다. 내가 성지를 방문하고자 하는 욕망은 비교적 최근에 생긴 것이며, 내 영혼의 근본적인 뿌리와 깊이 연결되어 있지는 않다. 하지만 "하나님의 진리를 알고 사물의 원인을 배우고자 하는" 나의 욕망은 내 존재의 가장 깊은 토대에까지 닿아 있는 갈망이다. 우리가 이 땅에서 그리워했던 것들, 지금 이 삶에서는 단지 캔버스 위에 그려진 희미한 윤곽에 불과했던 것들이 그날에는 오리게네스가 말한 "완전한 형상의 아름다움" 속에서 모든 영광으로 드러날 그 순간이 얼마나 영광스러울까!

비록 우리가 모든 신학적 측면에서 오리게네스를 따를 수는 없지만, 그에게서 영감을 받아 바울의 말을 빌려 이렇게 확언할 수 있다. "지금은 우리가 거울로 보는 것 같이 희미하나 그때에는 얼굴과 얼굴을 대하여 볼 것이요, 지금은 내가 부분적으로 아나 그때에는 주께서 나를 아신 것 같이 내가 온전히 알리라"(고전 13:12).

9장

◆

동방의 플라톤:
세 명의 그레고리오스

내가 이전 장에서 솔직하게 인정했듯이 오리게네스의 많은 플라톤적 사색들은 기껏해야 이설적인 경향이 있다. 비록 오리게네스는 다른 저작들, 특히 『켈수스에 반대하여』(*Against Celsus*)에서 삼위일체, 성육신, 속죄와 같은 교리를 효과적이고 강력하게 변호하는 정통적인 옹호자임을 입증했지만, 『제1원리』에서는 그의 고백대로 성경이 침묵하거나 모호한 주제에 대해 마음껏 자유롭게 사색하는 방식을 선택했다. 실제로 이 저작의 서문에서 그는 신앙의 필수적이고 타협할 수 없는 교리와 사변적인 주변적 가르침 간의 차이를 명확히 밝힌다.

거룩한 사도들은 그리스도의 신앙을 전파할 때 특정 교리, 즉 필수적이라고 믿는 교리를 선택하여 모든 신자들에게 가장 분명한 용어로 전달했다.…그러나 다른 교리들도 있었는데, 이에 대하여 사도들은 단지 그러하다고만 말하고 그것이 어떻게 혹은 왜 그러한지에 대해서는 침묵했다. 그들의 의도는 분명 그들 이후에 등장하는 자들 중 지혜를 사랑하는 자들이 이 문제를 더 부지런히 탐구하여 그 능력을 발휘할 수 있는 연습 과제로 삼도록 하기 위함이었을 것이다 (서문; 2).

바로 『제1원리』의 저자가 그러한 부수적인 교리들에 대해 철학적 능력을 열심히 발휘하며 플라톤의 대화편을 성경과 함께 읽기로 선택했기 때문에, 나는 그를 가장 먼저 다루기로 했다.

하지만 이 장과 다음 세 장에서는 (아마도) 데카르트를 예외로 하고 플라톤의 사상과 방법을 흡수하면서도 정통성을 확고히 유지하는 데 성공한 열 명의 기독교 사상가들에게로 초점을 돌리고자 한다. 이 열 명의 철학자, 신학자, 비평가, 시인들은 기독교 이전의 플라톤의 지혜가 그리스도인들을 영원한 진리로 이끌고 영감을 준 무수한 방법을 제시한다.

나지안조스의 그레고리오스의 신학에 관한 생각

오리게네스와 그를 통해 플라톤이 동방 교부들에게 가장 직접적인 영향을 미쳤기 때문에 서방의 로마 가톨릭교회로 넘어가기 전에 동방 정교회부터 먼저 다루는 것이 것이 당연해 보인다. 4세기는 동방에서 기독교 신학이 꽃 피운 시기로, 그 대표적인 인물은 아타나시오스와 세 명의 카파도키아 교부들이었다. 이들은 바로 카이사레아의 바실리오스와 (그의 형제인) 니사의 그레고리오스, 그리고 그들의 절친한 친구 나지안조스의 그레고리오스다.

나지안조스의 그레고리오스(330년경-389년경)는 주교의 아들이었지만, 당시 많은 젊은이들처럼 아테네에서 철저한 이교적 고전 교육을 받았다. 아이러니하게도 그는 학창 시절에 율리아누스 황제(일명 배교자 율리아누스)와 함께 수업을 들은 적이 있다. 훗날 황제가 된 율리아누스는 콘스탄티누스 대제가 추진한 기독교화 정책을 버리고 로마를 다시 이교로 되돌리려 했으나 실패했다. 학생 시절 그레고리오스는 공직자가 될 계획이었으나, 대신 금욕적 수도 생활을 선택했다. 그는 본래 논쟁을 즐기는 성격은 아니었으나, 정통신학이 부흥하던 시기에 콘스탄티노플에 있었고, 주변의 권유로 하나님의 본질에 대한 다섯 번의 신학 연설을 하게 되었다(380년). 그의 연설은 정통 교리에 충실하면서도 좋은 의미에서 그의 플라톤 교육의 흔적을 드러낸다.

그레고리오스는 서론적 연설에 이어 두 번째 연설은 성부 하나님에 대해, 세 번째와 네 번째 연설은 성자에 대해, 다섯 번째 연설은 성령에 대해 집중적으로 다룬다. 여기서는 그의 두 번째 연설에만 집중할 것인데, 이 연설에서 그레고리오스는 플라톤과 대화를 이어가며 성경의 진리에서 멀어지기는커녕 오히려 모세에게 "스스로 있는 자"(I AM)로 자신을 계시하신 하나님과 더 깊고 풍부하게 만나는 방향으로 나아간다.

그레고리오스는 두 번째 연설 초반부에서 플라톤의 동굴의 비유를 간접적으로 언급한다. 그는 가장 신비적인 신학자들조차도 모세처럼 하나님의 등(출 33:21-23)—즉 하나님의 실체가 아니라 그분의 영광—만을 볼 수 있다고 설명한 후, "하나님의 등"을 다음과 같이 묘사한다. 즉 그것은 "그분이 자신을 나타내기 위해 남겨두신 흔적들로, 마치 물에 비친 태양의 그림자와 영상(映像)처럼 우리의 약한 눈에 태양을 보여주는 것과 같다. 우리는 태양 그 자체를 볼 수 없는데, 이는 태양의 순수한 빛이 우리의 인식 능력으로는 너무 강하기 때문이다"(2.3; 138).[1] 마치 플라톤의 동굴에서 탈출한 철학자가 처음에는 물에 비친 영상만 볼 수 있다가 눈이 태양을 직접 볼 수 있을 만큼 강해지기를 기다려야 하는 것처럼, 그레고리오스의 신학자 또한 영혼이 하나님의 본질을 직접 받아들일 준비가 될 때까지는 하나님의 직접적인 본질 대신 영상(또는 모방)에 만족해야 한다. 이는 중세 신학자들이 플라톤 이후에 말한 "지복직관"(Beatific Vision)과 연결된다.

그레고리오스는 다음 장에서 플라톤의 『티마이오스』(28e)를 직접 인용하며 보이지 않는 하나님을 정의하는 것이 얼마나 어려운지를 강조한다. "하나님을 이해하는 것은 어렵지만, 말로 정의하는 것은 불가능하다. 어느 기독교 신학자가 말했듯이 내게는 그가 매우 능숙하게 표현했다고 여겨진다"(2.4; 138). 그렇다면 철학자-신학자는 어떻게 해야 할까? 내가 1장에서 제시했던 소크라테스-플라톤의 2단계 과정을 통해 나아가야 한다. 즉 먼저 잘못된 정의들을 제거하는 단계(소크라테스)가 필요하고, 이후 현실의 참된 본질과 부합하는 정의로 나아가는 단계(플라톤)가 필요하다.

---

1 Gregory of Nazianzus, *Theological Orations*, in *Christology of the Later Fathers*, ed. Edward Roche Hardy, trans. Charles Gordon Browne and James Edward Swallow, Library of Christian Classics (Louisville: Westminster John Knox, 1954), 128-214. 나는 본문에 책의 장과 쪽수를 적어둘 것이다.

이에 따라 그레고리오스는 소크라테스의 논쟁술(*eristic*)과 귀류법 (*reductio*)을 사용하여 물질적 형태의 우상을 만드는 자들, 열정이나 아름다움이나 힘을 신으로 숭배하는 자들, 프리소크라테스 철학자들처럼 네 가지 원소를 우주의 제1원리로 여기는 자들의 주장을 철저하게 논파한다. 그는 이 필요 불가결한 해체 작업을 소크라테스 특유의 열정(*brio*)으로 수행하지만, 연설을 소크라테스식 아포리아(*aporia*)로 끝내지는 않는다. 오히려 플라톤처럼 그는 거짓의 소극적 제거에서 진실의 적극적 확언으로 나아간다. "스스로 존재하는 자의 본성을 열심히 추구하는 자는 그가 무엇이 아닌지를 말하는 데 그치지 않고, 그가 무엇인지 말하는 단계로 나아가야 한다. 부정적인 점들을 끝없이 제거하는 것보다는 긍정적인 점 하나라도 파악하는 것이 더 쉽기 때문이다. 따라서 부정의 제거와 긍정의 확언을 통해 이 주제를 이해하는 데 도달할 수 있다"(2.9; 142).

의미심장하게도 하나님의 참된 본질을 찾는 과정에서 그레고리오스는 인간의 이성이 하나님을 이해하기 어려운 이유가 하나님이 그 지식을 질투하셔서가 아니라는 점을 청중에게 확신시킨다. "질투는 열정이 없고 오직 선하며 모든 것을 다스리시는 신의 본성으로부터 멀리 떨어져 있기 때문이다"(2.11; 143). 성경은 분명히 하나님이 질투하지 않으신다는 것을 암시하지만—그분이 우리의 사랑과 충성을 의로운 질투로 바라보신다는 묘사도 있다(예. 출 20:5; 신 32:21)—창조주의 본성을 탐구하는 데 있어 하나님이 질투심을 초월하신 분으로 상정하는 것은 구약이나 신약이 아닌 플라톤의 『티마이오스』가 그 시작점이다. 이는 플라톤과 그레고리오스 모두에게 필수적이다. 왜냐하면 그들의 신학적 사색은 "모든 이성적 본성은 하나님과 제일 원인을 갈망한다"는 확고한 믿음에 기초하기 때문이다(2.8; 145).

플라톤의 욕망 개념을 바울의 죄에 대한 분석(롬 1:24)과 연결하면서 그레고리오스는 우리의 욕망이 잘못된 길로 나아갈 때 우리가 다양한 형태의 우상을 숭배하게 된다고 주장한다. 이런 사람들에 대해 그레고리오스는 "그들은 이성적 본성을 가지고 있으며 하나님으로부터 은혜를 받았지만, 나쁜 것을 더 좋은 것으로 대체했다"고 말한다(2.15; 146). 여기서 그레고리오스의 표현은 우상 숭배자들을, 약한 논증을 강한 논증으로 만드는 데 수사학을 오용한 소피스트들과 동일시한다고 볼 수 있다. 그러나 이교도 플라톤이 이 오용의 원인을 무지에서 찾은 반면, 그리스도인 그레고리오스는 이를 악마적 영향과 연결한다. 사탄은 "하나님을 찾는 그들의 방황하는 욕망을 붙잡아 그 능력을 왜곡하고 그 욕망을 도둑질하며, 길을 묻는 소경을 이끄는 것처럼 그들을 이끌었다. 그리고 그는 그들을 하나의 죽음과 파멸의 구덩이로 던지고 흩어버렸다"(2.15; 146).

악마의 술책은 분명히 강력하지만, 그것은 그 자체로 선하고 신에 의해 심어진 욕망을 잘못된 길로 이끌 수 있을 뿐이다. 그레고리오스는 플라톤과 성경에 대한 묵상을 통해 이것을 확신한다. "하나님으로부터 나온 이성, 처음부터 우리 모두에게 심어진 그것은 우리 안에 있는 첫 번째 법이며, 모든 것 안에 얽혀 있으며, 보이는 것을 통해 우리를 하나님께로 인도한다"(2.16; 147). 이러한 확신 덕분에 그레고리오스는 우리가 하나님의 참된 본질을 이해할 수 없다는 자신의 의심을 다시 표현할 수 있었고, 나아가 그의심을 초월할 수 있었다.

> 하나님의 본성과 본질이 어떠한지는 지금까지도, 그리고 앞으로도, 어떤 인간
> 도 발견한 적이 없으며 발견할 수도 없다. 그것이 언젠가 발견될 수 있을지에
> 관해서는 각자가 고찰하여 결론을 내릴 수 있다. 내 생각에 그것은 우리 안에
> 있는 신적이고 신성한 것, 곧 우리의 정신과 이성이 그와 같은 본질과 섞이고,
> 이미지가 원형으로 상승하여 현재 갈망하고 있는 것에 도달할 때 발견될 것이
> 다. 그리고 이것이 바로 우리가 "주께서 우리를 아신 것 같이 우리가 온전히 알
> 리라"라는 문제에 대한 해결책이라고 생각한다(2.16; 147).

여기서 그레고리오스가 (『향연』, 『파이드로스』, 『국가』에 나오는) 플라톤주의 철
학자의 지복직관을 향해 올라가는 여정에서 하나님이 우리를 아신 것 같이
우리가 온전히 알게 될 때가 오리라는 바울의 약속(고전 13:12)으로 나아가
는 과정은 놀랍기 그지없다. 플라톤, 바울, 그레고리오스는 모두 영적 성장
을 이데아-진리-원형을 향한 상승의 길로 올라가는 것으로 묘사한다. 지
금은 거울을 보듯 희미하게 보지만, 상승의 길로 계속 올라가면 결국에는
얼굴을 직접 마주하고 보게 될 것이다.

그다음 세 장에서 그레고리오스는 히브리서 11장에 나오는 영웅들의
목록에 해당하는 자신의 목록을 제시한다. 그는 하나님의 참된 빛을 엿본
성경의 인물들을 열거하는데, 여기에는 에녹, 노아, 아브라함, 야곱, 엘리
야, 마노아, 이사야, 에스겔, 베드로, 바울 등이 포함된다. 이후 그는 21장에

서 이렇게 요약한다.

> 그러므로 진리와 온 세상은 어려움과 불명확함으로 가득 차 있으며, 단지 작은
> 도구를 가지고 큰 작업을 수행하는 것과 같다. 즉 단지 인간의 지혜로 존재하
> 는 것 자체에 대한 지식을 추구하며, 우리의 감각들과 함께하거나 혹은 감각들
> 로부터 분리되지 않은 채로, 감각들에 의해 이리저리 끌려다니며 오류에 빠진
> 상태로, 단지 이성으로만 파악할 수 있는 것을 추구할 때 그러하다. 우리는 맨
> 현실을 맨 지성으로 마주하여 진리에 조금 더 가까이 다가가고, 정신을 그것의
> 개념들로 형성하는 데 실패하고 만다(2.21; 150).

여기서는 성경과 모순되는 내용은 없지만, 우리의 감각이 종종 우리를 오
류로 이끌 수 있다는 그레고리오스의 경고는 강하게 플라톤적이다. 이는
우리가 물리적 눈에서 마음의 눈으로, 보이는 것에서 보이지 않는 것으로
나아가야 한다는 주장을 담고 있다.

그러나 그레고리오스는 성경의 범위를 벗어나지 않는다. 그는 우리의
감각을 과도하게 신뢰하는 위험을 물질과 신체에 대한 부정적이고 영지주
의적인 관점으로 이끌기보다는 이를 겸손을 심어주는 도구로 사용한다. 그
래서 그는 욥기 38-41장을 바탕으로 한 길고도 설득력 있는 연설로 나아
간다. 그는 묻는다. 만약 우리가 하나님의 창조의 신비를 이해할 수 없다면
창조주의 신비를 이해할 수 있으리라고 어떻게 기대할 수 있겠는가? 그런
다음 우리를 적절한 겸손한 마음가짐으로 이끈 후 그는 모든 것을 하나로

모은다. 만약 우리가 볼 수 있는 눈을 가졌다면 우리는 하나님의 창조물 속에서 그리고 그분을 통해 창조주를 인식할 수 있었을 것이다. 더 나아가 태양의 힘과 장엄함에 대한 경외심이 태양을 만드신 하나님에 대한 경외심으로 우리를 인도했을 것이다. 태양이 물리적 세계를 비추듯이 하나님은 영적 세계를 비추신다.

그레고리오스는 다시 동굴의 비유로 돌아가서 3장에서 내가 지적했던 간접적이고 모호한 암시보다 훨씬 직접적이고 명확한 방식으로 플라톤의 『국가』에 대해 언급한다. "당신은 어떤 이교도 작가가 물질적 사물들 가운데 태양이, 사유의 대상들 가운데 하나님이 차지하는 위치와 동일하다고 말한 사실의 중요성을 생각해보았는가? 하나는 눈에 빛을 주고, 다른 하나는 마음에 빛을 주며, 눈에 보이는 사물들 중 가장 아름다운 것이 태양이듯이 사유의 대상들 중 가장 아름다운 것은 하나님이시다"(2.30; 157). 여기서 그레고리오스는 앞에서 그랬듯이 플라톤을 권위자로 인용한다. 이는 플라톤이 비록 하나님을 알지 못했지만—혹은 적어도 부분적으로만 알았더라도—실제 진리들이 그를 통해 전달되었음을 보여준다.

실로 그레고리오스는 지상의 성전과 하늘의 성전을 연결하는 히브리서 8-9장에서 태양을 하나님(또는 선)의 지상적 모방 또는 상징으로 여기는 플라톤적 진리의 동일한 본질을 식별한다.

"우리가 단지 물질과 보이는 것들에 대해 논의하는 데 멈출 것인가, 아니면 말씀(로고스)이 모세의 성막을 온 창조의 상징으로—곧 보이는 것들과 보이지 않는 것들의 전체 체계로—알고 있으니, 우리가 첫 번째 휘장을 지나 감각의 영역을 넘어 지성적이고 천상의 창조물인 성소를 바라보아야 하지 않겠는가?"(2.31; 158)

플라톤의 동굴 비유와 히브리서의 가르침에 의해 고무된 그레고리오스는 철학적-신학적 상승의 길을 따라 물리적 태양과 지상의 성막의 진정한 근원과 원인을 향해 나아가기를 갈망한다. 물질이나 감각을 본질적으로 악한 것으로 취급하지 않으면서도 그레고리오스는 보이는 것의 한계를 초월하여 보이지 않는 하나님을 바라보도록 독자들에게 영감을 불어넣는다.

니사의 그레고리오스의 모세에 관한 생각

니사의 그레고리오스(332-395년경)는 가시적이고 현세적인 것의 한계를 초월하여 보이지 않는 영원한 것을 바라보고자 했던 자기 친구 나지안조스의 그레고리오스의 열망을 공유했다. 친구처럼 두려움을 모르는 정통신학 수호자였던 그는 핵심적인 삼위일체 교리를 정의하고 수호하는 데 중요한 역할을 했으며, 플라톤을 사랑했고 그에게서 유일하신 참 하나님께 더 가까이 다가갈 수 있는 사상과 방법론을 배우기를 간절히 원했다. 그의 기독교 플라톤주의는 그의 작품 전반에 걸쳐 나타나지만, 특히 성경의 모세 이야기를 비유적으로 해석하는 데 매우 중요한 역할을 한다.

그레고리오스는 그의 『모세의 생애』(*The Life of Moses*, 390년경)에서 나중에 중세 시대에 큰 인기를 끌었던 일종의 성경 해석에 빠지는데, 이 해석은 플라톤이 신플라톤주의자 플로티노스, 유대인 필론, 그리스도인 알렉산드리아의 클레멘스, 클레멘스의 뛰어난 제자 오리게네스에게 끼친 영향에 그 뿌리를 두고 있다. 아퀴나스와 단테 시대에는 구약성경의 모든 구절이 적어도 잠재적으로는 문자적(또는 역사적), 비유적(또는 모형론적), 도덕적(또는 교훈적), 신비적(또는 영적) 등 네 가지 수준의 의미를 내포하고 있다고 믿었다. 따라서 단테가 한 후견인에게 쓴 편지를 차용하자면 "이스라엘이 애굽에서 나올 때"(시 114:1)라는 구절은 서로 다른 네 가지 의미로 동시에 해석될 수 있다. 즉 출애굽을 언급하는 것으로(문자적), 그리스도가 우리를 죄에서 어떻게 해방하셨는지를 나타내는 것으로(비유적), 영혼이 죄의 속박으로부터 그리스도 안에서 누리는 자유로 전환하는 것을 묘사하는 것으로(도덕적), 인간의 영혼이 죽음과 타락이라는 육체의 긴 종살이에서 벗어나 약속의 땅 천국으로 들어가는 그 영광스러운 순간을 예언하는 것으로(신비적) 읽을 수 있다.

비록 그레고리오스의 주석은 엄밀히 말하자면 문자적 의미와 비유적 의미의 두 가지 의미에 국한되어 있지만, 그는 전반적으로 자신의 비유적 해석이 우리의 도덕적인 행동을 어떻게 개선하고, 우리를 어떻게 궁극적인 것으로 인도할지에 대해 관심을 보인다. 플라톤, 오리게네스, 나지안조스의 그레고리오스처럼 그는 자유 의지와 선택을 강력하게 긍정하며 독자들이 이를 현명하게 활용하여 영적 성장을 이루고 하나님의 진리를 향해 나아갈 수 있기를 바란다.

그는 『모세의 생애』(제1권)에 대한 간략한 역사적 개요를 제시한 후, 훨씬 더 긴 제2권에서 그 역사를 비유적인 관점에서 해석한다. 우리는 그가 히브리인들 가운데서 여자 아기는 빼고 남자 아기만 죽이라는 파라오의 명령(출 1:16)을 해석하는 대목에서 그의 이상한 해석을 발견한다. 그레고리오스에게 여자는 육체적, 감정적, 육욕적인 것을 상징하는 반면, 남자는 영적, 이성적, 금욕적인 것을 상징한다. 그는 비록 우리가 우리의 육체적 출생을 통제할 수는 없지만, 도덕적 출생에 관해서는 "어떤 식으로든 우리가 우리 자신의 부모이며, 남자이든 여자이든 우리가 되고자 하는 대로 우리 자신의 자유로운 선택에 따라 우리 자신을 낳고, 미덕이나 악덕의 가르침에 따라 우리 자신을 형성한다"(2.3; 55-56)고 주장한다.[2] 오리게네스처럼 그레고리오스도 파라오가 무고한 사람들을 학살한 배후에는 육체와 영뿐만 아니라 욕망과 이성, 악덕과 미덕이 대립하는 플라톤의 영적 전쟁이 비유적으로 숨어 있음을 발견한다. 그는 또한 플라톤과 오리게네스와 마찬가지로 영적 출생 방식을 선택하는 데 있어 인간에게 상당한 자유 의지를 부여한다.

그렇다면 이 말은 그레고리오스가 플라톤의 모든 이론을 맹목적으로 진실로 받아들인다는 의미인가? 결코 아니다! 그는 그리스도인이 플라톤

---

2   Gregory of Nyssa, *The Life of Moses*, trans. Abraham J. Malherbe and Everett Ferguson, Classics of Western Spirituality (New York: Paulist Press, 1978). 나는 본문에 책의 장과 쪽수를 적어둘 것이다.

으로부터 받아들일 수 있는 것과 반드시 거부해야 하는 것이 있다는 점을 분명히 밝힌다. "이교도 철학은 영혼이 불멸한다고 말한다. 이것은 경건한 유산이다. 그러나 영혼은 몸에서 몸으로 옮겨가고, 이성적인 본성에서 비이성적인 본성으로 바뀐다고도 말한다. 이것은 육체적이고 이질적인 포피다"(2.40; 63). 정통 그리스도인이라면 영혼의 환생에 대한 플라톤의 가르침을 받아들일 수 없다. 그러나 그레고리오스는 이 점을 분명히 하면서도『파이드로스』에서 미덕의 길에서 돌아선 영혼은 동물로 환생한다는 플라톤의 제안에서 비유적 진리를 발견한다. 따라서 그레고리오스는 모세가 이집트에 일으킨 개구리 재앙을 비유적으로 해석하면서 육신을 따라 사는 자들에게는 어떤 일이 벌어지는지에 대한 진리를 통찰한다.

> 사람은 타락하고 방탕한 삶 속에서 진흙과 오물에서 태어난 것과 다름없는 모습을 보며, 비이성적인 것을 모방함으로써 전적으로 인간도 아니고 개구리도 아닌 삶의 형태에 머무르게 된다. 본성상 인간이지만 욕망에 의해 짐승이 되는 이러한 유형의 사람은 본질적으로 모호한 양서류 형태의 삶을 드러낸다(2.70; 70).

나중에 그레고리오스는 군사적으로 성공한 이스라엘 백성이 모압의 딸들에게 저지른 성적 부도덕과 우상숭배(민 25:1-3)의 비유적 교훈을 고찰하면서『국가』에 나오는 삼분된 영혼 내에서 벌어지는 이성과 욕망 간의 갈등을『파이드로스』의 하향적 환생과 결합한다.

쾌락은 무기로도 정복당하지 않았던 자들을 자신의 외형으로 물리침으로써 그들에게 불명예라는 전리품을 안겨주고 그들의 수치를 공개적인 조롱거리로 만들었다. 쾌락은 인간을 짐승으로 만든다는 것을 보여주었다. 방탕함으로 향하는 비이성적인 동물적 충동은 그들로 하여금 인간의 본성을 잊게 만들었으며, 그들은 자신의 과도함을 숨기기는커녕 정욕의 치욕으로 자신을 치장하고, 수치의 오점으로 자신을 미화하며, 돼지처럼 더러운 오물 속에서 뒹굴며 모든 사람에게 그것을 드러냈다(2.302; 132).

그레고리오스는 은혜와 속죄의 본질을 깊이 이해했지만, 그것이 그가 자신과 신자들에게 도덕적으로나 영적으로 계속 전진해야 한다는 권면을 멈추게 하지는 못했다. 『향연』, 『파이드로스』, 『국가』에 등장하는 연인-철학자 과정 입문자처럼 기독교 입문자는 비이성의 세계로 다시 미끄러져서는 안 된다. 그는 상승의 길을 계속 걸어가야 한다.

이러한 관점은 자칫 행위의 의로 치우치기 쉽지만, 그레고리오스는 그러한 위험에 빠지지 않았다. 이는 그가 플라톤적 열망을 수용했기 때문이다. 플라톤적 열망은 독특하게 기독교적인 소망의 미덕과 결합하여 영혼을 보이는 것의 아름다움에서 보이지 않는 것의 더 큰 아름다움으로 이끈다. 이는 동굴 안의 모조품에서 벗어나 태양의 빛을 받는 동굴 밖의 실재들로 나아가게 한다.

플라톤적 사고를 지닌 그레고리오스에게 하나님은 우리의 욕망을 충족시키는 동시에 그 여정을 계속하도록 더 큰 욕망으로 우리를 채우신다.

우리는 계속 위로 올라가면서도 그분의 임재 안에 멈춰서 있어야 한다.

> 희망은 항상 영혼을 보이는 아름다움에서 그 너머로 끌어당기며, 끊임없이 지
> 각되는 것을 통해 감추어진 것에 대한 갈망을 불러일으킨다. 그러므로 아름다
> 움을 열렬히 사랑하는 사람은 비록 그가 항상 볼 수 있는 것을 자신의 열망의
> 이미지로 받아들일지라도 그 원형(archetype)의 본질적인 형상으로 가득히 채
> 워지기를 갈망한다(2.231; 114).

그리고 또

> 이것이 진정으로 하나님의 비전이다. 즉 하나님을 보고자 하는 갈망에 결코 만
> 족하지 않는 것이다. 그러나 사람은 항상 자신이 볼 수 있는 것을 바라보면서
> 도 더 많은 것을 보고자 하는 갈망을 다시 일깨워야 한다. 따라서 하나님께로
> 올라가는 과정에서는 어떤 한계도 성장을 방해할 수 없으며, 이는 선(Good)에
> 대해서는 한계가 없으며, 선에 대한 갈망이 충족된다고 해서 끝나는 것도 아니
> 기 때문이다(2.239; 116).

『향연』을 연상시키는 "아름다움을 열렬히 사랑하는 자"나 『국가』를 연상
시키는 "선"(Good)과 같은 표현은 그레고리오스의 플라톤적 성향을 드러
낸다. 그러나 그것은 바울도 갈망하는 궁극적인 이데아/원형(인격적인 삼위
일체 하나님)과의 대면(고전 13:12)을 향한 상승의 여정을 계속하려는 그의

갈망을 자극하기도 한다.

현대 그리스도인에게 모세를 본받으라는 부르심은 하나님께 순종하고 그분의 공급을 신뢰하라는 부르심을 의미한다. 플라톤적 관점을 가진 그레고리오스에게 그것은 더 많은 것을 의미한다. 그것은 우리 세상의 장벽을 초월하고 지복직관(Beatific Vision)을 성취하기 위한 끊임없는 노력 그 자체를 의미한다. "이러한 상승을 통해 자신의 삶을 지상의 것들 너머로 끌어올리는 자는 결코 이전보다 더 고귀해지는 것을 멈추지 않을 것이며, 내가 생각건대, 그의 삶은 독수리처럼 모든 면에서 영적 상승의 하늘을 맴도는 구름 너머로 드러날 것이다"(2.307; 133).

그레고리오스 팔라마스의 창조되지 않은 빛에 대한 생각

나지안조스 및 니사의 두 그레고리오스와 위대한 그레고리오스 팔라마스(1296-1359) 사이에는 거의 천 년의 간격이 있다. 그럼에도 부분적으로는 그들이 플라톤과 성경이라는 공통의 유산을 공유하고 있기 때문에 그들의 비전과 열망은 놀라울 정도로 유사하다. 다시 말하면 유사하지만 한 가지 차이점이 있다. 두 그레고리오스가 고대 그리스 사상 전반과 특히 플라톤에게 빚진 것을 기꺼이 인정한 반면, 팔라마스는 플라톤이 설정한 틀 안에서 작업하면서도 고대 사상에 의존하고 있다는 사실을 강력히 부인했다.

팔라마스는 단순한 수도사가 아니라 헤시카스트(*hesychast*, 그리스어로 평화 또는 고요함을 뜻하는 단어에서 유래)였는데, 이는 끊임없는 고독한 기도와 묵상을 통해 하나님과의 더 깊은 교감을 추구하는 은둔자를 뜻한다. 그는 콘스탄티노플의 부유하고 귀족적인 가정에서 자랐고 두 그레고리오스와 마찬가지로 고전 교육을 받았지만, 그리스 정교회 수도원 중 가장 외지고 혹독한 아토스산에서 엄격한 수도원 생활을 하기 위해 이를 모두 버리고 수도원에 들어갔다. 나지안조스의 그레고리오스처럼 그는 세상의 주목을 받지 않기를 바랐지만, 당대의 종교적 논쟁으로 인해 결국 신학을 저술하게 되었다.

그의 대표작인 『고요함을 실천하는 이들을 위한 변호』(*Defense of Those Who Practice Quietude*, 1338-1341, 더 일반적으로는 『삼부작』[*The Triads*]으로 알려짐)는 특히 광신적이고 반지성적이며 지나치게 자기 성찰적인 사람들이라고 비난하는 자들로부터 헤시카스트의 세계관과 삶의 방식을 변호하기 위해 저술된 작품이다. 결과적으로 이 책의 어조는 루터의 『의지의 속박』(*Bondage of the Will*)만큼이나 논쟁적이고 일방적이다. 하지만 아이러니하게도 루터가 고전 인문주의자 에라스무스를 공격할 때 키케로, 호라티우스, 베르길리우스, 카토, 오비디우스, 호메로스 등 이교도 작가들의 엄선된 20여 편의 문헌을 대거 인용한 것처럼 팔라마스의 『삼부작』도 바로 그들이 기피하는 플라톤 전통에서 광범위하게 차용하고 있다.

팔라마스는 『삼부작』에서 자신이 거리를 두려는 입장을 명확히 밝히며 논박을 시작한다.

어떤 이들은 수도자들도 세속적 지혜를 추구해야 한다고 주장하며, 만약 그들이 이 지혜를 가지지 않으면 아무리 무감정(impassibility)의 최고 수준에 도달했다 하더라도 무지와 잘못된 억견을 피할 수 없다고 말한다. 또한 모든 분야에서, 특히 그리스 문화에서 지식을 추구해야만 완전함과 거룩함을 얻을 수 있다고 주장하는데, 그리스 문화 역시 하나님께서 주신 선물이며, 그것은 예언자들과 사도들에게 계시를 통해 주어진 통찰들도 마찬가지라고 한다(1.1.1: 25).[3]

나는 아테네와 예루살렘을 결합하고 플라톤과 성경 사이에 다리를 놓으려는 인문주의적 그리스도인의 입장을 가장 잘 표현하는 길은 팔라마스가 교묘하게 확인한 것처럼 플라톤주의적 인문주의 그리스도인들이 고대 그리스-로마 철학자들의 도움 없이는 완전함에 이를 수 없다고 제안하는 것이라고 생각한다. 그러나 그것은 나의 입장도 아니며, 오리게네스, 두 명의 그레고리오스, 또는 내가 다음 세 장에서 다룰 일곱 작가들의 입장도 아니다. 팔라마스는 마르틴 루터가 그랬듯이 논쟁적인 기조로 글을 썼으며, 그로 인해 "전부 아니면 전무"라는 접근 방식으로 치우쳐 **모든** 세속적인 철학을 허망하고 공허하며 속임수로 치부하려 한다(참조. 골 2:8).

몇 장 후, 팔라마스는 자신의 입장을 어느 정도 완화한다. "이교 철학자들의 지성은…이성이 부여된 지혜를 자연적으로 소유하고 있는 한, 하

---

3   Gregory Palamas, *The Triads*, ed. John Meyendorff, trans. Nicholas Gendle, Classics of Western Spirituality (New York: Paulist Press, 1983). 나는 본문에 책의 장과 쪽수를 적어둘 것이다.

나님의 선물이다. 그러나 그들의 지성은 그러한 교리를 내세우기 때문에 마귀의 간계에 의해 어리석은 지혜, 사악하고 무의미한 지혜로 변질되었다"(1.1.19; 27). 이 본문은 그리스도인이 적절한 분별력을 갖추면 플라톤과 같은 철학자에게서 진정한 지혜를 발견할 수 있음을 암시한다. 실제로 팔라마스는 우리가 뱀 철학의 머리와 꼬리—그는 이것을 이교도들의 "그릇된 억견"과 "멋진 이야기(1.1.21; 29)"와 연결함—를 모두 잘라내면 그것을 잘 활용할 수 있다고 인정한다. 그럼에도 그는 철학자들을 우회하고 직접 명상을 통해 하나님에 대한 지식을 추구하는 것이 훨씬 덜 위험하다고 결론짓는다.

아타나시오스와 디오니시우스 아레오파기타(또는 위[僞]-디오니시우스 또는 데니스)의 전통에서 글을 쓰는 동방 정교회 신학자로서 팔라마스의 궁극적인 목표는 신화 또는 신격화에 도달하는 것이다. 하나님이 성육신을 통해 우리와 같이 되신 것처럼 우리도 그분처럼 되기 위해 노력해야 한다. 중요한 것은 우리가 신이 된다는 뜻이 아니라 우리가 삼위일체 하나님의 영광에 참여하는 것이 우리의 올바른 텔로스라는 의미다(벤후 1:4). 그러기 위해 우리는 창조되지 않은 하나님의 빛 속으로 들어가야 한다. 비록 그 최종적 변화는 하늘에서 일어나겠지만, 팔라마스는 시내산에서 내려온 모세(출 34:29), 순교 직전의 스데반(행 7:55), 다볼산에서 그리스도의 변화를 목격한 세 제자(마 17:2)의 빛나는 얼굴에서 그 모습을 엿본다.

팔라마스는 아름답고 긴 한 문장으로 입문자가 자신의 영혼을 빛의 환상으로 충만하도록 준비시키기 위해 해야 할 일을 열거한다.

이 빛을 깨닫게 되는 때는 영혼이 악한 쾌락과 욕망에 휘둘리지 않게 되고, 내면의 평화를 얻으며, 생각이 고요해지고, 영적인 안식과 기쁨을 느끼고, 인간의 영광을 멸시하고, 은밀한 기쁨과 겸손이 함께하며, 세상에 대한 거부감과 하늘의 것들, 아니 하늘의 유일하신 하나님에 대한 사랑을 가지게 될 때다 (3.1.36; 90).

나는 여기서 "입문자"라는 단어를 가볍게 사용하지 않는다. 팔라마스가 말하는 단계적인 영적 발전 과정은 플라톤의 여정과 많이 닮아 있다. 팔라마스는 자신만의 선분, 즉 동굴에서 바깥세상으로 나아가는 자신만의 여정을 가지고 있으며, 이는 입문자가 이 세상의 헛되고 일시적인 것들로부터 서서히 자신을 분리하여 이해를 초월하는 평화를 찾도록 요구한다.

사실 바로 전 장에서 팔라마스는 플라톤적 이미지를 사용하여 동료 헤시카스트들에게 "우리도 지상의 그림자를 버리고 그리스도의 참된 빛에 가까이 다가감으로써 우리 자신을 들어 올리면 빛나는 존재가 될 것"이라고 약속한다(3.1.35; 90). 플라톤의 경우처럼 어둠에서 빛으로 나아가는 이 과정은 감각적인 것이 아니다. 우리가 요즘 말하듯이 눈의 막대 세포나 원추 세포가 변하는 것이 아니라는 것이다. 이 움직임은 영적인 것이다. 팔라마스는 심지어 소경도 창조되지 않은 빛을 볼 수 있다고 주장한다. 왜냐하면 이 빛은 육체적인 감각으로 보는 것이 아니라 영혼으로 보기 때문이다.

그런데 팔라마스는 플라톤 철학자의 여정에 두 가지 요소를 추가한다. 이 두 가지 덕분에 그의 비전은 플라톤의 비전과 달라진다. 첫 번째는 플라톤 안에 이미 암시되어 있던 것을 더 분명히 드러내는 것이고, 두 번째는 플라톤이 특별 계시를 몰랐기 때문에 알 수 없었던 기독교적 요소를 추가하는 것이다.

많은 기독교 수도사, 신학자, 신비주의자들이 감각에 대한 플라톤의 불신을 공유하고 있지만, 팔라마스는 여기서 한 걸음 더 나아간다. 창조되지 않은 것에 도달하기 위해서는 우리의 감각을 초월하는 그 이상의 것이 필요하다.

> 천사들과 천사 같은 사람들이 보는 것은 감각이 아니다. 왜냐하면 그들은 그것을 감각을 통해 얻지 않기 때문이다. 그것은 지성도 아니다. 왜냐하면 그들은 그것을 사고나 그로 인해 얻어지는 지식을 통해 발견하지 않기 때문이다. 이는 모든 정신적 활동이 멈춘 후에야 가능하다. 따라서 이것은 상상력이나 이성의 산물이 아니다. 그것은 억견도 아니며 삼단논법에 의해 도출된 결론도 아니다 (1.3.18; 35).

플라톤적 사고를 지닌 대다수 그리스도인들과 극명한 대조를 이루면서도 동방 정교회의 (부정적인 묘사를 통해 설명하는) 아포파시스 전통과 일관된 입장을 취하는 팔라마스는 감각, 지성, 상상력, 이성 중 어느 것도 하나님의 창조되지 않은 빛을 이해할 수 없다고 주장한다.

물론 플라톤의 여정은 감각적인 생성의 세계에서 지적인 존재의 세계로 나아가는 것이다. 하지만 앞서 1부에서 보았듯이 플라톤 자신도 이성,

논리, 변증법의 한계를 인식하고 있었다. 내가 3장과 4장에서 주장했듯이 플라톤의 가장 위대한 철학적 진술들은 플라톤이 모방의 모방이라며 일축했던 시적 언어로 "빠지지" 않으면서도 언제나 이성을 초월하는 수준에서 독자들에게 어필하는 신화나 비유로 이어진다. 플라톤이 영혼의 이성적 부분을 높이 찬양했음에도 불구하고 그의 가장 뛰어난 대화편들에는 항상 이성의 한계를 넘어 순수한 관조의 상태로 나아가는 무언가가 존재한다.

플라톤의 상승 경로에 자신이 추가한 두 번째 기독교적 차원과 관련하여 팔라마스는 기독교 이전 그리스인들이 지복직관을 추구하는 과정에서 우리의 몸이 긍정적인 역할을 할 수 있다는 점을 상상하지 못했다는 점을 근거로 들며 이를 아주 적절히 제시한다.

죄를 물리치고 미덕을 쌓으며, 미덕을 위한 투쟁의 보상, 아니 그 보상의 보증인인 지적 감각을 얻으려면 억지로라도 정신을 몸과 자신 안으로 되돌려야 하지 않겠는가? 반면에 정신이 육체적 사고뿐 아니라 몸 자체에서 벗어나 지적인 환상을 관조하려는 목적으로 "나아가도록" 만드는 것은 헬레니즘 사상의 가장 큰 오류이며, 모든 이단의 뿌리이자 근원이며, 악마들의 발명품이고, 어리석음을 낳는 교리이며, 그 자체로 광기로부터 비롯된 것이다. 이것이 바로 악마의 영감에 따라 말하는 자들이 제정신을 잃고 자신이 무슨 말을 하고 있는지도 모르게 되는 이유다. 그러나 우리는 몸과 마음은 물론 그 안에서 정신을 되찾는다(1.3.4; 43-44).

비록 팔라마스의 언어가 불필요하게 과격하고 정죄적이며, 악마를 소환하는 것이 무의미하지만(플라톤은 성경을 접하지 못했다는 이유로 비난을 받을 수 없다), 그가 신플라톤주의자들의 이원론과 영지주의를 비판한 것은 옳다. 바울이 부활에 대해 말했을 때 아테네의 스토아학파와 에피쿠로스학파 대부분이 비웃었던 것처럼(행 17:32) 신플라톤주의자들은 영혼이 육체에 붙어 있고 싶어 한다는 것을 상상할 수 없었다.

그러나 이것이야말로 기독교적 플라톤주의자가 될 사람이 그리스도와 성경의 더 풍부한 계시에 따라 플라톤의 가르침을 시험하고 수정해야 하는 이유다. 우리가 몸에 갇힌 영혼이 아니라 몸을 지닌 영혼일 수 있고, 우리의 몸이 영혼과 함께 영화롭게 될 수 있다는 개념은 플라톤의 세계관에서는 단순히 상상할 수 없는 것이었다. 나는 플라톤이 입문자의 영적 활동이 영혼뿐 아니라 몸도 변화시킬 수 있다는 것을 상상할 수 있었으리라고 생각하지 않는다. 그는 분명히 하나님이 인간의 육신을 취하실 것이라는 것을 상상하지 못했을 것이다(요 1:14).

그러나 만약 플라톤이 성육신 이후의 시대에 살았고, 이 장에서 언급한 세 명의 그레고리오스처럼 그리스도가 우리의 인성을 온전히 취하셨음을 받아들였다면 그 위대한 교리가 내포하는 의미들 또한 받아들이지 않았을까?

성육신하신 하나님의 말씀의 신성이 영혼과 몸에 공통적이듯이 그분께서 영혼을 매개로 육체를 신격화하여 그것으로 하여금 하나님의 일을 이루게 하셨으므로 영적인 사람 안에서 영혼을 통해 육체에 전달된 성령의 은혜는 육체 또한 신성한 것들을 체험할 수 있도록 하고, 영혼이 겪는 같은 복된 경험을 육체가 누릴 수 있도록 한다(2.2.12; 51).

팔라마스가 이 인용문에서 언급한 정교회의 신화(神化, *theosis*) 교리는 많은 면에서 복음주의 개신교인보다 플라톤주의자에게 덜 이질적으로 보일 것이다. 왜냐하면 플라톤주의자는 개신교인이 종종 잊어버리는 사실, 즉 성화란 구원이 변화를 낳는 길고 느린 과정이며, 입문자가 선과 진리와 아름다움의 형상으로 천천히 순응해가는 과정이라는 것을 본능적으로 알고 있기 때문이다.

기독교 철학자와 신학자들은 플라톤이 육체가 그 변화에 참여한다는 것을 알지 못했다고 해서 그를 거부할 필요가 없다. 오히려 플라톤이 영혼의 여정에 대해 이해한 바를 확장하여 육체의 영화를 포함하는 것이 그들의 과제이자 기쁨이 되어야 한다.

10장
◆

서방의 플라톤:
아우구스티누스, 보에티우스, 단테

『그리스도교 교양』(*On Christian Doctrine*, 397년경) 제2권 60장에서 히포의 아우구스티누스는 오리게네스가 자주 사용했던 성경의 은유를 차용하여 이교적 학문과 기독교 진리 사이의 정확한 관계를 설명한다.

만약 철학자라 불리는 자들, 특히 플라톤주의자들이 실제로 참되며 우리의 신앙에 잘 맞는 말을 했다면 그들은 두려워할 존재가 아닙니다. 오히려 그들이 말한 것을 부당하게 소유한 자들로부터 빼앗아 우리의 용도에 맞게 바꾸어야 합니다. 마치 이집트인들이 이스라엘 백성이 미워하고 피했던 우상과 무거운 짐만 가진 것이 아니라 금과 은으로 만든 그릇과 장신구, 의복도 가지고 있었고, 이스라엘 백성은 그것들을 몰래 가져갔지만, 그것들을 더 나은 용도로 쓰기 위해서인 것처럼 말입니다. 그들은 자기 권한으로 한 것이 아니라 하나님의 명령에 따라 그렇게 한 것이지만, 이집트인들은 자신들이 잘 사용하지 않던 것을 은연중에 그들에게 제공했기 때문입니다. 마찬가지로 이교도들의 모든 가르침에는 각자가 그리스도의 인도 아래 이교 사회를 떠날 때 혐오하고 피해야 할 허구적이고 미신적인 상상의 산물과 불필요한 노동의 무거운 짐뿐만 아니라 진리의 용도에 더 적합한 고상한 학문과 도덕에 관한 매우 유용한 교훈들도 포함되어 있습니다. 심지어 유일신 하나님 숭배에 관한 일부 진리들도 그중에서 발견됩니다. 이것들은 마치 그들의 금과 은처럼 그들이 스스로 세운 것이 아니라 하나님의 섭리의 광맥에서 발굴한 것들이며, 어디에나 충만히 퍼져 있고, 악마 숭배에서 왜곡된 방식으로 해롭게 남용되고 있습니다. 그리스도인이 그들의 비참한 사회에서 영적으로 자신을 분리할 때 그는 이 보물을 가져가야 하며, 복음을 가르치는 정의로운 용도로 사용해야 합니다. 그리고 인간 사회에 적합하고 생활에 필요한 인간 제도들로 이루어진 그들의 의복은 빼앗아 기독교적 용도로 바꾸어야 합니다.[1]

내가 이렇게 전문을 인용하는 이유는 이 인용문이 고대 후기와 중세의 기독교 사상가들이 플라톤과 어떻게 소통했는지 이해할 수 있는 중요한 열쇠를 제공하기 때문이다. 그들은 이교도 학문의 위험성을 잘 알고 있었지만, 그들 가운데 상당수는 플라톤과 다른 고대인들 안에 잠재되어 있는 진리를 파악하여 기독교적 용도로 전환할 수 있다는 믿음을 가지고 있었다.

아우구스티누스가 암시하는 에피소드는 일반적으로 이집트인들로부터의 약탈(또는 강탈)로 불리는데(출 12:36), 아우구스티누스는 그 이전의 오

---

1 Saint Augustine, *On Christian Doctrine*, trans. D. W. Robertson Jr. (Upper Saddle River, NJ: Prentice Hall, 1958), 75.『그리스도교 교양』(분도출판사 역간).

리게네스와 마찬가지로 이 에피소드를 비유로 사용한다. 이 에피소드에 대한 중세의 표준 해석에 따르면 금과 은은 "고상한 학문"과 "유용한 교훈"을 가리키는데, 이것들은 궁극적으로 "하나님의 섭리의 광맥에서" 비롯된 것이다. 하나님은 우리가 그 금을 약탈하여 악마적인 요소를 제거하고 올바르게 사용할 수 있도록 허용할 뿐만 아니라 그렇게 명령하신다. 그리스도를 따르는 사람들은 진리의 합법적 소유자이며, 진리를 접할 때마다 그 진리를 주장하는 것이 옳다.

이 장에서는 동방 교회에서 서방 교회로 넘어가면서 플라톤의 저술에서 약탈한 금과 은을 온전하고 적절하게 사용한 세 명의 독창적이면서도 전통적인 사상가를 살펴볼 것이다. 나는 먼저 아우구스티누스(354-430)로 시작할 것이다. 그의 『고백록』(Confessions, 397-400)에 매우 인상적으로 남아 있는 그의 믿음을 향한 긴 여정은 신플라톤주의자들의 저서를 통해 그를 마니교라는 이단적 영지주의 종파에서 기독교 정통 신앙으로 인도했다.

아우구스티누스의 회심

마니교의 일원으로서 젊은 아우구스티누스는 육체가 구원할 수 없을 만큼 타락했으며 그것을 벗어나고 초월해야 한다고 믿었다. 마니교는 타락이라는 이원론적 세력과의 싸움에서 부패하지 않은 하나님이 자신의 물질의 한 부분을 보내어 싸우게 했다고 가르쳤다. 이 물질이 바로 인간의 영혼이었다. 그러나 부패와의 싸움에서 "영혼은 포로가 되어 부정하게 되고 부패했으며, 그것을 도와줄 하나님의 말씀은 자유롭고 순수하며 부패하지 않았다. 그러나 만약 그렇다면 하나님의 말씀도 영혼과 동일한 물질에서 나왔기 때문에 부패할 수밖에 없었을 것이다"(7.2; 135).[2]

마니교도로서 아우구스티누스는 영혼이 구원과 해방을 얻기 위해 직면하는 문제를 이해하고 있었다. 하지만 그는 곧 마니교의 가르침이 그들이 주장하는 구원을 실현할 수 없다는 것을 깨닫게 된다. 이러한 이유로 위 인용문의 두 번째 문장에서 아우구스티누스는 소크라테스의 귀류법(reductio ad absurdum)을 사용하여 만약 육체의 본질적 타락에 대한 마니교의 주장이 옳다면 하나님이 우리 세상에 들어와 영혼을 구원하려는 모든 시도는 처음부터 실패할 수밖에 없음을 보여준다. 이후 몇 장에 걸쳐 아우구스티누스는 마니교의 중심에 있는 모순을 드러내는 작업을 계속하다가 마침내 9장에서 신플라톤주의자의 저작, 특히 플로티노스의 글을 접하고 스스로 테베레강을 건널 수 있는 다리를 발견한다.

아우구스티누스는 "플라톤주의자들의 책"에서 로고스가 하나님이시며, 로고스가 자기 백성에게 왔고, 로고스가 빛과 생명을 가져왔다(요 1:1-5, 9)는 기록을 발견했지만, 그의 이름을 믿는 자는 모두 하나님의 자녀라고 불릴 권리가 주어졌다(요 1:12)는 기록은 발견하지 못했다고 설명한다. 마

---

2 Augustine, *Confessions*, trans. R. S. Pine-Coffin (London: Penguin, 1961). 나는 본문에 책의 장과 쪽수를 적어둘 것이다.

찬가지로 "같은 책에서 나는 또한 하나님이신 말씀이 인간의 혈통에서 비롯된 것도, 자연의 뜻이나 사람의 뜻에서 나온 것도 아니며 하나님으로부터 비롯되었다[요 1:13]는 내용을 읽었지만…말씀이 육신이 되어 우리 가운데 거하시기 위해 오셨다[요 1:14]는 내용은 읽지 못했다"고 말한다(7.9; 144-45).

아우구스티누스는 같은 장에서 계속 신플라톤주의자들의 가르침과 신약성경의 가르침 사이의 세 번째 차이점을 제시한다. 즉 신플라톤주의자들은 바울의 위대한 성육신 본문의 첫 구절(빌 2:6)을 받아들이고 "성자 하나님은 성부와 같이 신성을 가지신 분으로 삼위 하나님 안에서 결코 탐낼 것이 없으셨다"고 가르치지만, 그들은 성자가 "오히려 자기를 비워 종의 형체를 가지고 사람의 모양으로 우리에게 나타나셨다[빌 2:7]"는 것을 부인한다(7.9; 145). 여기서 문제가 되는 것은 바울이 케노시스(*kenosis*)라고 부르는 것, 즉 신적 로고스가 인성을 취함으로써 삼위일체의 일원으로서 공유했던 완전한 영광과 특권을 비우고 스스로 (히브리서 저자의 말을 인용하자면) "천사들보다 조금 못한 존재"(히 2:7)가 되었다는 가르침이다.

아우구스티누스는 여기서 신플라톤주의자들의 오류를 폭로하는데, 마니교도들에게 했던 것과는 전혀 다른 방식으로 그렇게 한다. 마니교도들은 그를 잘못된 길로 이끈 반면, 신플라톤주의자들은 그가 진리를 향한 올바른 길로 나아가는 데 도움을 주었다. 실제로 아우구스티누스는 위에서 인용한 『그리스도교 교양』의 본문에서 사용한 것과 같은 성경의 은유를 언급하며 9장을 마무리한다.

나는 이방인들 가운데서 당신께 나아왔고, 당신께서 당신의 백성에게 이집트에서 가져가라고 하셨던 금에 내 마음을 두었습니다. 그 금이 어디에 있든 그것은 당신의 것이었기 때문입니다. 당신께서는 당신의 사도를 통해 아테네 사람들에게 그들의 시인들 가운데 몇몇도 우리에게 말했듯이 우리가 당신 안에서 살고 움직이고 존재한다고 말씀하셨습니다[행 17:28]. 물론 내가 읽고 있던 책들은 아테네에서 쓴 것이었습니다. 그러나 당신의 백성은 당신의 것이었던 그 금을 사용하여 이집트인들의 우상을 섬겼으니 그들은 하나님의 진리를 거짓으로 바꾸고 피조물을 창조주보다 더 경외하고 섬긴 것입니다[롬 1:25]. 그러나 나는 이 우상들에 내 마음을 두지 않았습니다(7.9; 146).

아우구스티누스는 여기서 다소 미묘한 방식으로 그리스도께로 향하는 자신의 순례 여정이 구약성경(이집트인들에게 약탈한 금을 잘못 사용하여 금송아지를 만든 유대인들)을 통해 이루어진 것이 아니라 그리스 신플라톤주의자들(신의 섭리의 광산을 통해 참된 진리에 접근할 수 있었던 이방인들)의 저작을 통해 이루어졌다고 설명한다. 아우구스티누스는 이 기본적인 비유에 조금 더 복잡성을 더하려고 자신의 신앙 여정과 아테네에서 행한 바울의 연설 간의 이차적인 비유를 만들어낸다. 바울이 그리스 시인 에피메니데스의 한 구절을 인용하여 아테네 엘리트들의 스토아주의와 에피쿠로스주의 사이에 다리를 놓았던 것처럼(행 17:28) 아우구스티누스는 플라톤과 그의 후계자들의 철학적 저작에서 자신만의 다리를 발견했다.

아우구스티누스는 신플라톤주의자들의 불완전한 진리―그들은 영원한 말씀(요 1:1)은 알았지만 성육신(요 1:14)은 상상할 수 없었다―에서 그리스도, 성경, 교회의 완전한 진리로 천천히 전환하면서 그 과정을 육체에서 영으로 올라가는 플라톤의 비유를 통해 설명한다. "따라서 내 생각은 단계적으로 물질적인 것에 대한 고찰에서 육체의 감각을 통해 사물을 인식하는 영혼으로, 그리고 육체의 감각이 외부의 사실을 전달하는 영혼의 내적 능력으로 나아갔다"(7.17; 151). 결국 아우구스티누스는 자신을 구원한 것은 플라톤이 아니라 성육신하시고 부활하신 그리스도와의 직접적인 만남이었다고 분명히 밝힌다(7.18). 그럼에도 플라톤은 그를 사다리의 첫 번째 단계로 데려가 위를 바라보게 함으로써 그를 준비시켰다. "플라톤주의자들의 책을 읽음으로써 나는 비물질적인 것에서 진리를 찾도록 자극을 받았고, 나는 당신의 창조물을 통해 알 수 있는 당신의 보이지 않는 본성을 보았습니다[롬 1:20]"(7.20; 154).

홍미롭게도 아우구스티누스는 신플라톤주의자들의 저술이 자신의 회심에 어떤 역할을 했는지에 대한 논의를 마무리하면서 신플라톤주의자들의 더 근본적인 문제는 그들의 지적 오류가 아니라 그들의 영적 교만이었다고 제안한다.

어찌 플라톤주의자들의 책들이 나에게 자비를 가르쳐주리라 기대할 수 있었겠습니까? 내가 성경을 공부하기 전에 그 책들을 접하게 된 것은 당신의 뜻이라고 나는 믿습니다. 왜냐하면 당신은 내가 그 책들이 내게 준 인상을 항상 기억하여 나중에 내가 당신의 성경을 통해 징계를 받고 당신의 치유의 손길이 내

상처를 어루만지셨을 때 내가 추정과 고백의 차이, 도달해야 할 목표는 알지만 그 목표에 이르는 길은 보지 못하는 자들과, 단순한 환상이 아닌 장차 우리의 본향이 될 복된 나라에 이르는 길을 보는 자들 간의 차이를 깨닫고 이해할 수 있게 되기를 바라셨기 때문입니다(7.20; 154).

플라톤의 후계자들은 영혼이 추구해야 할 목표(지복직관)를 알고 있었지만, 거기에 도달하는 올바른 길을 알지 못했다. 왜냐하면 그들은 자신의 노력과 지혜로 거기에 도달할 수 있다고 생각했기 때문이다. 그들의 열망은 옳았지만, 자신의 필요를 직시하고 고백하는 겸손함이 부족했다.

그리고 한 가지 더 말하자면 아우구스티누스는 그리스도를 받아들인 후에야 비로소 자신이 지음 받은 진정한 목적이 플라톤이 제시한 선의 이데아의 비전을 초월한다는 것을 깨달았다. 깨달음은 좋은 것이지만, 우리가 지음 받은 참된 목적은 훨씬 더 개인적이고 친밀한 것이다. 이 여정의 종착지는 우리가 관조해야 할 보편적 원리가 아니라 우리가 거할 영원한 본향이다. 따라서 아우구스티누스는 『고백록』의 유명한 첫 문단에서 하나님께 이렇게 기도한다. "당신은 우리를 당신을 위해 지으셨으므로 우리의 마음은 당신 안에서 안식을 누릴 때까지는 평안을 누리지 못합니다"(1.1; 21).

보에티우스의 『철학의 위안』

보에티우스의 『철학의 위안』(*Consolation of Philosophy*)은 하나님이 일반 계시와 특별 계시를 통해 세상에 말씀하신다는 철학적·신학적 전제에 기초하고 있다. 플라톤은 그리스도 이전에 살다 죽었고 구약성경에 대한 지식이 부족했지만, 그의 글은 창조와 양심과 이성, 그리고 우리가 지음 받은 목적을 추구하려는 인간의 공통된 열망을 통해 모든 사람이 접근할 수 있는 진리를 증언한다. 실제로 『철학의 위안』은 일반 계시와 특별 계시, 이교와 기독교, 플라톤과 그리스도 사이의 대화에서 중요한 경첩 역할을 한다.

그리스도인 보에티우스(480-524년경)는 『철학의 위안』에서 기독교 이전의 최고 철학자(플라톤, 아리스토텔레스, 키케로)와 학파(신플라톤주의, 스토아주의, 에피쿠로스주의)의 저술에서 얼마나 참된 지혜를 얻을 수 있는지 확인하는 기념비적인 과제를 자신에게 부여했다. 동고트족의 왕이자 이탈리아의 통치자였던 테오도리쿠스는 보에티우스가 로마 집정관이 될 수 있도록 길을 열어 주었지만(510년), 나중에 보에티우스를 감옥에 가두었는데(523년), 그 이유는 아리우스주의자였던 테오도리쿠스가 보에티우스의 정통 신앙을 인정하지 않았기 때문이었을 가능성이 높다. 이듬해 순교자의 죽음을 맞이하기 전, 보에티우스는 그리스-로마 철학의 유산에서 위안을 얻기 위해 감옥에서 『철학의 위안』을 저술했다.

역사의 우연이었든 신적 섭리의 결과였든 『철학의 위안』은 중세 유럽에서 그리스어가 거의 잊혔던 긴 세월 동안 그리스 사상이 전해지는 주요 통로 중 하나가 되었다(그리스어는 서방에서 사라졌다가 오스만 튀르크의 정복을 피해 비잔틴 그리스인들이 유럽으로 이주하면서 돌아오게 되었고, 이는 르네상스의 불씨를 지핀 고전 지식을 유럽에 회복시켰다). 보에티우스가 보존한 그리스 사상에는 문학적이고 윤리적인 것뿐 아니라 철학적이고 신학적인 내용도 포함되어 있었다. 그러나 이 단락에서는 구체적으로 상승의 길에 오를 것을 촉구한 플라톤의 호소의 불씨를 그가 어떻게 살려냈는지에 초점을 맞추고자 한다.

플라톤의 대화편을 연상시키는 인상적인 극적 구조를 통해 전개되는 『철학의 위안』은 철학의 여신이 감옥에 갇힌 보에티우스를 방문하는 장면을 상상한다. 그녀는 먼저 보에티우스의 슬픔과 자기 연민을 더해줄 뿐인 여신들을 쫓아내고, 그의 불행을 올바르게 바라보고 대처하는 방법을 가르친다. 마치 소크라테스가 아테네인들을 꾸짖으며 부와 권력과 같은 하찮은 것보다 지혜와 미덕과 같은 위대한 것을 더 가치 있게 여겨야 한다고 말하듯이 철학의 여신은 보에티우스에게 이성적인 인간으로서 자신의 독특한 목적을 이해하라고 도전한다.

그분[창조주]은 인간이 다른 모든 지상의 존재보다 뛰어나도록 의도하셨지만, 너희는 너희의 고귀한 자리를 가장 낮은 곳 아래로 추락시킨다. 만약 모든 훌륭한 것이 원래의 가치보다 더 높은 가치를 인정받을 수 있다면 너희는 가장 가치 없는 것을 귀하게 여기기 때문에 너희 자신을 그들[동물들]보다 낮게 평가하는 것이 분명하니 이것은 참으로 정당한 결과다. 인간의 본성은 자기 안에 있는 것을 깨달을 때에만 다른 존재들을 뛰어넘을 수 있다. 그러나 자신을 아는 것을 그만두는 순간, 인간은 짐승들보다 낮은 지위로 전락할 수밖에 없다. 다른 동물에게는 자신에 대해 알지 못하는 것이 자연스러운 일이지만, 인간에게 그것은 잘못이다(2:33-34).[3]

철학은 플라톤이 그의 스승으로부터 배웠듯이 우리가 다음 두 단어로 된 중요한 명령에 주의를 기울일 때 시작된다. "너 자신을 알라." 우리가 누구인지 알지 못한다면 우리의 목적이 무엇인지, 그리고 그 목적을 달성하는 데 얼마나 나아갔는지 결코 판단할 수 없다. 우리에게는 사물을 측정할 고정된 기준이 없기 때문에 우리는 사물의 가치를 평가할 수도 없다.

우리의 본성에 대해 무지하다는 것은 양심과 의식이 모두 결여된 비이성적인 짐승의 수준으로 전락하는 것과 같다. 우리가 자기 본래의 모습을 알게 된다는 것은 우리 안에 있는 야만적인 것을 뛰어넘는 것이다. 그리스도인으로서 보에티우스는 영혼의 환생을 믿지 않지만, 악한 영혼이 다양한 동물의 몸을 통해 아래로 내려간다는 플라톤의 신화를 보존하고 긍정하는 방법을 모색한다. 그리고 그것은 이전 장에서 살펴보았듯이 오리게네스와 니사의 그레고리오스가 사용한 비유의 방식이다. 성경을 직접 언급하는 것은 일반 계시에 국한하기로 한 자신의 결정에 어긋나기 때문에 보에티우스

---

3 Boethius, *The Consolation of Philosophy*, trans. W. V. Cooper, in *The Great Books: Seventh Year 2* (Chicago: Great Books Foundation, 1959). 『철학의 위안』(현대지성 역간). 나는 본문에 책의 장과 쪽수를 적어둘 것이다.

는 호메로스의 신화를 차용하여 이를 비유로 표현한다.

이 신화는 『오디세이아』(*Odyssey*) 제10권에서 마녀 키르케가 오디세우스의 부하들을 돼지로 변신시키는 잘 알려진 이야기다. 보에티우스는 이 이교도 이야기 속에 숨어 있는 영원한 영적 진리를 찾아냄으로써 그리스도인 독자들이 우리가 육체를 가진 영혼이라는 믿음을 훼손하지 않고 플라톤의 지혜에 접근할 수 있게 해준다.

> 오직 선(善)만이 인간을 인간성 너머로 이끌 수 있듯이 악은 필연적으로 자신이 처음의 위치에서 쫓아낸 자들을 명예로운 인간성 아래로 끌어내릴 것이다. 결과적으로 당신은 말하자면 자신의 악덕으로 인해 변해버린 사람을 인간으로 받아들일 수 없게 된다. 폭력적이고 다른 사람의 소유물에 대한 탐욕으로 불타는 강도는 늑대와 같다고 말한다.…또 다른 사람이 더럽고 추악한 정욕에 빠져 있다면 그는 부정한 돼지의 정욕에 사로잡혀 있는 것이다. 따라서 자신의 선함을 잃은 사람은 더 이상 인간이 아니며, 자신의 상태를 신의 상태로 바꿀 수 없기 때문에 짐승으로 변한다(4; 89).

보에티우스가 플라톤의 정신에 충실하면서도 신화(*theosis*)에 대한 정교회의 개념을 슬며시 도입한 것에 주목하라. 이 신화(myth)에서처럼 우리가 악덕과 욕망에 탐닉하여 우리의 영혼이 무거워지고 나태해지도록 내버려 두면 우리는 자신을 스스로 비하할 수밖에 없다. 폭력, 탐욕, 욕망은 우리를 끌어내려 원래의 창조 목적과는 다른 존재로 변모시킨다. 우리는 말 그대로 늑대나 돼지가 되지는 않지만, 우리의 죄로 인해 인간성을 포기하게 되면서 늑대처럼 되고 돼지처럼 된다.

짐승 같은 욕망에 빠져드는 것도 우리의 텔로스가 아니지만, 그렇다고 해서 그저 인간으로 남는 것도 우리의 텔로스가 아니다. 우리는 삼위 하나님의 생명을 향해 상승하고 그 생명에 참여하도록 창조되었다. 보에티우스는 플라톤이 신화(*theosis*)에 대해 알지 못했고, 인간이 『티마이오스』의 데미우르고스와 친밀하게 거하는 것을 상상할 수 없었다는 것을 알면서도 다시 한번 플라톤의 지복직관을 향한 영혼의 여정이 삼위일체 하나님을 향한 그리스도인 영혼의 순례와 맞닿을 수 있는 공간을 창조한다.

철학의 여신은 먼저 보에티우스가 이데아들의 비전을 추구하도록 격려하기 위해 『티마이오스』에서 직접 차용한 언어로 창조주를 찬양한다.

> 영원한 법으로 우주를 다스리시는 분이시여, 땅과 하늘을 똑같이 만드신 창조주여, 시간을 영원으로부터 불러내어 존재하게 하셨으며, 스스로는 영원히 흔들림이 없으시나 모든 것에 운동력을 부여하시는 분이시여. 변화하는 이 물질의 집합체를 창조하도록 당신을 재촉할 어떤 원인도 당신 밖에 존재하지 않았으며, 오직 당신 안에만 아무것도 시기하지 않는 완전한 선의 개념이 존재하니 무엇을 시기할 수 있겠습니까? 당신은 모든 것이 그 높은 원형을 따르게 하십니다. 당신은 완전한 아름다움 속에서 아름다운 세계를 당신의 마음으로 움직이시며, 모든 것을 그와 같은 형상으로 창조하사 온전한 전체가 완전한 기능을 하도록 명하십니다(3; 62).

이는 정확히 사랑이 넘치는 신은 아니지만, 질투심이 없으므로 자기 피조물이 그가 우주에 설계한 완벽함에 도달하는 것을 보고 싶어 하는 열망을 키워나가실 수 있는 신이다. 그렇다. 이는 모든 것을 움직이게 하지만 스스로는 움직이지 않는 아리스토텔레스의 부동의 원동자다(*Metaphysics* 12.7). 하지만 이 존재는 플라톤적인 아름다움에 대한 사랑을 지니고 있으며, 아우구스티누스가 신플라톤주의자들의 저술에서 발견했던 말씀(또는 로고스)과 매우 유사한 것을 본보기로 삼아 창조세계를 설계했다.

그러나 철학의 여신이 창조주를 부르는 것은 보에티우스와 모든 철학자들이 존재의 세계로 향하는 사다리를 오를 수 있게 해달라는 요청의 서곡에 불과하다.

오 아버지여, 우리의 이 마음이 당신의 위엄의 보좌에 오를 수 있도록 허락하시고, 선의 근원에 도달할 수 있도록 허락하소서. 우리가 빛을 발견하여 가려지지 않은 눈으로 당신을 바라보게 하시고, 이 물질세계의 무거운 구름을 걷어주소서. 당신의 참된 영광을 우리에게 비추소서. 당신은 당신을 경배하는 당신의 모든 자녀들의 밝고 평화로운 안식처이십니다. 당신을 명확히 보는 것이 우리의 목표의 한계입니다. 당신은 우리의 시작이자 우리의 진보이며, 우리의 안내자이자 길이며, 우리의 끝이십니다(3:63).

다시 한번 말하지만, 이는 태양(sun) 뒤의 태양(Sun), 즉 선(善)의 이데아를 찾는 플라톤의 탐구와도 일맥상통하지만, 하나님의 창조되지 않은 빛을 바라보고 알파와 오메가, 시작과 끝이신 분(계 1:8; 22:13)을 알고 그분께 알려지고자 하는 그리스도인의 열망을 구현하는 것이기도 하다. 창조주는 단순히 어떤 개념이 아니라 보좌에 앉으신 왕이시다. 그분 안에는 단순한 관조 이상의 안식이 있다.

우리가 플라톤의 입문자이든 기독교의 제자이든 우리의 목표는 "이 물질세계의 무거운 구름"을 밀어내고 진리의 빛을 보는 것이다.

단테의 여정

중세의 위대한 작가들 중에서 보에티우스의 『철학의 위안』에 가장 깊은 영향을 받은 사람은 시인 단테 알리기에리(Dante Alighieri 1265-1321)였다. 단테는 아퀴나스를 통해 아리스토텔레스를 접했지만, 플라톤에 대해서는 대부분 보에티우스와 아우구스티누스에 의존했다. 그의 3부작 서사시 『신곡』(*The Divine Comedy*)은 단테가 사랑하는 피렌체에서 쫓겨나 오랜 망명 생활을 하던 중 죽음을 앞두고 완성한 작품으로, 플라톤의 선분에 대한 철학적 통찰과 동굴 비유에 대한 경외심과 경이로움을 결합한 영혼의 여정을 그려낸다. 실제로 『신곡』은 사후세계에 관한 플라톤의 신화를 확대한, 일종의 방대한 에르 신화로 읽을 수 있다.

단테의 서사시적 여정의 형태를 이해하려면 플라톤의 핵심을 포착한 『철학의 위안』 제3권의 세 구절을 깊이 묵상하는 것만큼 좋은 방법은 없을 것이다.

> 인간의 마음에는 본질적으로 참된 선에 대한 열망이 심겨 있지만, 오류는 잘못
> 된 길을 통해 인간을 거짓된 선으로 인도한다(3; 45).

> 하지만 다시 인간의 목표로 되돌아가 보자. 인간의 정신은 최고의 선을 되찾으
> 려는 것처럼 보이지만, 그들의 기억력은 무뎌져 있는 것처럼 보인다. 마치 술
> 에 취한 사람이 자기 집을 찾고 있지만 그곳으로 가는 길을 기억하지 못하는
> 것과 같다(3; 46).

> 만물은 다시 제자리로 돌아가야만 하며, 저마다 자신의 귀환을 기뻐한다(3;
> 48).

비록 창세기와 출애굽기는 낯선 땅에서 이방인으로 부름을 받은 나그네들
의 순례라는 주제가 기저에 깔려 있지만, 영혼의 신비로운 여정이라는 개
념은 히브리적이기보다는 훨씬 더 헬레니즘적이다. 어둠과 빛, 오류와 진
리의 강력한 이미지를 사용하는 신약성경조차도 플라톤의 상승 신화의 언
어를 실제로 사용하지 않는다. 보에티우스는 복음서나 바울 서신보다 플라
톤을 훨씬 더 많이 반영하고 있으며, 단테 역시 마찬가지다. 그러나 단테에
이르면 기독교 신학과 철학은 이미 플라톤을 거의 완전히 흡수한 상태다.
  나는 위에서 히브리서 9장이 하늘과 땅의 성막에 대해 플라톤의 이

데아와 그 물리적 모방 간의 구분을 반영하는 언어로 말하고 있다고 주장한 바 있다. 그렇다 하더라도 알렉산드리아의 클레멘스나 오리게네스, 니사의 그레고리오스나 아우구스티누스가 구약의 이야기에서 영적인 의미를 발견할 때 그들은 예수나 바울이 사용한 모형론—"만일 너희가 즐겨 받을진대 오리라 한 엘리야가 곧 이 사람[세례자 요한]이니라"(마 11:14), "우리의 유월절 어린양이신 그리스도께서 우리를 위해 희생되셨느니라"(고전 5:7)—을 넘어 플라톤이 궁극적인 출처인 일종의 비유적 사고로 나아간다. 물론 사라와 하갈을 두 산과 두 언약에 비유하거나(갈 4:21-26) 예수를 모세와 이스라엘 자손이 물 마신 신령한 반석으로 묘사할 때(고전 10:4) 바울은 신비적-비유적 용어를 사용하지만, 빛을 향한 영혼의 여정에 대한 초점은 유대-기독교적 뿌리보다는 플라톤적 뿌리에 더 강하게 자리하고 있다.

『신곡』의 유명한 첫 대사를 생각해보라.

> 우리 인생길의 한중간에서 나는 길을 잃었네.
> 곧은 길에서 길을 잃고 깨어나 보니
> 어두운 숲속에 홀로 있는 나 자신을 발견했다네(*Inferno* 1.1-3; 16).[4]

단테는 지옥, 연옥, 천국을 물리적으로, 외적으로 이동하는 자신의 모습을

---

4   Dante Alighieri, *The Divine Comedy*, trans. John Ciardi (New York: New American Library, 2003). 『신곡』(동아문화사 역간). 나는 본문에 책의 행 번호와 쪽수를 적어둘 것이다.

그리고 있지만, 플라톤적인 방식으로 보면 그의 여정은 궁극적으로 영적이고 내면적이다. 서사시가 시작되기 전, 단테는 자신이 올바른 길을 가고 있다고 생각했지만, 길에서 벗어나 어두운 숲에 갇히게 되면서 오류와 환상의 세계에 머물게 된다. 이는 플라톤의 동굴 비유를 연상시킨다.

실제로 단테의 숲과 플라톤의 동굴 사이의 연결고리는 단테가 숲의 끝자락에 가까스로 도달했을 때 그가 자기 위에서 빛나고 있던 것을 보았다는 사실로 더욱 강화된다.

> 그 행성[태양]의 달콤한 빛줄기
>
> 그 미덕이 사람들을 모든 올바른 길로 인도한다(1.17-18; 17).

동굴 비유에서 태양이 선의 이데아를 상징하는 것처럼 여기서는 태양이 삼위일체 하나님을 상징한다. 불행하게도 단테는 곧 태양을 향해 직접 올라갈 수 없다는 것을 알게 되고, 하나님께로 돌아가는 길을 찾으려면 훨씬 더 길고 고된 여정을 택해야만 한다. 단테는 에르처럼 살아 있는 동안 저승으로 내려가 영혼의 최종 상태를 확인하고 지상에서의 선택이 어떤 결과를 가져오는지를 이해해야 한다.

그 여정의 3분의 2를 책임질 단테의 안내자는 기독교 이전 작가인 베르길리우스가 될 것인데, 그는 플라톤이 이교도 철학을 대표하듯이(신의 은총을 떠나 인간의 이성과 미덕이 도달할 수 있는 가장 높은 경지를 가장 잘 구현한 자로서) 이교도 시를 대표하는 인물이다. 단테는 베르길리우스가 (플라톤처럼)

정해진 길을 따라 자신을 에덴동산까지 데려다줄 수는 있지만, 참된 태양까지 데려다줄 수 없다는 것을 알고 있다. 베르길리우스의 비전은 플라톤의 비전과 마찬가지로 제한적이며, 그리스도와 신약성경에 담긴 하나님의 은혜에 대한 더 완전한 계시, 즉 『신곡』에서 베아트리체가 상징하는 것으로 대체되어야만 한다.

베르길리우스와 플라톤은 결국 본질적으로는 죄가 없지만 그리스도의 은총을 받지 못한 고결한 이교도들의 영역인 지옥의 첫 번째 고리에서 영원한 거처를 함께하게 된다. 『신곡: 지옥편』 제4곡을 처음 읽는 독자들은 베르길리우스와 플라톤, 그리고 그들의 고결한 동료 이교도들에게 큰 연민을 느끼기 쉽고, 심지어 단테가 그들을 지옥에 보낸 것이 잔인하고 불공평하다고 생각할 수도 있지만, 그 답은 세부 사항에 있다. 기독교 이전의 시인, 철학자, 정치가 중 가장 고결한 사람들의 마지막 안식처에 대한 단테의 묘사는 소크라테스가 『소크라테스의 변명』(40e-41c; 베르길리우스가 『아이네이스』 6장에서 반향) 말미에 묘사한 엘리시온 평야, 즉 의로운 영혼들이 진리와 미덕에 대해 토론하며 오가는 풀밭에 직접적인 근거를 두고 있다. 즉 단테는 플라톤과 베르길리우스에게 그들의 욕망과 상상력을 마음껏 펼칠 수 있는 공간을 제공한다.

단테는 플라톤과 베르길리우스에게 허락되지 않은 지식을 접할 수 있지만, 하나님과의 친밀한 교제에 대한 더 큰 갈망도 가지고 있다. 기독교 이전의 플라톤이 변증법을 통해 이데아들과 함께했던 선천적 경험을 회상하려 했다면 그리스도인 단테는 에덴을 초월하는 참된 고향을 찾고자 한다.

플라톤의 목표는 쇠락하는 생성의 세계의 한계에서 벗어나는 것이었고, 단테의 목표는 하나님 앞에서 자신의 고유한 위치를 찾는 것이었다. 단테는 항해의 은유를 사용하여 자신뿐만 아니라 "모든 자연은 존재라는 거대한 바다의 조류를 가로질러 자신의 항구로 이동한다"(*Paradiso* 1.112-13; 600)고 설명한다.

플라톤의 신화는 우주적이며, 단테의 서사적 여정 또한 그러하다. 그러나 단테의 비전은 확장되어 그 우주 안에서 각 개인의 위치까지도 포함한다.

플라톤과 단테는 어떤 이들은 진리에 더 가까이 머무는 반면, 다른 이들은 더 멀리 떨어져 있는 계층적 비전을 제시한다. 단테의 우주는 하나의 단순한 법칙에 따라 움직이기 때문에 자연스럽게 플라톤의 선분에 해당한다.

> 만물을 움직이시는 분의 영광은 온 우주를 통해 빛을 발하며
>
> 각 사물에서 그 가치에 비례하여 반사된다(*Paradiso* 1.1-3; 596).

플라톤(아퀴나스를 통해 해석된)과 단테의 체계에서는 어떤 이들은 다른 이들보다 더 크고 깊은 지복직관을 경험하게 되는가 하면, 완전히 그것에 참여하지 못하는 이들도 있을 것이다. 그러나 단테의 작품에서는 하나님의 은총이라는 더 큰 계시가 치열한 노력을 통해 얻는 지식과 영광에 대한 플라톤의 강조점을 초월한다.

따라서 단테가 가장 낮은 천체(달)에 머무는 수녀의 영혼 피카르다를 만나 차라리 하나님의 창조되지 않은 빛에 더 가까이 위치한 더 높은 천체에 머무르지 않겠느냐고 묻자, 그녀는 지금 있는 곳에 충분히 만족하며 더 높이 올라가거나 더 낮아지기를 원치 않는다고 대답한다.

형제여, 우리의 축복인 사랑의 힘은

우리의 모든 의지를 고요하게 하네.

우리가 바라는 것은 이미 우리 것이네.

우리 안에는 이 외에 다른 갈증이 없네.

....

그리고 우리는 이 왕국의 문턱에서 문턱까지

서 있는 위치에 모두 만족하나니

그 위치는 우리를 그분의 뜻에 순응하게 하시는

그분을 기쁘게 하는 만큼 온 왕국을 기쁘게 하네.

그분의 뜻 안에 우리의 평화가 있네(*Paradiso* 3.70-72, 82-85; 617-18).

피카르다의 소원은 단 하나, 하나님이 원하시는 곳에 있는 것이다. 플라톤이 축복의 사다리에서 더 높은 단계로 올라간다면 그녀는 지금 누리고 있는 평화와 기쁨을 잃게 될 것이다. 그녀는 최고의 학위를 추구하는 학생이 아니라 신랑이 원하는 곳에 있기를 원하는 신부다. 플라톤은 우리를 동굴

에서 빛으로 인도하고, 단테는 어두운 숲에서 빛을 만들었을 뿐만 아니라
그 자신이 우주의 빛이신 존재의 품으로 우리를 인도한다.

아테네에서 추방당하는 대신 사형을 택한 소크라테스와 달리 피렌체
에서 자신의 의지와 무관하게 추방당한 단테는 자신의 진정하고 영원한 시
민권이 천국에 있음을 발견했다.

11장

◆

르네상스에서 낭만주의까지:
에라스무스, 데카르트, 콜리지

끊임없는 논쟁을 불러일으켰던 단테는 그의 『신곡』을 당대의 부패한 사제, 수도사, 교황을 향한 장문의 비난으로 가득 채웠지만, 그 자신은 호메로스, 베르길리우스, 플라톤, 아리스토텔레스 같은 기독교 이전의 고전 작가들에 대한 애정을 그리스도, 성경, 교회 신조에 비추어 평가한 정통 그리스도인이었다. 르네상스의 여명기에 살면서 마르틴 루터와 싸웠지만 루터가 너무 지나쳐 불필요한 분열을 일으킨다고 생각했던 또 다른 논란의 작가도 마찬가지였다. 물론 나는 지금 그리스어 신약성경을 출판하여 개신교 개혁자들의 작업에 중요한 역할을 했고, 풍자적이고 반교권주의적인 그의 『우신예찬』(*Praise of Folly*)으로 인해 많은 현대 독자들이 그가 회의주의라는 강한 산(acid)을 사용하여 모든 신앙과 전통을 해체한 볼테르의 원조(proto-Voltaire)였다고 잘못 생각하게 만든 로테르담의 에라스무스(469-1536년경)를 언급하고 있다.

사실 에라스무스는 루터처럼 가톨릭교회를 떠나지 않았지만, 고전 학문의 퇴보가 기독교 신학자들이 성경을 더 잘 읽지 못하게 만든다고 믿었던 최고 수준의 인문주의적 그리스도인이었다.

나는 교부들과 비교하면 오늘날의 신학자들은 한심한 집단이라고 생각한다. 그들 대다수는 교부들의 우아함, 언어의 매력, 기품이 부족하다. 그들은 아리스토텔레스에 만족하며 계시의 신비를 논리학자의 뒤엉킨 방식으로 취급한다. 그들은 그들의 주석에서 플라톤주의자들을 배제하고 계시의 아름다움을 외면한다. 그러나 성 아우구스티누스처럼 권위 있는 사람도 플라톤 학파의 멋진 글을 더욱 돋보이게 했던 유려한 문체로 자기 생각을 표현하는 것을 선호한다. 그가 이 글들을 선호한 이유는 우리 종교에 적합한 많은 사상을 담고 있을 뿐만 아니라 알레고리가 풍부한 은유적 언어가 성경의 언어 자체에 매우 가깝기 때문이다. 과거의 위대한 기독교 작가들은 아무리 무미건조한 주제라도 아름다운 산문으로 표현할 수 있었다. 그들은 알레고리를 끊임없이 사용하여 설교와 주석을 풍성하게 만들고 다채롭게 꾸몄다. 대다수는 플라톤과 시인들의 글에 정통했으며, 성경 말씀을 해석할 때 이러한 문학적 훈련을 최대한 활용했다.[1]

루터는 기독교 교리를 개혁하고 초기 교회의 뿌리로 되돌리려는 시도에서 아우구스티누스에게 크게 의존했다. 에라스무스 역시 아우구스티누스에게 의존했지만, 그는 그의 신학만큼이나 그의 고전주의에 주목했다. 두 사

---

[1]   Erasmus, *The Handbook of the Militant Christian*, in *The Essential Erasmus*, ed. and trans. John P. Dolan (New York: Mentor, 1964), 63-64.

람 모두 이 학파들의 삭막한 스콜라주의에 반대했지만, 에라스무스는 아리
스토텔레스를 버리는 것보다는 일부 필요한 플라톤을 도입하는 것이 적절
한 해결책이라고 생각했다.

　종교개혁자들은 성경을 비유적으로 읽는 것에서 벗어나려는 경향이
있었지만, 때때로 비문자적 성경 읽기를 제시하기도 했다. 에라스무스는
성경의 미적 아름다움을 성경의 메시지와 진리의 핵심으로 간주했다. 그러
나 그 아름다움에 접근하기 위해 그는 그 이전의 아우구스티누스처럼 성
경의 비유적 언어를 제대로 풀어내기 위해 플라톤주의의 도움이 필요했다.
따라서 에라스무스는 단테의 고결한 이교도들, 특히 소크라테스와 플라톤
을 본받을 만한 롤모델로 삼고 미덕의 험난한 길을 안내하는 그의 『기독교
병사의 수첩』(*Handbook of the Militant Christian* 또는 *Enchiridion*, 1503)에서 이렇
게 주장한다. "성인들이 우리에게 과분한 모범을 제시한다면 우리는 적어
도 이교도들에게 뒤지지 않을 만큼의 자부심은 가져야 한다. 하나님에 대
한 지식이 거의 없고 지옥에 대한 지식이 적은 사람 가운데 다수가 깨끗하
고 올곧은 삶을 살았다. 그들 중 일부는 이로 인해 재산과 생명을 잃기도 했
다."[2]

　에라스무스는 이교도의 시와 철학을 성경에 대한 성숙한 묵상으로 가
는 자연스러운 통로로 여겼던 것처럼 항상 성경을 최종 권위를 지닌 책으
로 여기면서도 너 자신을 알라는 소크라테스의 명령이 영적 성장을 위한

2　Erasmus, *Handbook*, 76.

홀륭한 출발점이라고 생각했다. 이교도의 지혜는 올바르게 사용하면 우리를 더 높은 진리로 인도하는 훌륭한 스승이 될 수 있다. 모세도 결국에는 이교도였던 장인 이드로에게 이스라엘 백성의 통치를 위한 조언을 구하지 않았던가?(출 18:19)

정의에 관한 에라스무스의 생각

나는 에라스무스의 『엔키리디온』(*Enchiridion*), 특히 그리스도인이 상승의 길로 나아가는 플라톤적 여정에 초점을 맞춘 것에 대해 더 많은 이야기를 할 수 있지만, 오늘날 더 잘 알려져야 할 에라스무스의 또 다른 중요한 작품이 있다. 그것은 그가 플라톤의 『국가』를 업데이트하고 기독교화한 작품이다. 1516년에 출간된 에라스무스의 『기독교 군주의 교육』(*Education of a Christian Prince*)은 루터가 95개 논제를 발표하기 1년 전, 토머스 모어(Thomas More)가 『유토피아』(*Utopia*)를 발표한 같은 해, 마키아벨리가 『군주론』(*The Prince*)을 집필한 지 3년 후(1532년까지 출판하지는 않았지만)에 출간되었다. 마키아벨리가 르네상스의 트라시마코스―힘은 곧 정의이며 정의는 강자의 의지라고 가르친―였다면 에라스무스는 그러한 현실 정치(realpolitik)에 맞서는 소크라테스-플라톤적 대항마가 되기를 바랐다.

마키아벨리가 자신의 정치 논문으로 메디치 가문이나 보르자 가문의 고문 자리를 얻기를 바랐던 것처럼 에라스무스도 자신의 논문을 강력한 신성 로마 제국의 황제가 될 젊은 왕자에게 헌정하며 이를 통해 카를 5세나 그의 강력한 경쟁자인 잉글랜드의 헨리 8세에게서 자리를 얻기를 바랐던 것으로 보인다. 그러나 세속적인 사고를 지닌 마키아벨리와 달리 에라스무스는 플라톤이 시칠리아의 디오니소스 2세에게 그랬던 것처럼 카를이나 헨리를 미덕의 길로 이끄는 가정교사가 되기를 원했다.

에라스무스는 『기독교 군주의 교육』의 서두를 기독교 군주의 최고의 덕목으로 지혜를 칭송하는 것으로 시작한 후, 탁월한 인문주의자답게 성경을 언급하기도 전에 크세노폰, 플라톤, 호메로스, 플루타르코스, 아이소포스를 인용한다. 사실 이 작품은 성경보다는 오히려 『국가』에 대한 해설서처럼 읽힌다. 정말 그럴까? 에라스무스는 거듭거듭 독자들을 이교도의 최고의 것에서 그리스도와 그의 교회의 더 높은 소명으로 끌어올린다. 에라스무스는 정의로운 군주에 대한 이교도의 이해를 제시한 후 기독교 군주들에게 플라톤, 아리스토텔레스, 세네카, 플루타르코스 등의 기독교 이전의 이상을 뛰어넘을 것을 촉구한다. "어쩌면 이교도 군주에게는 자국민에게 관대하고, 외국인에게는 그저 정의롭기만 하면 충분했을 것이다. 그러나 기독교 군주의 표지는 그리스도의 성례에 낯선 사람들 외에는 아무도 외국인으로 여기지 않고, 이들에게조차 해를 입혀 자극하는 일을 피하는 것이다"(5;78).[3]

---

3 Erasmus, *The Education of a Christian Prince*, ed. Lisa Jardine, trans. Neil M. Cheshire and Michael J. Heath (New York: Cambridge University Press, 1997). 나는 본문에 책의 장과 쪽수를 적어둘 것이다.

에라스무스는 그리스도인 독자들이 고대인들의 미덕에 뒤지지 않고 이를 뛰어넘기를 기대했듯이 여기서도 그리스도를 알고 성찬에 참여하는 사람이 최고의 이교도 통치자보다 더 큰 자비, 긍휼, 환대를 보여주는 것을 당연하게 여긴다. 그리스도인 군주는 그리스도에 의해 중생했을 뿐만 아니라 선하고 참되고 아름다운 것에 더 많이, 더 확실하게 접근할 수 있기 때문에 더 높은 기준이 요구된다.

에라스무스는 『기독교 군주의 교육』 서두부터 『국가』에 대한 예리한 이해를 보여준다. 오늘날 많은 이들이 플라톤이 철학자-왕을 옹호한 이유가 다른 사람보다 더 많이 배웠거나 더 영리하거나 더 학구적이기 때문이라고 생각하지만, 에라스무스는 매우 중요한 자격 요건에 주목한다.

> 플라톤의 동굴에 갇혀 사물의 공허한 그림자를 사물 그 자체로 여겼던 사람들처럼 대중의 상당수는 잘못된 억견에 휘둘리고 있다. 그러나 훌륭한 군주의 역할은 일반 대중이 대단히 중요하다고 생각하는 것에 감동하지 않고, 모든 것이 정말 선한 것인지 악한 것인지를 고려하여 판단하는 것이다(1; 13).

플라톤의 통찰이 기독교 계시에 자리를 내주었을 때도 이 자격 요건은 바뀌지 않았다. 다만 바뀐 것은 기독교 군주가 이 세상의 그림자를 버리고 진리의 실체를 받아들이는 데 있어 더 큰 분별력과 능력을 지녀야 한다는 기대였다. 플라톤이 정의의 이데아에 대한 지식을 정의로운 군주의 핵심 기준으로 삼은 것은 옳았지만, 그는 정의가 하나의 사상이자 한 인격체임을 상상하지 못했다.

에라스무스는 플라톤-기독교적 관점에서 군주들이 "정의와 명예의 이상에 부합하는" 법률을 제정해야 한다고 주장했으며(6; 79), 이는 정의— 선과 악, 옳고 그름, 덕과 악덕—가 시대와 문화에 따라 변하고, 따라서 유능한 군주는 대중의 변덕스러운 감정과 진보적 시대정신에 자신을 맞춰야 한다는 소피스트 같은 마키아벨리의 견해와 뚜렷이 대조된다(*The Prince* 25). 실제로 에라스무스는 플라톤과 마찬가지로 정의의 절대적인 기준을 매우 중시하여 군주들에게 정의를 위반하지 말고 군주 자리에서 내려오라고 조언했다. "결심한 것을 굳게 지키고 불의한 군주가 되기보다는 정의로운 사람이 되기를 택하라"(1; 20).

정의로운 통치자의 본질은 이러해야 하지만, 그렇다면 정의로운 국가는 어떠해야 할까? 이 점에서는 에라스무스도 플라톤의 주장을 충실히 따르고 있다.

> 왕국이나 도시는 각자가 제자리에 배치되어 자신의 임무를 수행할 때, 즉 군주는 군주답게 행동하고, 관리들은 자신의 임무를 다하고, 백성은 선한 법과 올바른 관리들에게 순종할 때 훌륭한 제도가 된다. 그러나 군주가 자신의 이익만을 추구하고 관리들이 단지 백성을 약탈하며, 백성이 훌륭한 법을 따르지 않고 군주와 관리들에게 아첨만 한다면 그들이 무엇을 하든 가장 끔찍한 혼란이 그곳을 지배하게 될 것이다(7; 91-92).

플라톤과 마찬가지로 에라스무스에게도 정의의 본질은 국가든 개인의 영혼이든 각 부분이 제 기능을 수행하는 적절한 균형과 조화에 있다.

이러한 전반적인 플라톤적 틀 안에서 에라스무스는 플라톤이 보다 실제적인『법률』에서 그랬던 것처럼 군주가 제정해야 할 법의 종류, 수, 형벌에 관한 일련의 실질적인 제안을 한다. 조약과 왕가의 결혼, 평화와 전쟁, 세금과 복지에 관한 다른 실용적인 제안도 이루어지지만, 에라스무스는 이 모든 논의 속에서도 플라톤-기독교적 정의의 이데아를 최종 기준으로 삼는다. 그의 논문 어느 부분에서도 부당한 수단이 정의로운 목적을 위해 정당화되는 것은 허용되지 않는다. 절대적인 기준은 반드시 지켜져야 하며, 이를 위반하지 않기 위해 군주가 왕관을 내려놓아야 하는 상황이 오더라도 그러해야 한다.

실로 플라톤의 비전이『기독교 군주의 교육』전반에 스며들어 있지만, 에라스무스가 가장 플라톤적이라고 할 수 있는 순간은 아마도 그가 기독교 군주들이 착용하는 휘장의 상징적 의미를 자신의 비유로 해석할 때일 것이다.

왕의 기름 부음은 온화한 정신 외에 무엇을 의미하는가? 그의 머리에 있는 왕관은 무수한 사람들 사이에서 최고의 지혜를 의미하는 것 외에 무엇을 의미하는가? 그가 목에 두른 목걸이는 모든 미덕의 조화로운 결합을 상징하고, 여러 가지 빛깔의 광채와 아름답게 빛나는 보석은 미덕의 완전성과 모든 종류의 선함이 군주에게서 두드러져야 함을 의미하며, 빛나는 자주색 예복은 신하들에 대한 그의 강렬한 애정을 의미하며, 그의 공식적인 장식은 그의 업적이 선조들의 업적과 같거나 능가할 것임을 의미한다(1; 49-50).

이 복잡한 본문은 겉모습을 넘어 그 안에 숨어 있는 더 깊은 진리를 탐구하려는 활발한 사고를 보여준다. 플라톤적 기독교의 세계는 선과 진리와 아름다움이 가득한 세계로, 그곳에서는 한 잔의 포도주와 한 조각의 빵은 말할 것도 없고, 돌 하나, 옷 한 벌, 의식 하나에 신적 의미와 목적이 담겨 있을 수 있다.

진리 탐구에 관한 데카르트의 생각

비록 르네상스 후기에 살다 생을 마감했지만, 르네 데카르트(1596-1650)는 계몽주의의 기초를 닦는 데 큰 역할을 했다. 그런 의미에서 철학을 플라톤적 뿌리에서 단절시키고 선(善), 진리, 아름다움의 절대적 기준을 믿지 않고 더 이상 추구하지 않는 근대적 세계관을 도입한 책임을 데카르트에게 묻는 것은 일견 타당해 보일 수 있다. 그러나 이는 부당한 평가다. 물론 데카르트가 철학적 판도라의 상자를 열었다고도 볼 수 있지만, 그의 방법론과 현실의 본질에 대한 이해에서 그는 플라톤과의 단절을 보여주기보다는 플라톤을 존중하는 쪽에 훨씬 더 가까웠다.

사실 데카르트는 그의 저서 『방법서설』(*Discourse on Method*, 1637)에서

그 이전에 있던 모든 것을 대담하게 쓸어버렸지만, 그것은 고대 소피스트나 현대 회의론자의 방식이 아니라 소크라테스-플라톤의 방식으로 이루어졌다. 소크라테스가 잘못된 정의를 깨끗이 지워 플라톤이 올바른 정의를 새길 수 있도록 한 것처럼 소위 데카르트의 회의론 역시 진리를 정확히 규명하려는 궁극적 목표를 위한 예비 단계에 불과했다. 데카르트는 무엇보다도 철학자라는 단어의 의미 그대로 지혜를 사랑하는 사람이었다. 그는 진리가 존재한다고 굳게 믿었으며, 그것은 강력하고 거의 수학적인 방법론을 통해서만 발견될 수 있다고 확신했다.

따라서 데카르트는 그의 저서 『제1철학에 관한 성찰』(*Meditations on First Philosophy*, 1641)에서 명확하고 뚜렷한 것 외에는 모든 것을 의심하는 것으로 시작한다. 그는 이 세상의 환상, 즉 동굴 벽에 비친 그림자에 휘둘리지 않기 위해 실재하고 실제적인 것이 아닌 모든 것에 그의 생각을 닫는다. 그러나 그렇게 하면서도 그는 눈으로 볼 수 있는 물리적 사물만을 믿는 근대적 물질주의자-경험주의자의 역할이 아니라 오히려 눈에 보이지 않는 것, 변하지 않는 것, 영원한 것을 유형적이고 가변적이며 일시적인 것보다 우선시하는 플라톤주의자의 역할을 한다. 다시 말해 데카르트는 플라톤의 방식으로 모든 것을 완전히 뒤집는다.

데카르트는 소위 "상식"이라고 불리는 것에 맞서, 일반적으로 정신에 대한 우리의 개념과 특히 신에 대한 개념이 감각으로 인식되는 물리적 사물의 개념보다 더 명확하고 뚜렷하다고 주장한다. 그는 플라톤의 이데아 언어를 정확히 사용하지는 않지만, 그것이 바로 그가 『제1철학에 관한 성

찰』에서 추구하는 것이다. 이는 그의 밀랍 담론에서 분명히 드러난다. 밀랍
한 조각을 불에 가까이 가져가면 물리적 형태가 완전히 바뀌어 감각으로는
이전처럼 인식할 수 없게 된다. 그럼에도 그것은 여전히 동일한 밀랍으로
남아 있다. 데카르트는 이에 대해 이렇게 주장한다.

> 이 밀랍 조각의 본질은 결코 나의 상상력에 의해 드러나는 것이 아니며, 오직
> 정신에 의해서만 인식된다. (나는 이 특정 밀랍 조각에 대해 말하고 있지만, 일반적인
> 밀랍에 대해서는 그 점에 더욱 분명하다.)…내가 그것을 인식하는 것은 시각이나 촉
> 각이나 상상력의 문제가 아니라—이전에 그렇게 보였더라도 결코 그렇지 않
> 음—순전히 탐구의 결과다(2:21).[4]

데카르트가 여기서 인식하는 것은 플라톤이 말하는 밀랍의 이데아, 즉 마
음의 눈으로만 볼 수 있는 밀랍의 진정한 본질과 같지 않지만 이와 매우 유
사하다. 억견에 기반한 우리의 감각은 지식에 기반하지 않기 때문에 자주
우리를 속이고 그릇된 길로 이끈다. 플라톤의 선분 이론과 동굴 비유에서
처럼 데카르트는 두 개의 뚜렷한 영역으로 나뉜 이중 우주를 제시한다. 즉
정신/영혼(플라톤이 프쉬케라고 부른)이 인식하는 지성의 세계(존재의 세계)와
감각과 상상력을 통해 인식되는 물질의 세계(생성의 세계)로 나뉜다. 그리고

---

4   Descartes, *Meditations on First Philosophy*, ed. and trans. John Cottingham (Cambridge:
Cambridge University Press, 1996). 나는 본문에 책의 장과 쪽수를 적어둘 것이다.

덜 실재적이고 덜 실제적인 것은 전자가 아니라 후자다.

더 나아가 전자는 후자의 궁극적 원인이 되어야 한다. 이는 철학의 근본적이며 타협할 수 없는 원칙으로, 원인(또는 근원 또는 기원)은 결과보다 더 크고 완전해야 한다. 다시 말해 작은 것이 더 큰 것을 창조할 수 없다는 것이다. 아리스토텔레스, 안셀무스, 아퀴나스가 제시한 신의 존재에 대한 철학적 증명의 배후에 있는 이 기초적인 첫 번째 원칙은 플라톤과 데카르트의 실체 개념의 핵심이다. 플라톤의 철학자-연인은 자신의 욕망이 상승할 수 있는 초월적인 근원을 가지고 있다고 믿지 않았다면 상승의 길을 계속하지 않았을 것이다. 마찬가지로 데카르트도 자신의 정신이 초자연적인 근원을 가지고 있다고 믿지 않았다면 그의 『제1 철학에 관한 성찰』을 계속하지 않았을 것이다.

데카르트는 불변성, 전지성, 전능성과 함께 신의 영원한 속성 중 하나로 무한성의 존재에 대한 논증을 펼치면서 원인과 결과에 대한 이 플라톤적 지향성(성경의 계시와 일치하는)을 가장 분명하게 사용한다.

그리고 나는 내가 움직임과 빛을 부정함으로써 정지와 어둠이라는 나의 개념에 이르는 것처럼 무한에 대한 나의 인식도 참된 개념에 의해서가 아니라 단지 유한한 것을 부정함으로써 얻어진다고 생각해서는 안 된다. 반대로 나는 무한한 실체가 유한한 실체보다 더 많은 현실성을 가지고 있다는 것을 명확히 이해하며, 따라서 무한한 것, 즉 신에 대한 나의 인식이 유한한 것, 즉 나에 대한 나의 인식보다 어떤 면에서는 우선한다고 이해한다. 비교를 통해 나 자신의 결함을 인식할 수 있게 해주는 더 완전한 존재에 대한 어떤 개념이 내 속에 없다면 내가 의심했거나 바랐던 것—내게 무언가 부족했던 것—과 내가 전적으로 완전하지 않다는 것을 어떻게 이해할 수 있겠는가?(3; 31)

데카르트가 무한의 개념을 이해하지만 그것을 자신 안에 가지고 있지 않으므로, 그의 유한성을 초월하는 그 개념의 기원은 반드시 존재해야 한다. 만약 무한의 개념(이데아)이 실제로 존재하지 않았다면 데카르트는 어떻게 자신에게 무한성이 없다는 것을 인식할 수 있었을까? 마찬가지로 완전성의 개념이 실제로 존재하지 않았다면 우리는 우리가 불완전하다는 사실을 인식하지 못했을 것이다.

하지만 우리는 무한성과 완전성 같은 개념이 어떻게 유한하고 불완전한 인간의 사고에 자리 잡게 되었는지를 질문하지 않을 수 없다. 이 점에 있어서도 데카르트는 기독교적이면서도 플라톤적인 답을 우리에게 제시한다. 이 개념들은 우리가 태어나기 전에 이미 우리 안에 본유적으로 주어졌다는 것이다. 따라서 학습은 부분적으로 우리의 영혼 속에 이미 저장되어 있는 것을 불러내는 일종의 상기 과정이라고 할 수 있다. 비록 데카르트는 자신이 존재하기 이전의 상태를 이론화하지는 않지만, 소크라테스가 『메논』에서 노예 소년이 이미 알고 있던 기하학을 끌어내 더 높은 수준의 수학을 "가르치는" 장면을 연상시키는 방식으로 기억을 통한 학습 과정을 설명한다.

따라서 데카르트는 양(quantity)과 연장(extension)의 개념을 논의하면서 이렇게 말한다. "이것들을 처음 발견했을 때 나는 무언가 새로운 것을 배우고 있다기보다는 이전에 알고 있던 것을 기억하거나 이전에는 이성적 시선을 돌린 적이 없었지만 오랫동안 내 안에 존재해왔던 것들을 처음으로 알아차리는 것 같았다"(4: 44). 그리고 그는 『메논』을 더욱 직접 떠올리며 자기 안에서 "불변하고 영원하며 내가 발명하거나 내 이성에 의존하지 않는 어떤 확정적인 본성, 본질 또는 이데아"(5: 45)의 삼각형 개념을 발견했다고 고백한다.

물론 나는 데카르트의 『제1 철학에 관한 성찰』이 성경의 삼위일체 하나님, 즉 관계적이고 역동적인 하나님을 계몽주의의 관점으로 축소하는 데 중심적인 역할을 했다는 점을 부정하지 않는다. 이 계몽주의적 관점에서는 하나님이 철학자들의 신, 즉 존재하고 우주와 그 법칙을 작동시키는 것을 주된(또는 유일한) 역할로 하는 초연한 신으로 여겨졌다. 그 이유는 데카르트가 (보에티우스가 『철학의 위안』에서 그랬던 것처럼) 하나님의 개념을 정립하는 데 있어 오직 일반 계시, 특히 플라톤에만 의존하고, 그 결과 하나님의 행위성, 자애롭고 거룩하신 본성, 인간 역사와의 상호작용을 박탈했기 때문이다. 그는 기독교의 중심 교리인 원죄를 보다 헬레니즘적인 개념으로 대체하여 죄를 오류, 무지, 과녁에서 벗어나가는 것으로 이해한다.

그러나 로크(Locke)가 먼저 데카르트의 선천적 지식에 대한 플라톤적 강조점을 제거하고, 이어서 어떤 사물의 원인은 그 결과보다 더 커야만 한다는 그의 지극히 플라톤적인 믿음을 제거하기 이전에는 신에 대한 계몽주의의 완전한 축소가 이루어지지 않았다고 나는 주장한다.[5] 플라톤이 데카르트를 정적이고 비인격적인 하나님에 대한 관념으로 밀어붙였을지는 몰라도, 그는 또한 그가 하나님이 "사람들의 마음에 영원을 사모하는 마음을 주셨다"(전 3:11)는 성경의 진리에 뿌리내리는 데 도움을 준 것도 사실이다.

상상력에 관한 콜리지의 생각

사무엘 테일러 콜리지(1772-1834)는 특히 신비롭고 대단히 상상력이 풍부한 시 "쿠빌라이 칸"(Kubla Khan)과 "노수부의 노래"(Rime of the Ancient Mariner)로 널리 알려져 있지만, 결국에는 시를 내려놓고 19세기 최고의 영국 철학자이자 비평가 중 한 사람이 되었다. 그뿐만 아니라 콜리지는 그의 시대를 대표하는 다양한 "주의"(관념 연합주의, 관념주의, 범신론, 유니테리언주의)를 거치는 치열한 철학적-신학적 여정을 통해 낭만주의 시대의 가장 뛰어난 기독교 사상가 중 한 사람으로 성숙했다. 콜리지는 자신의 신앙을 향한 지적 순례의 일부를 기록하기 위해 아우구스티누스의 『고백록』에 해당하는 자서전을 저술했다. 『문학 평전』(Biographia Literaria, 1817)으로 불리는 이 영적 자서전은 동시에 문학 비평 작품이기도 하다.

---

5 로크는 *An Essay on Human Understanding* 1.1-2에서 타고난 지식을 거부한다. 그는 2.17에서 끝을 찾지 않고 단순히 한 숫자를 다음 숫자에 더함으로써 유한한 수에 대한 우리의 지식으로부터 무한이라는 개념을 추론할 수 있었다고 주장함으로써 인과관계를 뒤집는다.

데카르트가 판도라의 상자에서 풀어놓은 악마 중 하나는 인간의 정신을 지극히 자연적이고 통제할 수 없는 무작위 연상의 산물로 재구성한 초기 형태의 환원적 유물론이었다. 인간의 정신이 감각과 경험이 흔적을 남기는 백지라고 믿었던 로크의 관점에서 시작하여 정교하게 다듬어진 데이비드 하틀리의 결정론적 이론으로 정점에 달한 관념 연합주의(associationism)가 우리의 의지를 앗아간다고 콜리지는 믿게 되었다.[6] 그는 이를 다음과 같이 설명한다. 그것은 "인간 안에 있는 목적인(final cause)을 작용인(efficient cause)에 종속시키는 데 기반을 두고 있으며, 이는 필연적으로 의지 및 그에 수반하는 모든 사고와 주의(注意)의 행위가 이 맹목적인 메커니즘의 일부이자 산물이며, 그 기능은 서로 다른 별개의 힘이 아니라 관념 연합의 환상적 혼돈을 지배하고 결정하고 수정한다는 가정에서 비롯된다"(1.7; 116).[7]

플라톤은 대부분의 프리소크라테스 철학자들(피타고라스와 파르메니데스는 제외)이 모든 것은 효율적이고 기계적인 원인으로 설명될 수 있으며, 또 그래야 한다고 믿었던 견해를 부정함으로써 서양에서 진정한 철학의 시작을 알렸다. 플라톤은 우리 세상의 많은 결과를 설명하기 위해서는 물리적, 자연적, 물질적 세계를 초월하는 목적인이 필요하다고 주장했으며, 이

---

6 Locke, *An Essay on Human Understanding*(1689)의 2권 2장과 David Hartley, *Observations on Man, His Frame, His Duty, and His Expectations*(1749)의 1부 섹션 2를 보라.

7 Samuel Taylor Coleridge, *Biographia Literaria*, ed. James Engell and W. Jackson Bate (Princeton: Princeton University Press, 1983). 나는 본문에 책의 장과 쪽수를 적어둘 것이다.

철학적 전제는 아리스토텔레스에 의해 더욱 발전되었고, 아우구스티누스와 아퀴나스에 의해 기독교적으로 재구성되었다. 앞서 우리가 살펴본 바와 같이 데카르트 또한 이 전제를 받아들였지만, 안타깝게도 그는 육체와 정신을 분리함으로써 육체는 작용인의 지배하에 놓이게 했고, 육체와 분리된 정신은 스피노자나 흄과 같은 철학자들에 의해 물질적 연상(material associations)의 지배하에 놓이게 했다.

콜리지는 하틀리를 소크라테스적인 방식으로 추궁하며 그의 이론의 핵심 오류를 밝혀낸다. 그것은 "어떤 사물의 **조건**을 그 **원인** 및 **본질**과 혼동하고, 우리가 어떤 능력을 알게 되는 과정을 그 능력 자체와 혼동하는 것이다. 내가 호흡하는 공기는 내 삶의 **조건**이지, 그 원인이 아니다"(1.7; 123). 이러한 플라톤적 추론을 통해 콜리지는 모든 것을 객관적인(자연적인) 과정으로 환원시키는 공격적인 유물론에서 벗어났지만, 일시적으로 정반대의 극단에 빠지게 되었다. 이는 철학적 관념론(피히테)과 신비적 범신론(야코프 뵈메)의 혼합으로, 주관적 의식이 만물의 근원이라고 주장하는 견해였다.[8] 이후 그는 유니테리언주의로 전향했으며, 거기서 일부 종교적 진리를 발견했지만, 삼위일체, 성육신, 속죄와 같은 핵심적인 기독교 교리를 받아들이는 데는 실패했다. 플라톤주의나 유니테리언주의는 그에게 하나님과 인간, 정신과 자연, 인격체와 사물, 주체와 객체 사이의 균열을 치유할 길을 제시

---

8 다음을 보라. Fichte's *Foundation of the Complete Theory of Knowledge*(1794); Böhme's *Description of the Three Principles of Divine Essence*(1619).

하지 못했다.

그럼에도 관념론과 신비주의 배후의 플라톤적 비전은 그를 유니테리 언주의의 영지주의적-아리우스주의적 이단으로부터 지켜냈다. 그는 자신의 여정을 아우구스티누스의 여정과 비교하며 설명한다.

> 나는 나의 [관념론적-신비주의적] 형이상학적 개념이 일반적인 유니테리언들의 개념과 다르다는 점이 내가 그리스도 안에서 최종적으로 온전한 진리로 다시 회심하는 데 기여했다는 것을 의심할 수 없다. 이는 성 아우구스티누스의 고백에 따르면 특정 플라톤주의 철학자들의 책들이 마니교 이단의 훨씬 더 어두운 동반자적 오류로 인해 심화된 동일한 오류에서 그의 신앙을 구출하기 시작한 것과 같은 이치다(1.10; 205).

콜리지가 유물론과 유니테리언주의의 막다른 골목에서 벗어나 보다 완전한 기독교적 종합을 구축할 수 있었던 것은 바로 (우리 관념의 원천이자 기원인 영원하고 초물리적 형상인) 이데아와 (타고난 관념을 통해 이데아와 연결되게 하는 수단인) 직관에 대한 자신의 플라톤적 초점 덕분이었다. 실제로 콜리지는 이러한 종합을 구축하기 위한 방법을 제시하기에 앞서 최소한 세 번 플라톤을 소환한다. 첫째, 그는 자신이 추구하는 체계는 플라톤이 그의 상승 신화에서 촉구했던 종류의 통찰과 엄격함을 필요로 한다는 점을 분명히 한다. "인간 내면의 영적인 것을 직관하도록 마음을 이끄는 것을 제1 원리로 삼는 체계는 자연적인 의식 너머에 있는 것을 단련하고 강화한 적이 없는 사람들에게 필연적으로 큰 난해함을 가져다줄 수밖에 없다"(1.12; 243).

우리를 이데아와 연결하는 이러한 직관의 힘과 관련하여 콜리지는 『메논』을 직접 언급한다. "플라톤의 저작에 나오는 소크라테스는 무지한 노예라도 가장 어려운 기하학적 문제를 이해하고 스스로 해결할 수 있도록 이끌 수 있다는 것을 보여준다"(1.12; 251). 마지막으로 콜리지는 자신이 추구하는 더 고차원적인 기독교적 종합을 위한 올바른 출발점을 제시하면서 소크라테스-플라톤의 핵심 교의를 소환한다.

> 철학의 명제이자 동시에 철학적 역량의 검증기준은 다름 아닌 하늘이 내려주신 "너 자신을 알라!"라는 말이다.···그리고 이것은 실천적으로나 사변적으로 동시에 그러하다. 철학은 단지 이성이나 이해의 학문도 아니고, 단순히 도덕의 학문도 아닌, 존재 자체의 학문이기 때문에 그 근본적 기반은 단순히 사변적이거나 실천적일 수 없고, 이 둘이 하나로 결합한 것이어야 한다. 모든 지식은 객체와 주체의 일치를 바탕으로 성립한다(1.12; 252).

콜리지는 "너 자신을 알라"는 소크라테스의 명령을 강조함으로써 데카르트의 "나는 생각한다, 고로 존재한다"를 모세에게 주신 하나님의 자기 계시인 "나는 스스로 있는 자다"(출 3:14)와 연결한다. 그는 또한 자연에 대한 구체적이고 물리적인 관찰에서 출발하는 실용적이고 과학적이며 귀납적인 철학을 추상적이고 형이상학적인 진리, 즉 증명 없이 받아들여지는 제1원리에서 출발하는 사변적이고 직관적이며 연역적인 철학과 결합한다.

비록 이 두 가지 철학적 성향은 보통 서로 대립하지만, 콜리지는 성육신에 대한 자신의 기독교 신앙 때문에 이 둘이 정신과 자연, 주체와 객체의 동일한 성육신적 융합─플라톤을 거부하기보다는 그의 상상력의 한계를 초월하는 융합 또는 결합─을 이루기 위한 보완적 방법으로 추구할 수 있다고 믿게 되었다. 콜리지는 한편에는 자신의 여정과 배움을 자연(객체)에서 시작하여 정신(주체)으로 올라가는 자연 철학자가 있다고 설명한다. 비록 그의 출발점은 자연이지만, 그의 최종 목표는 "모든 자연법칙을 직관과 지성의 법칙으로 완벽하게 영적으로 승화시키는 것"(1.12; 256)이어야 한다.

다른 한편에는 자신의 여정과 배움을 초월적 정신(주체)에서 시작하여 자연(객체)으로 내려가는 초월적 철학자가 있다. 이러한 형이상학적 순례를 시작하려면 초월적 철학자는 먼저 데카르트의 방식에 따라 정신에서 모든 감각을 제거하고 "절대적이고 과학적인 회의주의"(1.12; 258)를 가정해야 한다. 그러나 이 시점부터 그는 물리적 세계의 감각적 현실로 내려가 보편적인 것을 구체적인 것 안에서 구현하려고 끊임없이 노력해야 한다.

만약 두 철학자가 각자의 여정을 성공적으로 완수한다면 그들은 중간 지점에서 만날 것이다. 거기에는 일반과 구체가 교차하는 형이상학적 접점이 있으며, 주체와 객체, 정신과 자연의 결합이 실현될 수 있는 지점이 있다. 그러나 그러한 결합은 어떤 정신적 능력이나 마음의 힘으로 이루어질 수 있을까? 콜리지가 제시하는 지극히 낭만주의적인 대답은 처음에는 시인들을 자신의 완벽한 국가에서 쫓아낸 플라톤에게 모욕처럼 보일 수 있다. 하지만 나는 이것이 플라톤의 가장 고귀한 열망을 성취하고 일종의 완성을 의미한다 주장하고 싶다.

콜리지에게는 상상력만이 이 결합을 이룰 수 있는 힘이었다. 공상과 상상력을 상호교환적으로 취급하는 경향을 보였던 홉스 및 로크와는 달리 콜리지는 이 둘이 서로 구별되는 힘이라고 주장했다. 공상은 이미지를 새로운 패턴으로 재배치할 수 있는 더 낮고 제한적인 힘인 반면, 상상력은 아이디어와 이미지를 자유롭게 재조합하여 새롭고 더 고차원적인 통합체를 창조할 수 있는 더 자유롭고 활력 있는 힘이다. 오직 상상력만이 사랑처럼 이질성 속에 숨어 있는 유사성을 감지하는 지각력과 상반된 것을 하나로 융합하고 조화시키는 종합력을 지니고 있다. 상상력이 이러한 일을 할 수 있는 것은 그것이 "통합하는"(esemplastic) 힘이기 때문이다. 콜리지가 직접 만든 이 단어는 "하나로 만들다"(1.10; 168)라는 의미의 세 그리스어 어원에서 유래했다.

비록 플라톤이 예술에 대해, 그리고 그것이 동굴 벽에 비친 그림자에 집중하는 경향에 대해 온갖 부정적인 말을 했음에도 불구하고 그는 콜리지가 말하는 바로 그런 통합하는 상상력을 지니고 있었다. 그의 신화는 물리적인 것을 영적인 것으로 끌어올리는 동시에 우리의 세상을 비우기보다는 의미와 진리로 채우는 구체적인 현실을 담고 있다. 플라톤은 비록 성경에서 절정을 이루는 그리스도와 교회의 위대한 결합(계 21-22장)을 명확히 인식하지는 못했지만, 연인으로 하여금 자신이 사랑하는 아름다움의 이데아를 영원히 관조할 수 있게 해주는 지복직관을 갈망했다.

12장

◆

C. S. 루이스의 기독교적 플라톤주의

현대 세계는 자연주의, 공리주의, 깊은 회의주의로 인해 그리스도인이든 세속인이든 플라톤의 제자들을 배출하기에 적합한 토양이 되지 못했다. 벤담과 밀, 다윈과 프로이트, 니체와 마르크스, 사르트르와 데리다는 선(善), 진리, 아름다움을 지나치게 상대화함으로써 서구인들을 플라톤의 이데아뿐만 아니라 초월적 기원, 근원 혹은 원인으로부터 단절시켰다. 더 심각한 것은, 인격적인 창조주는 말할 것도 없고, 신적 기준이나 척도의 부재 속에서 지복직관을 향한 상승의 길을 오르는 목표는 그 당위성뿐만 아니라 가능성마저 상실한다는 점이다. 사랑하고 추구할 실제적이고 참된 목적(텔로스)이 없다면 이 상승 여정은 결국 자기 자신으로 돌아가 자아를 증폭시키고, 경외심보다는 자아를, 감사보다는 자기만족을, 생명을 주는 기쁨보다는 금욕주의적인 평정심만을 조장할 뿐이다.

20세기는 플라톤의 지혜와 신약성경의 더 완전한 진리를 모두 받아들이는 이들에게는 감사하게도 세상에서 가장 뛰어난 기독교적 플라톤주의자 중 한 명을 유산으로 남겼다. 그가 바로 C. S. 루이스(1898-1963)다. 옥스

퍼드 대학교와 케임브리지 대학교에서 영어와 문학을 가르치는 교수로 재직했던 루이스는 그의 초교파적인 기독교 변증, 이해하기 쉬운 학술적 저술, 상상력이 풍부하고 다층적인 소설에서 플라톤의 영원한 통찰을 통해 수많은 방식으로 자신의 신앙을 심화하고 강화했다. 상승의 길을 향한 여정을 성찰하든, 천국과 지옥의 본질에 대해 성찰하든, 그리스도인의 삶에서 욕망의 역할에 대해 성찰하든 루이스는 플라톤의 가르침을 기독교 교리와 완벽하게 통합시켰다. 이런 점에서 그는 기독교 내에서 플라톤의 역할을 되살리고자 하는 책을 완성하기에 가장 이상적인 인물이라고 하겠다.

선택에 관한 루이스의 생각

루이스가 『순전한 기독교』(*Mere Christianity*) 제3권에서 미덕의 실천에 대해 말하는 내용 대부분은 아리스토텔레스의 『니코마코스 윤리학』(*Nicomachean Ethics*)에서 직접 가져온 것이다. 그럼에도 그리스도인의 삶을 하나님, 미덕, 천국으로 이끌거나 사탄, 죄, 지옥으로 이끄는 줄다리기로 묘사한 그의 전반적인 비전은 아리스토텔레스의 중용보다는 플라톤주의자의 영혼의 전쟁에 훨씬 더 가깝다.

당신이 선택을 할 때마다 당신의 중심 부분, 즉 당신이 선택하는 그 부분을 이전과는 조금씩 다르게 바꾸어가고 있다. 그리고 당신의 삶 전체를 놓고 보았을 때 당신은 무수히 많은 선택을 통해 평생에 걸쳐 이 중심 부분을 서서히 천상의 피조물로 또는 지옥의 피조물로 바꾸어가고 있다. 즉 하나님, 다른 피조물, 자기 자신과 조화를 이루는 피조물로 바뀌든지 아니면 하나님과 동료 피조물과 자기 자신과 전쟁과 증오 상태에 있는 피조물로 바뀌고 있는 것이다. 전자의 피조물이 되는 것이 곧 천국이다. 이는 기쁨과 평화, 지식과 능력을 의미한다. 후자의 피조물이 되는 것은 광기, 공포, 어리석음, 분노, 무력함, 영원한 고독을 의미한다. 우리 각자는 매 순간 이 두 상태 중 하나로 나아가고 있다(4: 81).[1]

여기서 우리는 기독교적·성경적 맥락에서 위로 올라가거나 아래로 내려가는 플라톤적 비전을 발견할 수 있다. 즉 플라톤의 신화를 섞어서 이야기하자면 동굴에서 나와 진리의 빛으로 나아가거나 존재의 사슬 아래로 내려가 동물로 환생하는 과정을 말한다. 물론 이 비전은 매우 단테적이자 보에티우스적이다. 그러나 단테의 비전 또한 보에티우스의 『철학의 위안』을 통해 여과된 플라톤의 신화에서 강한 영감을 받은 것이다.

플라톤의 글에서처럼 우리의 선택은 즉각적인 결과를 가져올 뿐만 아니라 우리의 영혼을 형성한다. 플라톤 자신도 피타고라스의 비전에 영향을

---

1 *Mere Christianity, Miracles, The Great Divorce, The Problem of Pain, The Abolition of Man*에서 발췌한 나의 모든 인용문은 *The C. S. Lewis Signature Classics*(New York: Harper One, 2017)에서 가져온 것이다. 어느 책을 인용하는지는 본문에서 명확하게 드러날 것이다. 인용문에는 책의 장과 쪽수가 적혀 있다.

받았는데, 피타고라스는 우리의 영혼이 우주의 리듬에 완전히 조화되어 천체의 음악을 들을 수 있을 때까지 환생을 계속한다고 믿었다. 루이스는 우리의 선택이 어떻게 우리를 하나님과 조화시키거나 적대적 관계에 놓이게 하는지를 강조하면서 영혼 안에서 적절한 균형이 필요하다는 플라톤적 이해를 이어간다. 정통주의자인 루이스는 여기서 믿음을 통해 은혜로 얻은 구원을 배제하거나 경시하려 하지 않는다. 오히려 그는 성화의 과정을 매우 플라톤적인 은유적 언어로 묘사한다. 루이스는 미덕이 습관이라는 아리스토텔레스의 개념을 차용하기는 하지만, 죄가 우리 영혼에 미치는 영향을 크게 강조하면서 반복적으로 플라톤의 상승과 하강에 대한 역동적인 신화로 되돌아간다.

루이스는 도덕성에는 세 가지 부분이 있다고 주장한 뒤, 함대를 비유로 들어 구체화하는 것으로『순전한 기독교』제3권을 시작한다. 함대가 제대로 운항하려면 우선 배들이 서로 충돌하지 않아야 한다(이는 황금률을 따를 것을 요구하는 사회적 도덕성을 의미함). 또한 각각의 배는 온전한 상태를 유지해야 한다(이는 깨끗하고 건전한 삶을 살 것을 요구하는 개인적 도덕성을 의미함). 마지막으로 함대는 항해를 계속할 수 있는 목적지가 있어야 한다(이는 목적을 향한 영적 도덕성을 의미함). 만약 우리가 두 번째 부분을 망각한다면 우리는 도덕성을 타인에게 해를 끼치지 않는 한 무엇이든 할 수 있다는 완고한 신념으로 축소시킬 것이다. 만약 우리가 세 번째 부분을 망각한다면 우리는 고정된 별이나 해안선 없이 방향을 잡을 수 없는 비도덕적인 바다에서 표류하게 될 것이다.

마치 함대의 배들이 정해진 목적지에 도달하려면 자신들이 어디로 향하고 있는지 알아야 하듯이 우리도 올바른 선택을 하려면 우리의 텔로스를 알아야 하고, 심지어 그 선택의 본질과 위험성까지도 제대로 알아야 한다. "말하자면 내 정신과 몸의 주인이 나 자신인지, 아니면 단지 진짜 집주인에게 집세를 내야 하는 세입자인지에 따라 큰 차이가 나지 않을까? 만약 누군가가 나를 자신의 목적을 위해 만들었다면 내가 단지 내 것일 경우에는 부과되지 않을 많은 의무가 내게 생길 것이다"(1; 68). 진정한 도덕성은 사람들이 한순간에는 선의의 행동을 하고 다음 순간에는 폭력을 행사하는 공허함 속에 존재하지 않고, 우리가 누구인지, 왜 여기에 있는지, 우리의 목적이 무엇인지에 대한 명확한 이해와의 관계 속에 존재한다. 이러한 지식이 없다면 우리에게는 우리의 선택을 평가할 수 있는 기준도 없게 된다.

지금까지 루이스의 주장은 아리스토텔레스의 목적론, 즉 각 사물, 특히 각 생명체의 올바른 목적이 무엇인지 결정하는 것에 크게 의존한다. 그러나 루이스는 필연적으로 우리를 다시 플라톤의 신화와 입문자의 여정으로 돌아가게 한다. 동굴의 비유에서 철학자의 담대한 순례는 상황의 진정한 본질이 명백해질 때 시작된다. 즉 겉보기에 실재처럼 보이는 것이 단지 그림자의 그림자에 불과하다는 것을 깨닫는 순간이다. 루이스에게 있어 진정한 기독교적 성장은 "타락한 인간이 단순히 개선이 필요한 불완전한 피조물이 아니라 무기를 내려놓아야 하는 반역자"임을 깨닫는 순간에 시작된다(『순전한 기독교』 2.4; 54). 비록 플라톤은 원죄의 교리를 알지 못했음에도 루이스와 플라톤은 선택의 본질에 대한 예리한 통찰을 공유했다. 즉 선택은 우리의 잠재력과 한계를 올바르게 인식하는 데 기초한다는 점이다. 우리 안에는 올라가고 상승하려는 열망이 있다. 그러나 우리는 우리를 속이고 잘못된 길로 인도하는 세상에서 살고 있다.

『고통의 문제』(*The Problem of Pain*)에서 루이스는 타락의 본질과 그것이 우리의 선택 능력에 미친 영향을 설명하면서 "있을 법하지 않은 이야기의 의미에서가 아니라 소크라테스가 말하는 의미에서의 '신화'"(5; 593)를 구성하여 소개한다. 루이스의 이야기에 따르면 우리는 타락 전에도 하나님께 순종하고 그분의 뜻에 굴복해야 했다. 하지만 우리의 타락 전 상태에서는 그 굴복이 단지 "기꺼이 굴복당할 준비가 되어 있는 극히 미미한 자기 집착을 즐겁게 극복하는 것"(5; 596)을 의미했다. 타락 후에도 우리는 여전히 굴복해야 했지만, 그 항복—자신보다 하나님께 순종하는 선택—은 어렵고 힘든 일이 되었다. "오랜 세월에 걸친 찬탈 행위로 의기양양하고 격앙된 자기 의지를 포기하는 것은 일종의 죽음"(6; 603)이기 때문이다. 공정하게 말하자면 루이스가 여기서 묘사하는 저항은 도덕적 저항인 반면, 동굴의 비유에서 언급된 저항은 형이상학적이다. 그럼에도 이 두 종류의 무지는 모두 우리가 빛과 진리로 나아가 우리 자신이 누구이고 무엇인지를 드러내기를 거부하는 데 뿌리를 두고 있다.

상승의 길을 본격적으로 시작하기 전에 우리 안에서 무언가가 깨져야만 한다. 플라톤에게 있어 그것은 아래의 세계가 위의 세계보다 더 실재적이고 구체적이며 영원하다는 우리의 잘못된 인식이고, 루이스에게 있어 그것은 우리가 하나님 없이도 선하고 고결한 사람이 될 수 있다고 믿게 만드는 우리의 잘못된 자기 만족이다. 우리의 감각(플라톤)이나 우리 자신(루이스)만 믿어서는 우리가 처한 상황에 대한 진실을 알 수 없으므로 우리는 새로운 눈으로 보는 법을 배워야 한다. 『소크라테스의 변명』의 소크라테스와 복음서의 예수는 자신이 진리를 소유한 의로운 자라고 여겼던 위선자들의 실체를 폭로하고, 자신의 부족함을 기꺼이 인정하고 자신에게 주어진 도움을 기꺼이 받아들이려는 제자들의 눈을 열어주었다.

올바른 사고는 플라톤만큼이나 루이스에게도 필수적이었으며, 따라서 두 사람이 교육에 대해 통찰력 있는 글을 쓴 것은 결코 놀라운 일이 아니다. 플라톤의 『국가』에서 수호자들의 적절한 교육은 철학자-왕의 영혼과 더 넓은 국가의 균형을 이루는 데 핵심적인 요소다. 루이스의 『인간 폐지』(Abolition of Man)에서는 "학교 상급생을 대상으로 한 영어 교육에 대한 특별한 고찰을 곁들인 교육에 대한 성찰"(Reflections on Education with Special Reference to the Teaching of English in the Upper Forms of Schools)을 통해 선(善), 진리, 아름다움이라는 고정된 기준을 교육 체계에서 제거하는 사회는 결국 스스로를 파멸로 이끌 것이라고 경고한다. 이는 미덕을 단순한 감정으로 상대화하는 사회가 결국 플라톤의 삼분된 영혼의 적절한 기능을 붕괴시킬 것이기 때문이다.

루이스는 다음과 같이 설명한다.

우리는 이미 오래전에 플라톤을 통해 이 모든 것을 들었습니다. 왕이 행정관을 통해 통치하듯이 인간의 이성은 "기개"를 통해 단순한 욕구를 다스려야 합니다. 머리는 가슴을 통해 배를 다스립니다. 알라누스(Alanus)가 말하듯, 가슴은 관대함(Magnanimity)과 훈련된 습관에 의해 안정된 감정으로 조직된 정서의 자리입니다. 가슴-관대함-정서, 이것들은 이성적인 인간[우리 영혼의 합리적 부분]과 본능적인 인간[욕구적 부분] 사이의 필수적인 연결고리입니다. 심지어 이 중간 요소로 인해 인간이 인간일 수 있다고 말할 수도 있습니다. 인간은 지성으로는 단순한 영적 존재에 불과하고, 욕구로는 단순한 동물에 불과하기 때문입니다(1;704).

루이스가 여기서 취하는 접근 방식은 상당히 놀랍다. 나는 6장 끝부분에서 플라톤의 『티마이오스』가 『국가』의 삼분된 영혼(그리고 『파이드로스』의 마부 신화)을 인간이 천사와 짐승 중간에 위치한 존재라는 원시 기독교적 이해와 연결하는 데 근접해 있다고 제안한 바 있다. 플라톤은 영혼의 이성적 부분(또는 마부)을 욕구와 기개(또는 불같고 고귀한 말)를 조율하는 중재적 인물로 제시하는 반면, 루이스는 우리 영혼에서 가슴에 해당하는 기개 부분을 이성(머리)과 욕구(배) 사이를 중재하는 부분으로 격상시킨다. 이를 통해 그는 플라톤이 알지 못했던 인간에 대한 중요한 사실을 주장한다. 즉 우리는 완전히 육체적이면서도 완전히 영적인 존재, 곧 육화된 존재라는 것이다.

  루이스는 플라톤을 기독교적으로 재해석하면서도 개인과 그가 속한 국가가 정의와 조화를 이루기 위해서는 반드시 적절한 균형으로 이끌어야 하는 영혼 내부의 본질적인 투쟁에 충실한 입장을 견지한다.

지옥에 대한 루이스의 생각

루이스가 플라톤에게서 (직접적으로 또는 아우구스티누스, 보에티우스, 단테를 통해) 차용한 가장 중요한 개념 중 하나는 구원과 성화의 드라마, 즉 우리의 선택에 따라 우리가 만물의 이데아이신 하나님께로 더 가까이 가거나 멀어지는 연속 과정이다. 비록 루이스는 인간의 의지를 항상 강조하지만, 예정론과 자유 의지, 루터와 에라스무스, 칼뱅과 아르미니우스 간의 해묵은 논쟁에 얽히는 것을 피한다. 루이스에게 있어 더 중요한 것은 신적 기제가 아니라 우리의 영혼이 여정을 진행하면서 우리의 선택이 개인의 영혼에 어떤 영향을 미치느냐는 것이다. 이것이 바로 루이스의 플라톤주의가 그의 신화적 소설에서 가장 강렬하게 드러나는 이유다.

플라톤과 루이스는 자신의 스승(소크라테스와 예수)을 본받아 우리 눈앞에 있는 베일을 벗겨내고 진정으로 중요한 최초의 영원한 것들을 드러내는 책을 썼다. 그들은 우리를 대신해 선택하지 않고 우리가 내려야 할 선택의 본질을 이해하도록 돕는다. 에르 신화에서 철학의 모든 과정은 다음 생을 위해 자신의 운명을 선택해야 하는 그 결정적 순간으로 이어진다. 이를테면 에르 신화와 단테의 『신곡』을 결합한 루이스의 『천국과 지옥의 이혼』(*The Great Divorce*)에서 삶의 모든 과정을 이끄는 선택은 도덕적 선택(우리가 회개하고 하나님의 용서를 받아들일 것인가)이자 형이상학적 선택(우리가 하나님의 현실관을 받아들이고 순종할 것인가 아니면 자신의 현실관을 고수할 것인가)이다.

루이스는 만약 지옥에 있는 영혼들이 원할 경우 천국으로 가는 버스를 탈 수 있다면 어떨까 상상해본다. 그리고 만약 그들이 그곳에 도착했을 때 생전에 그들에게 죄와 자기기만을 버리고 그리스도의 자비와 진리를 받아들이라고 설득해온 복된 성도들의 영혼을 지금이라도 만나게 된다면 어떻게 될까? 과연 그들은 어떻게 할까? 결국 단 한 명만 제외하고 모든 영혼이 자발적으로 지옥으로 돌아가는 것을 선택한다. 그 이유는 지옥이 너무 지루하고 따분해서가 아니라 너무 실제적이고 압도적이기 때문이다. 그들은 태양의 고통스러운 빛보다 동굴의 어둠을 더 선호한다.

풍경화가였던 저주받은 영혼이 또 다른 풍경화가였던 축복받은 영혼에게 천국의 아름다운 풍경을 그리고 싶다고 말하자, 후자는 그러지 말라고 말한다. 전자가 이 대답에 난색을 보이자, 후자는 플라톤의 언어와 이미지를 사용하여 이렇게 설명한다 "당신이 지상에서 그림을 그릴 때는―적어도 초창기에는―지상의 풍경 속에서 천국을 엿본 순간들이 있었기 때문이었지요. 당신의 그림이 성공할 수 있었던 것은 바로 그 그림이 다른 이들에게도 그 순간들을 엿볼 수 있게 해줬다는 데 있었소. 하지만 여기서는 이제 그 실체를 보고 있는 겁니다. 당신이 그림에 담고자 했던 메시지가 바로 여기서 온 것이오. 이제는 이 나라에 대해 우리에게 말하려 해봤자 아무 소용이 없소. 우리는 그것을 이미 보고 있으니까요"(9; 510).

비록 우리는 저주받은 영혼이 천국에 남아 자신의 그림이 단지 모조품에 불과했던 본래의 이데아를 마음껏 즐길 것이라고 기대하지만, 그는 그 제안을 거절하고 지옥으로 돌아가 새로운 전시회를 열기로 한다. 그는 태양으로 나가 그 빛과 진실에 (그리고 그것들에 의해) 노출되기보다는 동굴 벽에 비친 그림자를 연구하고 경쟁하는 데 자신의 삶을 바친다. 그는 보는 능력과 보고자 하는 욕구를 모두 잃어버린 화가다.

나니아 연대기(Chronicles of Narnia)의 마지막 이야기인 『최후의 전투』(The Last Battle)—반란을 일으킨 난쟁이들이 결국 아슬란(나니아 연대기의 그리스도상)을 거부하고 절망에 빠져 나니아를 배신하는 이야기—에서도 현실을 버리고 비현실을 택하며, 진리를 버리고 거짓을 택하는 비슷한 장면이 나온다. 그들이 죽으면 그들은 선한 인물들이 죽었을 때와 같은 지리적 공간에 도달한다. 그러나 강하고 순수한 가슴을 간직한 자들은 회복된 에덴동산에 도달하는 반면, 난쟁이들은 자신들이 더러운 건초와 동물의 오물로 뒤덮인 어둡고 음침한 외양간에 있다고 믿는다. 선한 사람들이 그들이 에덴동산에 있다고 그들을 설득하려 하지만, 난쟁이들은 이를 믿으려 하지 않는다. 이는 그들의 시각, 후각, 미각, 촉각, 청각 그 어느 것도 주변의 아름다움을 인식할 수 없기 때문이다.

마침내 아슬란이 도착해 그들에게 잔치를 베푼다. 그러나 그들은 이를 즐길 능력이 없다. 결국 그들은 그들에게 베푼 도움을 거부하고, 하늘의 이상적인 생각에 현혹되지 않겠다고 결심한다. 아슬란은 이렇게 설명한다. "보시다시피 그들은 우리의 도움을 받아들이려 하지 않습니다. 그들은 믿음 대신 교활함을 선택했습니다. 그들의 감옥은 오직 그들 생각 속에 있지만, 그들은 그 감옥에 갇혀 있습니다. 그들은 속을까 봐 두려워서 결코 그곳에서 나올 수 없습니다"(13; 148).² 루이스와 플라톤에게 있어 도덕적 혼란과 정신적 혼란은 서로 밀접하게 연결되어 있다. 죄에 굴복함으로써 난쟁이들은 천국에 들어가기는커녕 천국을 볼 수조차 없게 된다. 그들은 동굴에 남는 것을 선호한다. 진리를 보는 것과 그것에 참여하는 것을 동일시하는 이 개념은 성경적이기보다는 플라톤적으로 보일 수 있지만, 예수는 니고데모와의 대화에서 천국을 보는 것과 그곳에 들어가는 것을 직접 동일시했다(요 3:3-5). 우리는 거듭나지 않으면 그 어떤 것도 할 수 없다.

천국에 관한 루이스의 생각

루이스는 보는 것과 들어가는 것 사이의 플라톤적-기독교적 연결고리를 만들면서 지옥과 천국을 단지 심리 상태에 불과한 것으로 축소할 위험을 감수한다. 그러나 그것이 그의 의도는 아니다. 실제로 루이스가 『천국과 지옥의 이혼』에서 그의 안내자(조지 맥도널드, 단테의 베르길리우스와 베아트리체를 결합한 인물)에게 바로 그런 말을 건넸을 때 그는 엄하게 꾸지람을 듣는다. "신성모독은 하지 말게. 지옥은 심리 상태라네. 자네 입에서 나온 말 중에 그보다 더 참된 말은 없을 게야. 어떤 심리 상태도 그대로 방치하면, 즉 피

---

2   C. S. Lewis, *The Last Battle* (New York: Collier, 1970). 나는 본문에 책의 장과 쪽수를 적어둘 것이다.

조물이 자기 마음의 감옥 속에 자신을 가두어 고립을 자초하다 보면 결국에는 지옥이 되는 게야. 하지만 천국은 심리 상태가 아닐세. 천국은 실재 그 자체일세. 철저히 실재적인 것이야말로 천상의 것일세"(9; 504).

루이스는 천국이 지옥보다 더 현실적일 뿐만 아니라 이 세상보다도 더 현실적이라고 주장하면서 존재의 세계와 생성의 세계를 구분하는 플라톤의 개념을 가장 기독교적으로 설명한다. 루이스는 하나님이 세상을 창조하시고 보시기에 좋았다고 말씀하셨음을 알고 있었기 때문에(창 1:31) 세상을 플라톤보다 훨씬 더 실질적이고 현실적인 것으로 보았다. 그럼에도 그는 (『최후의 전투』의 마지막 장에서) 우리의 세상을 "그림자 나라"(16; 183)라고 표현하는 데 아무 문제가 없었다. 왜냐하면 천국의 천둥 같은 현실에 **비하면** 우리는 실체 없는 그림자의 세계에 살고 있기 때문이다.

하나님을 논할 때마다 부정적인 용어를 사용하는 경향이 있는 우리의 현대적이고 반(反)플라톤적인 세계와는 대조적으로 루이스는 『기적』(*Miracles*)에서 오히려 그 반대가 사실이라고 주장했다.

하나님은 기본적인 사실 또는 실재이며, 다른 모든 사실의 근원이다. 그러므로 하나님은 결코 특징 없는 일반적인 존재로 여겨져서는 안 된다. 만약 하나님이 존재한다면 그분은 가장 구체적인 존재이자 가장 개별적이며, "조직적이고 섬세하게 표현된" 존재다. 하나님은 불명확한 존재이어서가 아니라 언어의 불가피한 모호함에 비해 너무나 명확한 존재이어서 말로 표현할 수 없다. 무형적이고 비인격적이라는 말은 오해의 소지가 있다. 왜냐하면 그것은 하나님이 우리가 가진 어떤 실재를 결여하고 있다는 인상을 주기 때문이다. 그분을 초유형적 (trans-corporeal)이고 초인격적(trans-personal)이라고 부르는 것이 더 안전할 것이다(11; 381).

천국도 마찬가지다. 오늘날 많은 사람들이 상상하는 것처럼 천국은 단순히 모든 물리적 물질("물건")이 제거된 땅이 아니다. 천국은 우리가 그곳에 있을 때 갖게 될 부활의 몸과 마찬가지로 비물리적인 것(nonphysical)이 아니라 초물리적인 것(trans-physical)이 될 것이다.

『천국과 지옥의 이혼』에서 천국은 실재하는 실체와 현실의 장소로 묘사된다. 풀은 너무 단단하고 실재감이 강해서 루이스가 실체가 없고 유령 같은 존재로 묘사하는 저주받은 영혼들은 그것을 구부릴 수조차 없다. 더욱 놀랍게도, 소설의 끝부분에 가면 우리는 그 버스가 지옥에서 천국으로 **이동**한 것이 아니라 오히려 그것이 더 **커졌다**는 것을 알게 된다. 그런 의미에서 조지 맥도널드는 "모든 지옥은 지상 세계의 조약돌 하나보다 작다. 그러나 지상 세계도 이 세계, 즉 진정한 세계의 원자 하나보다도 작다"(13; 537)고 설명한다.

그러나 루이스는 천국에 대한 기독교적 플라톤주의의 관점의 온전한 영광을 『최후의 전투』에서 드러낸다. 거기서 독자들은 아슬란의 나라로 더 깊이 들어가는 여정을 영웅들과 함께한다. 그들이 "더 높은 곳으로, 더 깊은 곳으로"(이는 15장의 제목이기도 하다, 161) 이동하면서 자신들이 지나가는 땅이 나니아와 닮았다는 것을 발견한다. 이는 그들을 혼란스럽게 만든다.

왜냐하면 그들은 나니아가 파괴된 것을 방금 전에 보았기 때문이다. 그러나 그들은 자신들이 보고 있는 것이 옛 나니아가 아니라 새 나니아라는 것을 깨닫는다. 사실 루이스는 이를 그렇게 직접 표현하지 않았다. 만약 그렇게 했다면 그는 요한계시록 마지막 두 장에 나오는 새 하늘과 새 땅에 대한 단순한 성경적 암시를 하고 있었을 것이다.

대신 루이스는 기독교적 이미지와 플라톤적 이미지를 혼합한다. 디고리 교수는 방금 파괴된 나니아에 대해 아이들에게 이렇게 설명한다. "그것은 진짜 나니아가 아니었어. 그곳에는 시작과 끝이 있었어. 그것은 항상 여기에 있었고 항상 여기에 있을 진짜 나니아의 그림자나 복사본에 불과했고, 이는 마치 우리 세계, 잉글랜드와 그 모든 것이 아슬란의 진짜 세계에 있는 무언가의 그림자나 복사본에 불과한 것과 같아"(15; 169). 그리고 디고리는 우리가 플라톤적 암시를 놓쳤을까 봐 두 가지를 덧붙인다. 먼저 그는 진짜 나니아와 그들이 목격한 파괴된 나니아는 "실체가 그림자와 다르거나 깨어 있는 삶이 꿈과 다른 것만큼 서로 다르다"고 설명한다. 그러고 나서 그는 단도직입적으로 말한다. "다 플라톤에 나와 있어, 다 플라톤에"(15; 169-70).

지금까지 살펴본 바와 같이 진짜 나니아는 항상 존재해왔고 지상의 나니아는 그것을 본떠 만들어졌다는 플라톤적 개념은 히브리서 8-9장에 나오는 천상의 성막과 지상의 성막 사이의 연관성과 조화될 수 있다. 특히 제사장들이 "모세가 장막을 지으려 할 때에 지시하심을 얻음과 같으니 이르시되 '삼가 모든 것을 산에서 네게 보이던 본을 따라 지으라' 하셨느니라"(히 8:5)라는 구절과 연결된다. 그럼에도 플라톤의 이데아 이론의 영향이 없었다면 루이스와 그 이전의 많은 기독교적 플라톤주의자들은 그 함축적인 구절의 온전한 의미를 놓쳤을지도 모른다.

천상의 것은 지상의 것보다 **우선한다**. 왜냐하면 천상의 것은 플라톤의 존재의 세계처럼 실재적이고, 영원하며 변치 않기 때문이다. 영적인 것들이 의미를 가지는 것은 우리가 그 의미를 투사했기 때문이 아니라(프로이트 같은 현대주의자들이 주장하듯이) 영적인 것이 물질적인 것의 근원이며 우리 세계의 사물들에 의미를 부여하기 때문이다. 『은 의자』(*The Silver Chair*) 제7장에서 마녀가 우리의 영웅들을 거의 설득하여 그녀의 동굴 같은 지하 세계가 유일한 실제 세계이며 나니아(그리고 아슬란)는 유치한 꿈이라고 믿게 하려 했던 것과는 정반대다. 빵과 포도주는 최후의 만찬보다 훨씬 이전부터 존재했음에도 "창세 때부터 죽임을 당하신 어린양"(계 13:8)의 영원한 몸과 피로 인해 최종적인 의미와 중요성을 갖게 된다. 그리스도는 성육신을 통해 우리와 같이 되셨는데, 이는 우리가 육신을 입은 영혼으로서 성육신 이전의 영원하신 그리스도의 형상으로 창조되었기 때문이다. 루이스의 변증론의 핵심은 원인이 결과보다 더 커야 한다는 플라톤의 주장에 기초한다. 루이스에게는 도덕성, 종교, 이성 같은 것들을 설명할 수 있는 신적이고 초자연적인 기원이나 근원이 반드시 존재해야 한다.

그리고 한 가지가 더 있다. 데카르트가 무한성에 대한 우리의 관념에 궁극적인 기원이나 근원이 있어야 한다고 요구하듯이 천국에 대한 우리의 열망에도 그것이 반드시 있어야 한다. 루이스는 『순전한 기독교』 제3부에서 이렇게 주장한다. "욕구를 충족시킬 필요가 없는 한 피조물은 욕구를 가지고 태어나지 않는다. 아기는 배고픔을 느끼지. 그러니까 음식이란 것이 있는 거야.…그런데 만약 이 세상에서 경험하는 것들로 채워지지 않는 욕구가 내 안에 있다면 그건 내가 이 세상이 아닌 다른 세상에 맞게 만들어졌기 때문이라는 것이 가장 그럴듯한 말일 거야"(10; 114). 물론 천국에 대한 우리의 갈망이 그것만으로 우리가 천국에 이를 것임을 입증하는 것은 아니다. 그러나 만약 자연이 닫힌 체계이고 물리적인 것 너머에는 아무것도 없다면 그 갈망은 어디에서 온 것일까? 그렇다면 무의식적인 자연은 과연 어떻게 우리 안에 자연 너머에 있는 무언가에 대한 의식적인 욕구를 만들어 낼 수 있단 말인가?

어떤 의미에서 보면 나니아 연대기뿐만 아니라 루이스의 모든 저작은 『최후의 전투』의 마지막 부분에서 유니콘 쥬얼이 아슬란의 나라에 도착했을 때 외쳤던 황홀한 (플라톤적인) 말로 귀결된다. "드디어 고향에 왔습니다! 이곳이 진정한 내 땅입니다! 이곳은 내 고향입니다. 지금까지는 모르고 지냈지만 평생 우리가 찾던 땅입니다. 우리는 옛 나니아가 가끔 이곳과 비슷해 보였기 때문에 그곳을 사랑했던 것입니다"(15; 171). 플라톤은 동굴 밖 세상의 한 조각을 엿보았고, 그 과정에서 자신도 모르는 사이에 신약성경에서 드러난 더 위대한 천국을 희미하게나마 엿보았다. 플라톤과 성경에서 모두 영감을 받은 루이스는 더 뚜렷한 통찰을 얻었고, 따라서 플라톤과 자신이 모두 느꼈던 그 열망의 참되고 최종적인 기원을 플라톤보다 더 잘 이해할 수 있었다.

그러나 유한하고 이 땅에 속해 있던 C. S. 루이스조차도 한계가 있었다. 그렇기 때문에 그는 천국의 선함과 빛과 기쁨을 묘사하려고 노력한 끝에 다음과 같은 겸손한 고백으로『순전한 기독교』제3부를 마무리한다. "그러나 이것은 이 세상의 경계를 넘어가는 단계에 가깝습니다. 그 너머로 아주 멀리까지 볼 수 있는 사람은 없습니다. 나보다 더 멀리 볼 수 있는 사람은 물론 많지만 말입니다"(12; 123).

결론

◆

하위 창조자 플라톤

우리보다 훨씬 더 중세 시대에 가까웠던 C. S. 루이스는 플라톤적-프톨레마이오스적-단테적 세계관이 담긴 그의 공상과학 소설 『침묵의 행성 밖에서』(*Out of the Silent Planet*, 1938)에서 주인공 랜섬(Ransom, 몸값)을 화성으로 보낸다. 자연주의적 세계관에 따라 교육받은 현대인 랜섬은 우주선 창문 밖으로 보이는 것이 단지 텅 빈 우주일 것이라고 예상하지만, 계몽주의 이후의 교육이 미처 그에게 가르치지 못한 무언가를 발견하고 충격을 받는다.

그는 "우주"에 대해 읽은 적이 있었다. 오랫동안 그의 사고의 밑바닥에는 세상을 분리하는 것으로 여겨졌던 검고 차가운 공허함, 완전히 죽어 있는 상태에 대한 음울한 환상이 자리 잡고 있었다. 그는 지금까지 그것이 자신에게 얼마나 큰 영향을 미쳤는지 알지 못했다. 그러나 이제 "우주"라는 이름 자체가 그것들이 헤엄치는 이 찬란한 광명의 창공에 대한 신성모독적인 중상으로 여겨졌다.…그는 그것이 척박하다고 생각했다. 그러나 이제 그는 그것이 빛나는 수많은 자손들이 밤마다 수많은 눈으로 지구를 내려다보는 세계의 자궁이라는 것을 알았다. 그리고 여기에는 얼마나 더 많은 자손들이 있는가! 아니다. 우주는 잘못된 이름이었다. 옛 사상가들이 단순히 그것을 하늘들이라고 부른 것은 더 현명한 일이었다.[1]

만약 루이스가 우주 탐험 시대에 살았다면 자기 소설의 이 부분을 수정했을지의 여부는 흥미로운 전기적 질문을 제기하지만, 신학자, 철학자, 예술가로서 그가 하는 작업과는 무관하다. 플라톤의 영향을 강하게 받은 인문주의적 그리스도인으로서 루이스의 목표는 독자들로 하여금 중세인들이 우주를 바라보던 방식으로 우주를 보게 하는 것이었다. 즉 우주를 진정한 코스모스, 아름답고 질서정연한 장식물로 바라보게 하여 그것의 물리적 장엄함 속에서 그것을 말씀으로 창조하신 하나님의 영광을 드러내는 것이다.

루이스의 절친한 친구였던 J. R. R. 톨킨은 중세의 코스모스와 그것을 철학적 모델이자 미적 대상으로 만드는 데 중요한 역할을 한 아테네의 위대한 철학자에 대한 그의 애정을 공유했다. 실제로 톨킨은 『반지의 제왕』(*The Lord of the Rings*)의 전편에 해당하는 『실마릴리온』(*The Silmarillion*)에서 창세기 1장, 욥기 38:7("그때에 새벽 별들이 기뻐 노래하며 하나님의 아들들이 다 기뻐 소리를 질렀느니라"), 『티마이오스』를 합쳐놓은 듯한 창조 이야기를 전개한다. 플라톤의 신은 지상에서 살아갈 새로운 독특한 존재를 창조하기를

---

1   C. S. Lewis, *Out of the Silent Planet* (New York: Macmillan, 1971), 29-30.

원하여 신들에게 자신의 뜻에 따라 그러한 존재들을 실제로 형성하는 역할을 맡긴다(41b-d). 이와 유사하게 톨킨의 신(그는 이를 에루 또는 일루바타르라 부른다)은 먼저 노래로 신들/천사들(아이누)의 무리를 창조하고, 그들에게 이 땅을 형성하고 엘프와 인간을 돌보는 일에 참여할 수 있는 권한을 부여한다. 그러나 『티마이오스』에서처럼 일루바타르는 먼저 노래로 중간계(Middle-earth)와 그 주민들의 경계를 상상하고, 그 노래에 아이누가 추가할 특권을 부여한 뒤, 이를 시간과 공간의 물리적 세계에서 실현함으로써 중간계와 그 주민들의 경계를 설정한다. 따라서 하나님/일루바타르는 최고의 창조자이지만, 신들/아이누에게는 톨킨의 표현을 빌리자면 하위 창조자가 될 수 있는 권한이 주어진다. 톨킨은 "판타지는 인간의 자연스러운 활동이며…인간의 권리이기도 하다. 우리는 우리의 능력에 따라, 그리고 파생된 방식으로 창조한다. 이는 우리가 창조되었기 때문이다. 그리고 단순히 창조되었을 뿐만 아니라 창조자의 형상과 모양대로 창조되었다"라고 믿었다.[2]

플라톤은 고대 세계에서 가장 위대한 하위 창조자 중 한 명이라고 나는 생각한다. 그는 호메로스처럼 서사시를 쓰거나 소포클레스처럼 비극을 창작하거나 헤로도토스처럼 역사를 기록하거나 루이스와 톨킨처럼 판타

---

2 J. R. R. Tolkien, "On Fairy-Stories," in *Tree and Leaf* (Boston: Houghton Mifflin, 1965), 54-55. Tolkien은 위에 인용한 구절 앞에 나오는 시에서 인간을 하나님의 순수한 창조적 빛을 스스로 굴절시키는 자연적인 신화 창조자로 묘사하며 하위 창조자라는 단어를 고안해낸다. "인간, 하위 창조자, 굴절된 빛은 / 하나의 백색에서 / 많은 색조로 쪼개지고 / 생각에서 생각으로 움직이는 살아 있는 모양으로 / 끝없이 결합한다"(54).

지를 쓰지는 않았지만, 보이지 않는 존재의 세계가 우리가 감각을 통해 매일 경험하는 생성의 세계보다 더 실재적이고 물질적이라는 그의 이중적 우주론의 비전을 생생하게 드러내는 신화를 창조했다. 더욱이 그의 신화는 (이교도와 기독교인을 막론하고) 수많은 세대의 철학자, 신학자, 시인들에게 낮은 세계에서 높은 세계로의 여정을 떠나게 했다.

플라톤을 진정으로 사랑하는 사람들은 단순히 그를 연구하는 데 만족하지 않았다. 그들은 플라톤이 보았던 것처럼 존재하는 것들을 분명히 보고 싶어 했으며, 우리의 세계에서 변하는 그림자 뒤에 있는 영원한 것들, 즉 쇠퇴하거나 사라지거나 죽지 않는 것들을 깨닫고자 열망했다. 그들은 진(眞), 선(善), 미(美)를 실재하는 것으로 옹호하고, 우리가 따라야 할 절대적인 정의를 추구해왔다. 또한 그들은 자신의 영혼의 욕망적인 부분이 그들을 둔하고 나태하며 야만적으로 만드는 것을 막기 위해 격렬히 투쟁해왔다. 플라톤이라는 하위 창조자는 우리로 하여금 이런 일을 하고 싶게 만든다. 루이스와 톨킨이 우리로 하여금 나니아와 중간계를 방문하고 싶게 만들거나 하늘을 우리 집이 아닌 고향으로 바라보게 만드는 것처럼 말이다.

옛 전통에 따르면 바울은 베르길리우스의 무덤 앞에서 그에게 구원의 복음을 전하지 못한 것을 슬퍼하며 눈물을 흘렸다고 한다. 단테는 『신곡: 연옥편』22곡에서 1세기 로마 시인 스타티우스가 이교에서 기독교로 개종하게 된 이야기를 창작한다. 그는 사도들의 설교가 베르길리우스의 제4목가와 일치한다는 것을 깨달으며 개종하게 되었다고 한다. 이 목가시는 놀랍게도 이사야의 메시아적 예언처럼 읽힌다. 비록 베르길리우스의 시가 스타티우스를 그리스도의 빛으로 인도했지만, 그것은 기원전 19년에 세상을 떠난 베르길리우스를 구원할 수 없었다. 스타티우스는 베르길리우스가 후대 사람들에게 비춰준 등불이 자신을 빛으로 인도하는 데는 도움이 되었지만, 정작 베르길리우스 자신에게는 아무 소용이 없었다고 설명한다.

비록 나는 플라톤이 베르길리우스처럼 그리스도와 신약성경의 특별 계시를 받지 못한 것에 대해 바울처럼 눈물을 흘리고, 단테와 스타티우스처럼 애석하게 생각하지만, 그가 남긴 유산과 그것이 교회를 얼마나 풍요롭게 했는지를 매우 기쁘게 생각한다. 플라톤의 작품은 아우구스티누스, 콜리지, 루이스가 믿음으로 나아가는 길에서 중요한 이정표가 되었다. 오리게네스와 세 그레고리오스, 보에티우스와 단테, 에라스무스와 데카르트에게 있어 플라톤의 대화편을 읽고 씨름하는 과정은 그들의 신학과 철학과 시를 연마하는 데 도움을 주었으며, 그들에게 더 분명하게 그리고 열정적으로 보고 경이로워하며 갈망하는 법을 가르쳐주었다.

나 자신에게도 플라톤을 읽는 과정은 내가 더 나은 사람, 더 나은 교사, 더 나은 그리스도인이 되고 싶게 만들었고, 나를 상승의 길로 인도하여 내가 태어난 더 높은 목적, 즉 진정한 텔로스를 발견하게 했음을 고백하지 않을 수 없다.

서지적 에세이

1장

플라톤의 초기 대화편을 공부하고자 하는 학생이나 일반 독자들이 단한 권의 책만 사면 된다는 사실은 정말 다행스러운 일이다. 즉 Trevor J. Saunders, *Early Socratic Dialogues*(Penguin, 1987; 손더스가 서론을 씀) 한 권이면 된다. 이 훌륭한 판본에는 풍부한 주석이 달려 있으며, 대화편 전체에 대한 수준 높은 서문뿐 아니라 각 대화편에 대한 상세한 소개도 담겨 있다. 당신에게 정말 필요한 단 한 권의 책이다.

하지만 더 많은 정보를 원한다면 Richard Robinson, *Plato's Earlier Dialectic*, second edition(Clarendon, 1966)에서도 기본적인 연구 자료를 찾아볼 수 있다. 이 책은 절판되었지만, Gregory Vlastos (ed.), *The Philosophy of Socrates: A Collection of Critical Studies*(University of Notre Dame Press, 1991)에 실려 있다. 블라스토스의 저작은 결코 읽기 쉽지 않고 자신만의 편견이 들어 있지만, 그는 평생을 소크라테스와 그의 방법론을 연구하는 데 헌신했다. 그는 또한 *Socrates: Ironist and Moral Philosopher*(Cornell University Press, 1991)와 *Socratic Studies*(Cambridge University Press, 1994)도 저술했다.

발췌문이 그리스어와 영어로 되어 있는 프리소크라테스 저작의 표준

교과서는 G. S. Kirk and J. E. Raven, *The Presocratic Philosophers: A Critical History with a Selection of Texts*, second edition(Cambridge University Press, 1984)이다. 하지만 처음 입문하는 독자들에게는 Philip Wheelwright, *The Presocratics*(Prentice Hall, 1966)를 추천하고 싶다. 이 책은 한 권으로 된 가장 좋은 책이며, 커크와 레이븐보다 형식과 표현의 측면에서 더 접근하기 쉽고 훌륭한 서문과 분석이 가득 담겨 있다.

나는 2000년에 84편으로 구성된 "서양 지성 전통의 위대한 지성들"(Great Minds of the Western Intellectual Tradition)이라는 방대한 강의 시리즈에 프리소크라테스에 관한 강의를 제공했다. 이 시리즈는 The Great Courses에서 출간했으며 www.teach12.com에서 온라인으로 볼 수 있다. 나는 또한 24편의 강의를 엮어 "플라톤에서 포스트모더니즘까지: 문학의 본질과 저자의 역할에 대한 이해"(Plato to Postmodernism: Understanding the Essence of Literature and the Role of the Author)라는 강의 시리즈도 기획했는데, 이 시리즈에는 플라톤의 『국가』에 대한 강의가 포함되어 있다. 본서의 독자들이 유용하게 활용할 수 있는 다른 Great Courses의 강좌로는 "그리스 사상의 거장, 플라톤의 『국가』: 플라톤, 소크라테스, 아리스토텔레스, 플라톤, 소크라테스, 그리고 대화편"(Plato's *Republic*, Masters of Greek Thought: Plato, Socrates, and Aristotle, and Plato, Socrates, and the Dialogues) 등이 있다.

나는 나의 저서 *Ancient Voices: An Insider's Look at Classical Greece*(Stone Tower Pres, 2020)에도 플라톤의 초기 대화편과 소크라테스의 변명에 각각 한 장을 할애했다. 나는 또한 소크라테스와 플라톤의 역사적 배경을 설명하는 내용을 한 장 포함했다.

2장

내가 생각하기에 플라톤의 『국가』를 가장 잘, 가장 쉽게 번역한 책은
Richard W. Sterling과 William C. Scott(Norton, 1996)의 번역본이다. 이 책
은 그리스어에 충실하면서도 플라톤을 현대적이고 자연스러운 영어로 번
역했다. 실제로 번역이 1980년대에 이루어졌음에도 불구하고 오늘날에
도 여전히 신선하고 "시대에 구애받지 않는" 번역이라고 할 수 있을 정도
로 잘 번역되었다. Desmond Lee가 번역한 매우 훌륭한 역본인 Penguin
Classics edition(2nd ed.; reissued in 2003)이 각 단락에 유용한 주석과 풍부한
설명이 가득 담긴 것과 달리 Sterling and Scott edition은 매우 간략한 주
석이 달려 있음에도 선문에 대한 유용한 에세이가 포함되어 있다. 비록 내
가 시카고 대학교 판본(특히 그리스 비극에 관한)의 팬이고 Alan Bloom의 팬
이기도 하지만, 원문에 충실한 그의 번역(2nd ed., Basic Books, 1991)이 읽기
어렵다는 것을 깨닫게 되었다. 그럼에도 Bloom의 주석은 가치가 있으며,
정당한 찬사를 받은 *The Closing of the American Mind*(Simon and Schuster,
1988)에서 그가 플라톤과 국가에 대해 다룬 내용도 가치가 있다. 말할 필요
도 없이 『국가』의 번역본은 매우 많으며, 그중에서도 많은 비평가들의 찬
사를 받은 것은 Robin Waterfield의 Oxford World's Classics edition(Oxford

University Press, 2008)이다.

매우 유용한 자료로는 G. R. F. Ferrari (ed.), *The Cambridge Companion to Plato's "Republic"* (Cambridge University Press, 2007)이 있다. 다른 유용한 자료로는 Nicholas P. White, *Companion to Plato's "Republic"* (Hackett, 1979), Gerasimos Santas (ed.), *The Blackwell Guide to Plato's "Republic,"* (Blackwell, 2006), Stanley Rosen, *Plato's "Republic": A Study* (Yale University Press, 2008), C. D. C. Reeve, *Philosopher-Kings: The Argument of Plato's "Republic"* (Hackett, 2006), Richard Kraut (ed.), *Plato's "Republic": Critical Essays* (Rowman & Littlefield, 1997) 등이 있다.

플라톤의『국가』에 대한 가장 영향력 있는 비판 중 하나는 Karl Popper 의 대표적인 저서 *The Open Society and Its Enemies*, volume one, *The Spell of Plato*(Princeton University Press, 1971)이다. Popper는 사회공학의 위험성을 폭로하고, 그 책임의 일부를 플라톤에게 돌린다. 2권에서 Popper는 헤겔, 마르크스, 전체주의에 대한 연구를 이어간다. 우리는『국가』에 묘사된 것처럼 계획적으로 설계된 사회에 내재된 위험성을 인식하기 위해 Popper 의 논지 전체에 동의할 필요는 없다. 그의 논문과 대조적인 책으로는 Gene Fendt and David Rozema, *Platonic Errors: Plato, a Kind of Poet*(Greenwood Press, 1998)가 있다. 이 책은 플라톤을 문학으로 읽고, 대화편을 대화로 읽으려고 시도하는데, 이 방법은 저자들이 플라톤의 예술에 대한 증오와 전체주의에 대한 옹호를 후회할 수 있게 해준다.

예술에 대한 플라톤의 견해에 관심이 있다면 Morriss Henry Partee,

Plato's Poetics: The Authority of Beauty(University of Utah Press, 1981)와 Julius Moravcsik and Philip Temko (ed.), *Plato: On Beauty, Wisdom, and the Arts*(Rowman & Littlefield, 1982)를 참조하라. 다소 전문적이기는 하지만 여전히 이해하기 쉬운 플라톤의 이데아 이론에 대한 연구로는 David Ross, *Plato's Theory of Ideas*(Oxford University Press, 1951)를 보라.

나의 저서 *Atheism on Trial: Refuting the Modern Arguments Against God* (Harvest, 2018) 전반에 걸쳐, 그리고 특히 5장에서 나는 플라톤을 소피스트와 프리소크라테스에 맞서서 선, 진, 미의 실체를 옹호한 변증가로 취급한다.

3장과 4장

내가 가장 선호하는 『프로타고라스』와 『메논』의 역본은 W. K. C. Guthrie 의 Penguin Classics edition(Penguin, 1956)이다. 비록 Penguin Classics의 모든 플라톤 대화편에 대한 서문과 주석이 다 훌륭하지만, 그중에서도 『프로타고라스』와 『메논』에 대한 Guthrie의 글이 매우 훌륭하다. 그것들은 플라톤의 대화편뿐만 아니라 플라톤과 소크라테스의 차이점, 플라톤의 일반적인 가르침에 대한 훌륭한 서문도 제공한다. 나는 또한 Penguin Classics 의 『파이드로스』(Walter Hamilton 번역, 플라톤의 일곱 번째와 여덟 번째 편지 포함, 1973), 『파이돈』(*The Last Days of Socrates*의 일부, Hugh Tredennick 번역, 1969), 『향연』(언제나 믿을 만한 Walter Hamilton의 번역, 1951)을 강력히 선호한다.

Penguin Classics의 『고르기아스』도 좋지만, 나는 W. C. Helmbold가 번역한 Library of Liberal Arts edition(Bobbs-Merrill, 1952)도 좋아한다.

신화에 대한 고찰을 포함한 플라톤 사상의 발전에 대한 좋은 개요는 J. E. Raven, *Plato's Thought: A Study of the Development of His Metaphysics*(Cambridge University Press, 1965)에서 찾아볼 수 있다. 『메논』의 신화와 그것이 플라톤 사상에서 차지하는 역할을 평가하는 데 도움이 되는 연구는 Roslyn Weiss, *Virtue in the Cave: Moral Enquiry in Plato's "Meno"*(Oxford University Press, 2000)를 참조하라. 『파이드로스』에 대한 두 가지 면밀한 연구는 Graeme Nicholson, *Plato's "Phaedrus": The Philosophy of Love*(Purdue University Press, 1999)와 G. R. F. Ferrari, *Listening to the Cicadas: A Study of Plato's "Phaedrus"*(Cambridge University Press, 1987)를 보라. 『향연』을 좋아하는 사람은 워싱턴 DC의 헬레니즘 연구 센터(Center for Hellenic Studies)에서 발간한 J. H. Lesher, Debra Nails, and Frisbee C. C. Sheffield (ed.), *Plato's "Symposium": Issues in Interpretation and Reception*(Harvard University Press, 2006)의 에세이 모음을 참조할 수 있다.

또한 독일의 위대한 가톨릭 철학자 Josef Pieper는 플라톤의 신화에 대해 많은 통찰을 제공한다. 그의 저서 *Divine Madness: Plato's Case Against Secular Humanism*(Ignatius, 1995)과 *The Platonic Myths*(St. Augustine's Press, 2011)를 보라. 나의 저서 *The Myth Made Fact: Reading Greek and Roman Mythology through Christian Eyes*(Classical Academic Press, 2020)에서는 플라톤의 신화 중 7편을 면밀히 분석하고 기독교적 관점에서 해석하며 가족, 교

실, 주일학교, 독서 클럽 및 개인 신앙을 위한 학습 질문을 제공한다.

Thomas Cahill의 재미있고 유익하며 종종 생각할 거리를 던져주는 *Sailing the Wine-Dark Sea: Why the Greeks Matter*(Doubleday, 2003)의 5장에는 플라톤의『향연』을 재구성하고 부분적으로 재해석한 내용이 포함되어 있기 때문에 살펴볼 가치가 있다.

5장

내가 가장 선호하는 플라톤의『법률』판본은 Trevor J. Saunders가 번역한 Penguin Classics edition(1970)이다. Saunders는 대화편을 적절한 맥락에 배치하는 훌륭한 서문을 제공한다. 나는 여기서 지면 관계상, 그리고 일반 독자들이 이 책을 쉽게 읽을 수 있도록 돕기 위해 플라톤이『법률』과 동일한 시기에 쓴 다른 후기 대화편들은 다루지 않기로 했다는 점을 언급하고 싶다. 그것은『파르메니데스』,『테아이테토스』,『소피스트』,『정치가』, (좀 더 일찍 쓰인)『크라틸로스』등이다. 이 대화편들은 플라톤의 지식과 언어에 대한 이론을 탐구하는 더 어렵고 전문적인 대화편들로, 일반적으로 잘 알려진 대화편들에 비해 접근성이 떨어진다. 나는 또한 플라톤의 가장 큰 공헌은 이 책에서 논의된『국가』,『법률』및 기타 짧은 대화편에서 모두 확인할 수 있다고 생각한다.

그럼에도 잘 알려지지 않은 대화편에 관심이 있는 사람에게는

Kenneth Dorter, *Form and Good in Plato's Eliatic Dialogues: The "Parmenides,"* *"Theaetetus," "Sophist," and "Statesman"*(University of California Press, 1994)과 Jacob Klein, *Plato's Trilogy: "Theaetetus," the "Sophist," and the "Statesman"*(University of Chicago Press, 1977)을 추천하고 싶다. 『국가』와 『법률』에 대한 고찰을 포함하여 플라톤의 지식 이론을 심도 있게 탐구한 다소 어렵긴 하지만 여전히 접근 가능한 두 가지 다른 연구로는 J. C. B. Gosling, *Plato*(Routledge, 1983)와 F. M. Cornford, *Plato's Theory of Knowledge: The "Theaetetus" and the Sophist*(Dover, 2003)를 들 수 있다.

영혼, 신, 예술, 교육, 정치 등의 주제를 다루는 플라톤 사상에 대한 대표적인 개관서는 G. M. A. Grube, *Plato's Thought*(Hackett, 1980)다. 빅토리아 시대의 현자가 전하는 플라톤과 프리소크라테스, 소크라테스, 소피스트들과의 상호작용을 포함하고 있는 플라톤의 사상에 대한 보다 심미적으로 풍부한 개요를 원한다면 Walter Pater, *Plato and Platonism*(Greenwood Press, 1969)을 참조하라. 플라톤 사상에 대한 다른 두 가지 믿을 만한 안내서는 가독성이 뛰어난 Will Durant, *The Story of Philosophy*(Pocket Books, 1991)의 1장과 이 책보다 조금 더 어려운 Frederick Copleston, *A History of Philosophy*(Image, 1993)의 1권(*Greece and Rome from the Pre-Socratics to Plotinus*)에서 발견할 수 있다. A. E. Taylor, *Platonism and Its Influence*("Plato the Theologian," Cooper Square Publishing, 1963)의 4장은 『법률』 제10권에 대한 훌륭한 개요를 제공할 뿐 아니라 내가 이 장에서 여러 번 시도했듯이 우리가 아리스토텔레스와 연관 짓는 많은 사상이 사실 플라톤에서 그 기원을 찾을

수 있다는 설득력 있는 논증을 제공한다.

6장

내가 가장 선호하는『티마이오스』와『크리티아스』 판본은 데스먼드 리가 번역한 Penguin Classics(Penguin, 1977) 판본이다. 이 판본에는 훌륭한 서문 뿐 아니라 아틀란티스 신화에 대한 훌륭한 부록도 포함되어 있다.

『티마이오스』의 우주론에 대한 대표적인 연구는 F. M. Cornford의 기념비적인 저서 *Plato's Cosmology: The "Timaeus" of Plato*(Routledge, 1971)를 참조하라. 현대 과학의 발전을 고려한 이 주제에 대한 또 다른 최신 연구로는 매우 흥미로운 책, Luc Brisson and F. Walter Meyerstein, *Inventing the Universe: Plato's "Timaeus," the Big Bang, and the Problem of Scientific Knowledge*(State University of New York Press, 1995)를 참조하라.

프톨레마이오스를 거쳐 중세까지 전해진 플라톤의 우주론적 모델의 지속성에 대한 내가 가장 좋아하는 연구는 C. S. 루이스의 *The Discarded Image*(Cambridge University Press, 1964)다. 르네상스를 거쳐 계몽주의가 시작될 때까지 유지된 이 모델에 대한 더 빠르고 쉬운 개요를 보려면 E. M. W. Tillyard, *The Elizabethan World Picture*(Vintage, 1959)를 참조하라. 이모델에 대한 가장 철저한 고찰은 Arthur O. Lovejoy, *The Great Chain of Being*(Harvard University Press, 1964)을 참조하라.

나는 이 장에서 어느 정도 나만의 독창적인 생각을 정리했지만, 이외에도 도움이 되는 몇 가지 책을 추천하고 싶다. A. E. Taylor, *Platonism and Its Influence*(Cooper Square Publishing, 1963)는 플라톤이 철학, 윤리, 신학에 미친 영향에 대한 간략하지만 대표적인 연구를 제공하고 있으며, 기독교가 플라톤에게 진 빚을 정확하게 평가하고 있다. 테일러는 그의 기념비적인 저서인 *Plato: The Man and His Work*(Dover, 2001)에서 플라톤의 작품에 대한 전체 개요를 제공한다. 또한 Paul Elmer More, *The Religion of Plato and Hellenistic Philosophies*(Princeton University Press, 1921; 1923) 역시 매우 훌륭한 책이다. 플라톤의 대화편과 신화에 담긴 종교적 함의에 대해 좀 더 어렵지만 심도 있는 연구를 원한다면 Eric Voegelin, *Plato*(Louisiana State University Press, 1966)를 참조하라.

플라톤과 그가 기독교에 미친 영향에 대해 많은 통찰력을 제공하는 잘 알려지지 않은 두 권의 책으로는 Constantine Cavarnos, *The HellenicChristian Philosophical Tradition*(Institute for Byzantine and Modern Greek Studies, 1989)과 Jerry Dell Ehrlich, *Plato's Gift to Christianity: The Gentile Preparation for and the Making of the Christian Faith*(Academic Christian Press, 2001)가 있다. 전자의 초점은 긴 부제에 잘 요약되어 있다. 플라톤, 아리스토텔레스, 스토아주의, 그리스 교부들을 중심으로 한 고대로부터 현대에 이르는 그리스 동방의 철학을 다룬 네 편의 강의다. 첫 번째 강의에서는 이데

아, 영혼, 미덕의 통일성에 대한 플라톤의 관점이 그리스 동방에 미친 영향을 살펴본다. 후자는 초기 교회에 깊은 영향을 미친 플라톤 사상의 요소들에 대해 매우 자세하며 이해하기 쉬운 개요를 제공한다. 그러나 이 책은 플라톤의 신을 지나치게 열정적으로 개인화하려는 저자의 시도와 그의 반구약적(그러나 결코 반유대주의적이지 않은) 관점, 즉 초기 교회의 이단이었던 마르키온과 매우 충격적으로 유사한 관점을 가지고 있다는 점에서 결함이 있다. 에를리히는 하나님이 기독교를 온전히 계시하기 위해 플라톤을 사용하셔서 그리스-로마 세계를 준비시켰다는 주장에 국한하지 않고, 예수의 죄와 구원에 대한 개념이 구약성경보다 플라톤에 더 근거를 두고 있다고 주장한다. 그는 또한 로마인들이 유대교를 고대 종교로 받아들였지만, 새로운 종교를 의심했기 때문에 초기 교부들은 로마의 박해를 모면하기 위해 오직 구약에만 자신을 연관시켰다고 주장한다. 그럼에도 플라톤에 대한 그의 개요는 유용하고 종종 상당한 통찰을 제공한다. 초기 교회가 어떻게 구약성경과 신약성경에 부합하는 요소를 플라톤에게서 선택할 수 있었는지를 더 정확하게 이해하려면 Cavarnos, *Plato's View of Man*(Institute for Byzantine and Modern Greek Studies, 1975)도 매우 훌륭한 책이다.

기독교 이전 작가들의 비유적 해석 작업에 관심이 있는 독자는 플라톤과 그의 후계자들(이교도와 기독교인 모두)이 호메로스의 영적 본질을 파악하기 위해 그를 어떻게 "조정"했는지를 다룬 Robert Lamberton, *Homer the Theologian: Neoplatonist Allegorical Reading and the Growth of the Epic Tradition*(University of California Press, 1986)을 참조할 수 있다. 플라톤과 아리

스토텔레스 이후, 가장 철저하게 기독교화된 기독교 이전의 작가는 아마도 베르길리우스일 것이다. 이 과정에 대한 대표적인 연구는 E. F. M. Benecke 가 번역한 Domenico Comparetti, *Vergil in the Middle Ages*(Princeton University Press, 1997)를 참조하라.

나의 *From Achilles to Christ: Why Christians Should Read the Pagan Classics*(IVP Academic, 2007)에서 나는 본 장의 핵심 주제를 다룬다. 즉 본서에서 내가 하나님께서 플라톤을 사용하셨다는 것을 보여주려고 노력한 것처럼 거기서 나는 성경의 하나님은 호메로스, 베르길리우스, 그리스 비극 작가들을 사용하셔서 더 완전한 기독교 계시의 도래를 위해 고전 세계를 준비시키셨다는 주제를 집중적으로 다루었다. 이러한 준비 과정을 추적한 최초의 책 중 하나는 초기 교회의 위대한 역사가 가이사랴의 에우세비오스 가 쓴 *Preparation of the Gospel*(라틴어로는 *Praeparatio Evangelica*)이다.

기독교적 플라톤주의에 대한 통찰을 얻을 수 있는 또 다른 자료는 Simone Weil의 저서, 특히 *Intimations of Christianity Among the Ancient Greeks*에서 찾을 수 있다. E. Jane Doering과 Eric O. Springsted은 웨일이 지닌 사상의 이 같은 측면들에 대한 에세이 모음집인 *The Christian Platonism of Simone Weil*(University of Notre Dame Press, 2004)을 편집했다.

마지막으로 나는 육체를 지닌 영혼으로서의 인간을 다룬 가장 훌륭한 책 중 하나는 교황 요한 바오로 2세의 『몸의 신학』(*The Theology of the Body*, Pauline Books & Media, 1997)이라는 것을 언급하지 않을 수 없다. 나는 이 책이 신학적 표준이 될 것이라고 믿는다. 이 책은 몸, 성, 정체성 전반에 대한 확고하고 성경적이며 정통적인 이해를 제공하기 때문에 점점 더 영지주의적으로 변해가는 현대 사회에서 반드시 읽어야 할 책이다.

8장

내가 선호하는 오리게네스의 『제1원리』는 G. W. Butterworth가 편집하고 번역한 책이다(Harper & Row, 1966). 나는 이 책만으로 거의 혼자서 공부한다. 하지만 오리게네스에 대한 더 많은 정보를 원하시는 독자는 그의 전기와 엄선된 저작을 모두 제공하는 Joseph W. Trigg, *Origen*(Routledge, 1998)을 참고하면 좋을 것이다. 또한 Henri de Lubac, *History and Spirit: The Understanding of Scripture According to Origen*(Ignatius, 2007)도 강력히 추천한다.

9장

Henri de Lubac은 또한 성경에 대한 후기 고전적 접근법과 중세의 비유적 접근법에 대한 결정적인 연구인 *Medieval Exegesis: The Four Senses of Scripture*(Eerdmans)를 저술했다. 제1권(1998)은 Mark Sebanc이 번역했고, 2권과 3권(2000-2009)은 E. M. Macierowski가 번역했다. 이 책은 니사의 그

레고리오스(9장에서 언급)와 같은 동방 교부들과 아우구스티누스(10장에서 언급) 같은 서방 교부들의 글에서 발견되는 기이한 주석에 대한 배경 지식을 제공한다.

세 명의 그레고리오스에 대한 나의 책은 모두 역사적, 신학적 배경에 대한 좋은 서문을 담고 있으며, 9장의 각주에 언급되어 있지만 여기에 덧붙여 나지안조스의 그레고리오스에 대한 나의 책, *Christology of the Late Fathers*에는 동방에서 플라톤의 영향을 추적하고자 하는 모든 이들에게 중요한 책인 아타나시우스의 *On the Incarnation*과 니사의 그레고리오스의 두 단편 작품도 포함되어 있다. 카파도키아 교부 세 사람에 대한 좋은 개요는 Patrick Whitworth, *Three Wise Men from the East: The Cappadocian Fathers and the Struggle for Orthodoxy*(Sacristy Press, 2015)를 참조하라.

John Meyendorff, *St Gregory of Palamas and Orthodox Spirituality*(St Vladimir's Seminary Press, 1974)는 정교회의 영혼에 대한 많은 통찰과 함께 관련 배경 지식을 제공한다. 동방 정교회를 이해하기 쉽게 개관하여 한 권으로 정리한 좋은 책을 찾는다면 Timothy Ware, *The Orthodox Church: An Introduction to Eastern Christianity*(Penguin, 2015)를 참조하라. 헤시카즘 운동의 대표적인 기도인 예수 기도에 대해 배우고 싶다면 이 기도에 헌신한 중세 러시아 수도사의 자서전인 *The Way of the Pilgrim*의 여러 판본 중 하나를 꺼내 들어라. 마지막으로 정교회에 깊이 몰입하고 싶다면 중세 정교회 수도사와 신비주의자들의 글 모음집인 *The Philokalia*(Faber and Faber, 1979)의 네 권 중 한 권 이상을 꺼내 들어라.

9장과 그 이전의 8장을 재미있게 읽은 독자들은 다음과 같은 교부들의 작품도 읽어볼 수 있다. 순교자 유스티누스, 이레나이우스, 알렉산드리아의 클레멘스, 요하네스 크리소스토모스, 아레오파고스의 재판관 디오니시오스, 클리마쿠스의 요한(*Ladder of Divine Ascent*라는 그의 책 제목은 플라톤에게 큰 빚을 졌다), 다마스쿠스의 요한, 포티오스, 새 신학자 시므온 등이 있다.

10장

나는 Penguin Classics의 Pine-Coffin이 번역한 아우구스티누스의 『고백록』을 사용했지만, 다수의 라틴학자들이 이 번역본을 만족스럽지 않게 여긴다는 것을 잘 알고 있다. 이런 생각을 지닌 사람은 Henry Chadwick의 훌륭한 번역(Oxford, 2009)을 참고하는 것이 좋을 것이다. 특히 욕망에 초점을 맞추어 『고백록』을 가장 잘 이해하는 방법의 하나는 Peter Kreeft의 *I Burned for Your Peace: Augustine's Confessions Unpacked*(Ignatius, 2016)를 읽는 것을 추천한다. 이 책은 오늘날 가장 이해하기 쉬운 기독교 철학자 중 한 명의 글을 통해 어깨너머로 아우구스티누스를 읽는 즐거움을 선사한다. 이 철학자는 소크라테스와 플라톤이 지닌 통찰력을 그리스도와 성경의 위대한 진리와 융합하는 방법을 매우 잘 알고 있던 인물이다. 플라톤이 아우구스티누스에게 미친 영향력을 가장 잘 연구한 책 중 하나는 Phillip Cary, *Inner Grace: Augustine in the Tradition of Plato and Paul*(Oxford, 2008)이다.

또한 캐리는 아우구스티누스의 신앙을 공정하고 정직하게 다룬 "아우구스티누스: 철학자이자 성자"(Augustine: Philosopher and Saint)라는 훌륭한 오디오/비디오 강좌를 진행했다. 아우구스티누스가 플라톤의 유산을 보존하는 데 어떤 도움을 주었는지에 대한 대표적인 연구는 Raymond Klibansky, *The Continuity of the Platonic Tradition During the Middle Ages*(Warburg Institute, 1939)를 참조하라. 그의 *Plato's "Parmenides" in the Middle Ages and Renaissance*(Ulan Press, 2012)도 참조하라.

비록 나는 보에티우스의 글을 읽는 데 W. V. Cooper의 오래된 역본을 사용하지만, 독자들에게는 Scott Goins와 Barbara H. Wyman의 훌륭한 현대 번역본(Ignatius, 2012)을 추천하고 싶다. 이 Ignatius Critical Edition에는 『철학의 위안』 전체의 개요를 제공하는 내 에세이를 포함하고 있으며, 이 작품에 대한 여러 편의 이해하기 쉬운 에세이가 포함되어 있다. C. S. 루이스는 중세 우주론 모델에 대한 저서인 *The Discarded Image*(Cambridge, 1964)에서 『철학의 위안』은 그리스도인이 기독교 이전의 방식으로 저술한 작품이라는 점을 가장 분명하게 주장했다.

나는 항상 치아디(Ciardi)가 번역한 단테의 번역본을 선호하지만, Dorothy Sayers(Penguin)와 Anthony Esolen(Modern Library)의 역본(및 주석)도 참고할 가치가 충분하다. 나는 나의 저서 *Heaven and Hell: Visions of the Afterlife in the Western Poetic Tradition*(Wipf & Stock, 2013)에서 플라톤에 대해 두 장을, 단테에 대해 아홉 장을 할애했다. Rod Dreher의 *How Dante Can Save Your Life*(Regan Arts, 2015)는 단테의 서사시가 어떻게 우리를 진

정한 고향으로 인도하는지를 친근하고 이해하기 쉽게, 그리고 지극히 개인
적인 관점에서 서술한 책이다.

11장

나는 에라스무스의 『엔키리디온』(*Enchiridion*)을 *The Essential Erasmus*에
서 인용했는데, 거기에는 *Praise of Folly*와 *An Inquiry Concerning Faith*
등 여러 주요 작품이 포함되어 있다. 내가 소장하고 있는 *The Education
of a Christian Prince*에는 유용한 서문과 훌륭한 본문 주석이 담겨 있다.
이해하기 쉬운 두 권의 좋은 전기로는 Johan Huizinga, *Erasmus and the
Age of Reformation*(Benediction Books, 2009)과 Roland Bainton, *Erasmus of
Christendom*(Hendrickson, 2016)을 추천한다.

　내가 소장하고 있는 데카르트의 *Meditations*에는 유용한 서문이 들
어 있지만, 해설은 거의 없다. 데카르트의 핵심을 파악하는 데 도움이 되
는 흥미진진하고 유쾌한 대화를 원하는 독자는 Peter Kreeft, *Socrates Meets
Descartes*(St. Augustine's Press, 2012)를 참고하시기 바란다. 데카르트가 중추
적인 역할을 하면서 철학사를 흥미롭게 경험하고 싶다면 Jostein Gaarder,
Sophie's World: A Novel About the History of Philosophy(Farrar, Straus and
Giroux, 2007)를 참조하라.

　내가 소장하고 있는 콜리지의 *Biographia*(Princeton University Press,

1983)는 여러 전기 가운데 최고 작품 중 하나다. 서문과 주석은 저자와 책, 사상을 역사적 맥락 속에서 파악할 수 있는 풍부한 정보를 제공한다. 공동 편집자인 James Engell은 계몽주의와 낭만주의의 상상력 이론을 이해하기 쉽게 설명한 저서 *The Creative Imagination: Enlightenment to Romanticism*(Harvard University Press, 1981)을 출간했다. 나의 강의 시리즈인 "플라톤에서 포스트모더니즘까지"(From Plato to Postmodernism, 위에서도 언급)는 다양한 상상력 이론을 다루며, 특히 콜리지를 집중적으로 다루는 강의도 담고 있다.

12장

나는 나의 12편의 강의 시리즈인 The Great Courses: "The Life and Writings of C. S. Lewis"를 통해 루이스의 삶과 저술을 개관한다. 나는 *Lewis Agonistes: How C. S. Lewis Can Train Us to Wrestle with the Modern and Postmodern World*(B&H, 2003)에서 루이스의 일대기와 더불어 루이스가 플라톤의 도움을 받아 과학, 뉴에이지, 악과 고통, 예술, 천국과 지옥에 대해 어떤 고민을 했는지를 여러 장을 통해 소개한다. 나는 *Apologetics for the 21st Century*(Crossway, 2010)에서 루이스의 변증학에 대해 일곱 장을 할애하고, *Restoring Beauty: The Good, the True, and the Beautiful in the Writings of C. S. Lewis*(Biblica/InterVarsity Press, 2010)에서 그의 소설과 학문적 글쓰기를 다룬

다. 나는 *C. S. Lewis: An Apologist for Education*(Classical Academic Press, 2015)에서 그의 교육관을 다루고, *On the Shoulders of Hobbits: The Road to Virtue with Tolkien and Lewis*(Moody, 2012)에서는 나니아 연대기에 담긴 미덕과 악덕에 대해 논의한다. 플라톤은 네 권의 책에서 모두 중요한 역할을 한다.

나는 C. S. 루이스에 관한 많은 탁월한 책 중에서 본 장의 몇 가지 요점을 설명하는 데 유용한 책 다섯 권을 소개하고자 한다. Michael Ward의 *Planet Narnia: The Seven Heavens in the Imagination of C. S. Lewis*(Oxford, 2008; reissued as The Narnia Code)는 루이스가 각 연대기를 중세의 일곱 행성에 맞추어 구성했는데, 이는 본질적으로 플라톤적인 세계관이다. Armand Nicholi의 *The Question of God: C. S. Lewis and Freud Debate God, Love, Sex, and the Meaning of Life*(Free Press, 2002)는 루이스와 프로이트(반신론자인 만큼이나 반플라톤주의자였던)의 상반된 세계관을 비교하고 대조한다. Will Vaus의 *Mere Theology: A Guide to the Thought of C. S. Lewis*(InterVarsity Press, 2004)는 루이스의 신학적 신념을 이해하기 쉽게 개관한다. Marsha Daigle Williamson의 *Reflecting the Eternal: Dante's Divine Comedy in the Novels of C. S. Lewis*(Hendrickson, 2015)는 단테가 루이스에게 미친 직접적인 영향을 추적하고, 또 이를 통해 플라톤의 간접적인 영향도 상당 부분 추적한다. Peter Kreeft의 *C. S. Lewis for the Third Millennium: Six Essays on "The Abolition of Man"*(Ignatius, 1994)은 루이스 자신이 그러했던 것처럼 플라톤에 크게 의존하는 분석을 제공한다.

플라톤과 예수 그리스도

플라톤 사상이 기독교 신앙에 미친 영향

Copyright © 새물결플러스 2025

1쇄 발행 2025년 3월 25일

지은이	루이스 마코스
옮긴이	홍수연
펴낸이	김요한
펴낸곳	새물결플러스

편 집	왕희광 정인철 노재현 이형일 나유영 노동래
디자인	황진주 김은경
마케팅	박성민
총 무	김명화 이성순
영 상	최정호
아카데미	차상희

홈페이지	www.holywaveplus.com
이메일	hwpbooks@hwpbooks.com
출판등록	2008년 8월 21일 제2008-24호
주 소	(우) 04114 서울시 마포구 신촌로28가길 29
전 화	02) 2652-3161
팩 스	02) 2652-3191

ISBN 979-11-6129-298-4 03230

책값은 뒤표지에 있습니다.